北京化工大学–北京市东城区人民武装部合作项目
“高等院校国防教育工作实效性研究”（项目编号：Z16–06）

新形势下高等院校国防教育工作研究

主编◎宋来新　徐文敖

中央民族大学出版社
China Minzu University Press

图书在版编目（CIP）数据

新形势下高等院校国防教育工作研究／宋来新 徐文敖主编. —北京：中央民族大学出版社，2018. 5 重印

ISBN 978-7-5660-1344-6

Ⅰ. ①新… Ⅱ. ①宋…②徐… Ⅲ. ①高等学校—国防教育—教育工作—研究—中国 Ⅳ. ①G641. 8

中国版本图书馆 CIP 数据核字（2017）第 077394 号

新形势下高等院校国防教育工作研究

主　　编	宋来新　徐文敖
责任编辑	杨爱新
封面设计	张珊瑚　汤建军
出 版 者	中央民族大学出版社
	北京市海淀区中关村南大街 27 号　邮编：100081
	电话：68472815(发行部)　传真：68932751(发行部)
	68932218(总编室)　68932447(办公室)
发 行 者	全国各地新华书店
印 刷 厂	北京建宏印刷有限公司
开　　本	787×1092（毫米）　1/16　印张：23. 75
字　　数	387 千字
版　　次	2018 年 5 月第 2 次印刷
书　　号	ISBN 978-7-5660-1344-6
定　　价	86. 00 元

序

“兵者，国之大事，死生之地，存亡之道，不可不察也”。强大的国防实力，是捍卫国家领土主权完整、维系民族生存发展、维护国民尊严生命的绝对力量，是实现民族复兴伟大梦想的牢固安全基石和强大战略支撑。面对世界新军事革命的新形势和未来战争的新形态，党中央、中央军委和习主席着眼强军目标，以“踏石有印、抓铁有痕”的气魄，做出了加快推进国防和军队现代化建设、全面推进人民军队改革的重大战略部署。

国防教育是国防和军队现代化建设与人民军队改革进程中的基础工作、灵魂内容。《国防法》《国防动员法》《国防教育法》均明确规定，接受国防教育，是每个公民的基本权利和应尽义务。国防教育能够培育人的国防意识、启迪人的国防智慧，唤醒人的国防觉悟，能够使人更加直接地感受到自身与这个国家命运的密切联系，读懂这个国家的历史，奉献这个国家的未来。

2013 年，国务院中央军委联合下发的《关于加强新形势下国防教育工作的意见》指出，国防教育是增强民族凝聚力、提高全民素质的重要途径。普及和加强国防教育，是中央始终高度重视的一个战略问题。2017 年，国务院在印发的《国家教育事业发展“十三五”规划》中要求，将国防教育纳入国民教育体系，充分发挥国防教育的综合育人功能，提高国防教育实效。在新的形势下，提高国防教育工作实效，是党和人民给予教育工作者的一项必须完成好的政治任务。

作为教育部直属的全国重点大学，北京化工大学肩负着为国育人的光荣的政治使命，学校始终将国防教育工作贯穿于党建和思想政治教育的全过程，贯穿于推动实现学校“双一流”建设目标的全过程。建校 59 年来，学校与国防结下了不解的“情结”，为国防和军队现代化建设提供了大批新技术、新产品，培养和输送了大批国防人才，在广大师生心目中沉淀下了厚重的“国防情怀”。

2016年，北京化工大学与北京市东城区人民武装部合作，共同开展了关于高等院校国防教育实效性的课题研究。本书是该研究的重要成果，充分体现了“三个融合”。在研究内容上，主要收录了北京化工大学近年来创新高校国防教育工作的研究成果和工作实绩，同时还收录了中央和北京市部分负责同志关于国防教育工作的重要论述；在研究人员方面，凝聚了国防教育工作者、教师、大学生的共同智慧；在研究方法上，除了运用社会科学理论与实证调查研究的方法，还探索应用了数学建模、信息化等分析手段。

透过本书，我们看到高校国防教育工作仍然面临着很多新的形势、新的挑战，从观念思路到具体方法，需要不断深化创新。希望本书能够为广大国防教育工作者开拓思路提供借鉴，同时也希望以此为契机，推动北京化工大学的国防教育工作实现新的发展，为国防和军队现代化建设做出新的更大的贡献。

北京化工大学党委书记 王芳

2017年3月

目　录

第三章　实践探索 ……………………………………………… （127）

第一章

高端聚焦

着眼强军育人目标
构建“三位一体”的高校征兵工作新模式

王 芳[1]

北京化工大学高度重视大学生征兵工作，始终认为做好新形势下大学生征兵工作，是高校培育和践行社会主义核心价值观、培养学生成长发展核心素养的重要措施；是培养一代青年学生家国情怀、责任担当意识，养成吃苦耐劳、能打硬仗精神品格的有效载体；是提升高校服务军队和国防现代化建设能力的重要途径。

作为教育部直属、地处北京的高校，自 2005 年承担兵员征集任务以来，北京化工大学共有 298 名学生光荣入伍。在已经退伍返校的 181 人中，荣立三等功的有 20 人，在部队入党的有 48 人，所有学生均获得嘉奖或“优秀士兵”荣誉称号。近三年以来，学校年均入伍学生达到 60 人，连续四年获得“北京市征兵工作先进单位”称号。

一、构建国防教育整体格局，培育校园军旅成才文化，使之成为征兵工作的“活水源头”

学校将征兵工作作为一项重要的政治任务，纳入人才培养体系进行整体布局，逐步构建了以国防建设和人才培养需求为引领，以校园军旅成才文化为灵魂，以大学生参军入伍、军事课教学、半军事化学生社团，以及国防理论研究为主要内容的国防教育整体格局。构建格局，就是全面、精准把握军

---

① 王芳（1957—），女，北京化工大学党委书记，博士，教授，博士生导师。

本文系作者在 2016 年 4 月全国大学生征兵工作网络视频会议上的交流发言。

队发展和育人工作的现状和形势；培养文化，就是以文化人、以德润心，从思想精神的层面诠释国家安全与国防建设的理念。国防教育格局的建立与军旅成才文化的培养，形成了潜移默化的教育力量，引导青年学生从内心深处认同国家安全观念、认同自身责任担当，自觉地热爱军营、崇军尚武，这既是学校开展征兵工作的方法，也是征兵工作得以扎实推进的基础，从而形成了征兵工作的源头活水。

二、建立健全保障体系，把好“四个关口”，将征兵工作落实落细落小

一是把好组织领导关口。由学校党委书记亲自抓征兵工作。建立“学校—学院—辅导员—主要学生干部”的四级管理体系。签订征兵“责任状”，明确工作目标，引入考核机制；二是把好宣传动员关口。建立立体式、全覆盖、有重点的宣传动员格局。学校征兵工作微信平台“北化国防教育”关注量已突破万人，年推送信息超过 200 条。举办“征兵动员大会”“新兵老兵面对面”活动，开展个性化辅导，做到动员工作接地气、有实效；三是把好服务保障关口。制订《学生入伍、退伍和复学实施细则》，认真落实相关政策。从建立退伍返校复学一站式服务机制，到帮助入伍应届毕业生解决暑期住宿问题，学校坚持把工作做到学生和家长的心坎上；四是把好总结提升关口。制定了“北京化工大学征兵工作全周期图”，在一张图上就能够将工作的思路、步骤、政策、要点，涉及的部门、数据、物资全部反映出来，切实推动了工作的前瞻性和标准化发展。

三、关注入伍大学生全面发展，推动征兵工作“无缝式”链接，“全程化培养”使征兵育人工作成为“有本之木”

“全程化培养计划”将高校立德树人的根本使命融入了征兵工作全周期，从全面发展的角度，审视入伍学生的培养问题，促进了征兵工作的“无缝式”链接。每年赴基层部队开展慰问调研，实现服役学生全覆盖，与基层部队建立“军旅人才培养联合体”，与部队首长、学生本人座谈，帮助学生解决实际困难。一位正在云南边防服役的学生曾在微信中留言：感谢老师不远万里来

看望，一定将学校精神带到部队，安心服役，守好边疆。学校为每位退伍学生联系 1 名成长导师，1 位学业优异的学生，组织专家授课和朋辈辅导；搭建平台使退伍学生发挥示范引领作用，20 多名优秀退伍学生作为教官参与到学生军训当中，4 名学生作为榜样典型被推选为“化大之星”，4 名学生免试攻读研究生并且专门服务于征兵和国防教育工作；在奖学金评定时给予政策支持，激励学生专注学业、不断进步；建立生涯发展信息共享平台，提供实习岗位、就业信息，每年开展学习辅导、技能培训活动 10 余场，目前已有 11 人攻读硕士学位，37 人考入军校，58 人在央企就业；与北京市东城区人民武装部共同建立了“退伍大学生旌旗中队”，整合资源、合力育人；建立“入伍大学生发展研究工作坊”，组建学者团队专门研究入伍学生培养问题。

面对国防和军队建设新要求、高校育人新形势，北京化工大学将在以往工作的基础上，不断求新求实，继续提高工作质量和水平，为实现“中国梦”“强军梦”做出新的贡献。

发挥平台组带作用　推进高校国防教育

熊剑平[①]　曲　涛[②]　张庆春[③]　刘兆武[④]

一、北京高校国防教育协会概况

北京高校国防教育协会成立于1995年，是在市民政局注册的具有法人资格的一级协会。协会的业务主管部门是北京市教委。协会目前设理事会、监事会、常务理事会、秘书处、办公室等几个部门；同时下设职教、国旗两个分会和4个国防教育活动片组。理事单位涵盖了清华大学、北京大学等75所在京学校和18家企事业单位，现任理事长是清华大学党委副书记史宗恺同志。

协会宗旨是：以国防教育相关法律法规为依据，组织开展学校国防教育活动，增强学生的国家安全意识和国防观念，提高履行国防义务的自觉性、主动性和国防素养，服务学生的成长成才；团结、协调、服务和指导北京地区高校的国防教育机构及专家学者，研究高校学生国防教育的特点和规律，探索国防教育实施的方法和途径，不断提高国防教育的质量和水平。

协会自成立以来，在市教委的领导与指导下，始终坚持党的教育方针，认真贯彻《中华人民共和国国防教育法》和党中央、国务院等政策精神，积极整合北京地区国防教育资源，努力构建北京高校国防教育的组织平台、服

---

① 熊剑平（1969—），男，北京高校国防教育协会秘书长，清华大学国防教育与人才培养办公室主任，武装部部长，副教授，研究方向：高校国防教育。

② 曲涛（1954—），男，北京高校国防教育协会秘书处办公室主任。研究方向：高校国防教育。

③ 张庆春（1955—），男，北京高校国防教育协会秘书处研究室主任。研究方向：高校国防教育。

④ 刘兆武（1952—），男，北京高校国防教育协会原常务副理事长。研究方向：高校国防教育。

本文系2016年中央军委委员、国防部部长常万全上将在北京市调研高校国防教育工作时作者所作汇报。

务平台、资源平台、研究平台，不断推进北京高校国防教育的整体发展。2006 年，协会被中宣部、教育部、国家国防教育办公室评为全民国防教育先进单位。

二、协会开展工作情况

（一）发挥协会综合优势，组织开展常态化日常国防教育活动

1. 以重要纪念日为契机，开展各类国防教育主题活动

协会注重以重要纪念日为契机，常态化地在校园开展日常国防教育。自 2001 年第一个全民国防教育日开始，每年坚持在全国国防教育日期间组织北京高校的学生开展一定规模的国防教育活动，这项工作已形成制度，在高校具有广泛影响。其他重要纪念日如清明节、青年节、抗战胜利纪念日、烈士纪念日、红军长征胜利纪念日以及学生军训期间，协会和各高校也会举办各种主题演讲比赛、辩论赛、论文报告会、升国旗仪式以及相关的讲座等，有效地把国防教育和爱国主义教育、革命传统教育、社会主义核心价值观塑造融合在一起。

2. 与时俱进，不断丰富国防教育的时代性内容

（1）海洋观主题教育。2013 年以来，协会在市教委的指导下，与中船重工《舰船杂志》合作，对在校学生开展海洋观教育。组织了系列网上海洋知识与安全竞赛、海洋知识与海洋安全讲座等活动。有些高校在海洋观教育方面形成了自己的特色，比如清华大学，从 2007 年起，已经连续 10 年和海军（政治部）共同举办海洋观教育活动日（海军日），海军主要领导亲自参加，如今活动已经走出校园，从北京办到山东、浙江等地，影响力辐射全国。

（2）国家安全观主题教育。协会从 2010 年起，就提出推进国家安全观教育的计划，并在年度活动中开展以国家安全观为主题的教育活动。2014 年和 2016 年，协会分别在北京联合大学和北京科技大学组织了以国家安全为主题的学生学术论文竞赛。

（3）开展兵棋推演教学和竞赛。为培养学生兵棋思维，协会从 2014 年开始，与部队相关部门合作，联合社会研究资源，开展兵棋推演的教学、竞赛活动。自 2016 年 5 月，协会依托清华大学已组织了三届兵棋推演大赛，参赛

学生近千人。

（二）整合资源，拓展国防教育的广度和深度

1. 依托国旗分会开展国旗教育

为推动国旗教育，协会在 2014 年 9 月于北京化工大学成立了国旗分会，有 35 所学校的国旗协会成为国旗分会成员。国旗分会成立后开展了国旗相关知识、技能的培训与普及活动，国旗论坛、国旗文化展示、国旗升旗仪式竞赛、国旗社会实践等活动，有效推动了北京高校的国旗教育。

2. 依托体育文化产业会员开展国防体育活动

北京高校的国防体育活动主要是指定向越野运动。协会与会员单位体育文化公司合作，于 20 世纪末开始在高校宣传、普及、开展定向越野运动。每年秋季的“铸剑”杯学生定向越野普及赛和春季的“北斗”杯学生定向越野锦标赛，已成为协会品牌活动，每次活动均有上千名学生参加。

3. 依托军训基地开展会员技能培训

为提高会员国防教育的技能，协会与会员单位八达岭学生军训基地、砺志国防教育学校、森林木科技股份传播有限公司合作，对协会会员的军事技能、拓展技能、逃生自救以及民防技能进行培训。

4. 依托职教分会开展高职、中职学生国防教育活动

协会会员中有 16 所高职和 9 所中职学校，为加强职业学校学生的国防教育，协会在 2013 年于北京财贸职业学院成立了国防教育职教分会。该分会成立后，根据职业学校学生特点，组织开展了具有针对性的国防教育活动。

（三）创新教育理念，实施国防教育“系统工程”

2016 年，协会提出创新学生国防教育思路，深入校园，面向学生实施“三项工程”，加强北京高校国防教育品牌规划与建设，提升整体教育水平。

1. 育心工程

着重培养学生的国防知识意识、觉悟和情怀。通过组织开展各种入心入脑的主题教育活动，熏陶锤炼学生崇军尚武的意志品质，系统地推进国家安全观教育，加强对学生关心国防、热爱国防、投身国防的引导，让国防教育深入学生内心。

2. “育体工程”

着重培养学生的国防技能和体质，“野蛮其体魄”。通过普及具有国防特色的体育运动，倡导知行一致，强健学生体魄，锻炼保家卫国的身体素质。不断整合定向越野、兵棋推演、无线电测向等体育活动，建立相关的培训体系，完善定向越野、无线电测向和兵棋推演的平台建设，开展主题性的竞赛活动，实施育体工程。

3. “育林工程”

学生社团组织根植校园沃土，人多面广，是很好的教育载体，通过加强对高校学生国防类社团建设的指导，开展国防类社团间的交流与评比等工作，可以有效推动学生国防类社团发展，以点带面，事半功倍，营造出生机勃勃的校园国防教育文化环境，发挥出学生社团在国防教育中的积极作用。

（四）配合、落实教育部、北京市等上级部门的工作部署

1. 组织参训学生开展特训营活动

2014 年 9 月和 2015 年 9 月，协会受市教委委托，先后在北京盛华学生军训基地、延庆康庄 611 学生军训基地组织 200 名参训学生开展特训营活动。该活动受到社会、学校广泛关注和好评。

2. 承担中小学国防教育示范校标准建设的课题工作

市教委为深入推动中小学开展国防教育，委托协会起草中小学国防教育示范校标准。受领任务后，协会立即组织起中小学国防教育示范校标准起草课题组，并于 2016 年 6 月完成课题。

3. 组织会员单位研讨高校征兵工作

为推动北京市在校大学生征兵工作，市征兵领导部门委托协会开展与征兵相关的调研，协会组织召开与征兵相关的研讨会和交流会，并出版《携笔从戎强军梦》一书。

4. 组织高校学生参加民防知识与技能竞赛

2014 年秋季，协会与市民防局和会员单位北京森林木文化传播有限公司合作，举办了高校民防教育季活动。该项活动第一次走进校园，有 80 所高校的 6 万余名学生参加了该项活动。

三、几点体会

（一）充分以学生为中心开展工作

北京高校国防教育协会作为首都高校国防教育体系的重要组成部分，根本任务是为北京高校大学生的成长成才服务。协会工作的指导思想，就是要充分面向学生、服务学生、教育学生，以学生为中心，在学生成长的过程中进行国防观的塑造、国防技能的培养、国防知识的传授，全面提高学生素质。如果远离了学生、远离了素质教育，协会便失去了存在和发展的沃土。

（二）充分转化行政和资源优势

北京高校国防教育协会在市教委等行政部门指导下开展工作，具有政策和行政优势，而北京高校云集，军队大单位众多，高层次人才丰富，军地教育资源均得天独厚。因此紧扣教育主题，充分发挥行政、人才、资源优势，实现优势转化、资源共享，是北京高校国防教育协会开展工作的重要基础，也是协会维持规模、保持生机、保证质量的关键所在。

（三）使命驱动、凝心聚气、科学发展

北京高校国防教育协会是公益教育类社会团体，不具备设立专聘教育岗位的条件，协会职能部门和分会大都为各校相关部门负责人和教师兼任。大家因为理想而凝聚，因为使命而担当，因为热爱而付出，因为专业而钻研。因此，充分调动协会成员的积极性，强调志同道合、团结奉献、严谨科学、精益求精的协会文化特色，是北京高校国防教育协会开展工作的有力保障。

四、问题和建议

（一）国防教育在学校育人过程中的地位亟待加强，认识要进一步提高

学生国防教育是全民国防教育的基础，学生是教育的重点对象，是实现强国强军的基础性、长期性、战略性要素。目前，学校国防教育很大程度停留在认识、概念层面，没有纳入整个人才培养体系，或者在育人体系中的地

位、作用不明确，缺乏建设、考核评价标准，学校在国防教育方面的工作重视与不重视、开展与不开展、开展好与不好，其评价体系指标没有本质区别，但是对学生的影响却是终身的。

（二）科学规范的国防教育教学体系亟待建设，教育力量要进一步加强

目前，针对不同年龄阶段、教育层次学生的国防教育，缺乏系统、递进、完整、科学的规划和可操作的实施方案。应当分别明确九年制义务教育阶段、高中阶段、大学阶段的国防教育（知识、技能）具体教学内容与训练环节，建立规范、专业的教学及考核标准，系统列入教学培养方案，避免局部代替全局、阶段代替全程、业余取代专业、低水平重复等问题。呼吁建立军事教育能力素质达标体系，并在个人职业发展评价体系中予以鼓励和体现。

（三）学校国防教育的驱动力源头比较模糊，体制机制亟待完善，有被边缘化的危险

学校国防教育的驱动力到底是来自武装力量建设的需要还是国民素质教育自身的需要？这个问题要回答清楚。学校国防教育在学生的素质教育体系、在国防与军队后备力量建设体系中非常关键，目前的国防教育理念和机制体制还不能有效推动学校、学生国防教育的深入发展。国家、部委、军队、省市、学校各级国防教育部门的主体责任要进一步明确，工作机制要有机衔接，相互协作联动。国家相关部门应认真调查研究学校国防教育现状与规律，梳理制订科学的国防教育政策与举措。

（四）国防教育资源尚缺乏有效的军地协调和统筹调配机制，现代教育手段的支撑性作用发挥还不够

北京地区拥有全国最丰厚的国防教育资源，但由于部分机制体制原因，有些资源还不能有效发挥育人作用。京外部分地区在开展学生国防教育中，资源则相对匮乏。恳请主管部门认真研究军民融合开展国防教育的机制体制和实施办法，找到最佳的融合点与模式，完善组织，加大投入，辅之以现代教育手段（如 MOOC 等）开展国防教育，解决资源匮乏或者地区资源不平衡问题。

切实发挥好军事课的德育功能

程　军[①]

学生军训是依据我国《兵役法》对青年学生进行的军事教育，是全面贯彻党的教育方针、推进素质教育、加强国防后备力量建设、培养社会主义事业的建设者和接班人的重大举措。自2001年全国普通高等学校普遍开展学生军训以来，军事课作为本、专科学生的必修课纳入了学校教学计划，主要包括军事理论教学和军事技能训练两个部分。长期以来，军事课在要求学生掌握基本军事知识和军事技能的同时，始终以“立德树人、筑魂育人”为根本着眼点，强调思想引导、观念育人的理念，对于学校德育工作发挥了巨大的促进作用。

军事课促进学生的政治教育。政治工作是我党我军的生命线，我军始终把思想政治教育放在首位。这就决定了高校的军事课必然要打上鲜明的“政治”烙印，从这个角度看，高校的军事课也是政治课。军事课教学在教育引导学生关心国防、热爱军队的同时，向学生阐明我军的性质、宗旨和历史使命，党指挥枪的历史渊源和深刻意义，向学生介绍我国的国防史，使学生坚定对党的热爱和信赖，坚信党的领导是我军战无不胜的保证。通过向学生介绍人民军队的光荣传统，了解革命英雄的光辉事迹，引导学生自觉树立正确的世界观、人生观、价值观。从军事角度解读意识形态领域斗争的复杂性、严峻性，使学生认清各种错误思潮的本质，强化国家安全观念，增强青年学生的政治鉴别力和免疫力。教学实践表明，军事课堂始终是传播党的声音的重要舞台。以多样的视角和丰富的例证对学生进行教育引导，在社会价值观多元、意识形态活跃、矛盾斗争复杂的现实环境下，对培养党和社会主义事

---

① 程军（1966—），男，中国人民解放军国防大学学生军训工作办公室主任，大校。

本文发表在2016年8月2日的“中国教育新闻网”。

业接班人具有特殊的重要意义，并且收到了良好效果。

军事课促进学生的思想教育。在“互联网+”时代条件下，万物互联，信息广汇。青年学生的思想、心理、言行活跃易变，办学育人，必须强化思想引领。军事课以国防教育为主线，以军事理论教学为重点。学生通过系统的军事理论学习，不断加深对党的军事指导理论的理解和认识，进而加深对中国特色社会主义的理解，牢固树立道路自信、理论自信、制度自信、文化自信，坚定理想信念。学习国际战略格局和我国周边安全形势，使学生更加深刻地认识我国面临的安全威胁，了解富国必强军的必然逻辑与现实需要，强化青年学生的家国情怀、社会责任和时代担当。通过学习军队深化改革和国防军队建设取得的伟大成就，正确认识我国现阶段存在的各种矛盾和困难，树立报效国家的远大志向与抱负，为学习成才提供精神动力。

军事课促进学生的道德培育。从一般意义上讲，道德情操培养来源于文化熏陶和行为养成。显然，高校军事课同时具备这两个基础功能，对于青年学生的道德培育具有其他课程无法比拟的优势。在课堂上，青年学生能受到我国先进军事文化和党的创新理论的熏陶，在训练场上，军事技能训练，使学生道德情操和意志品质得到陶冶和升华。共同条令的学习，使学生养成良好的行为习惯、礼节礼貌；队列训练培养学生集体主义观念，强化服从命令听指挥的号令意识、纪律意识；战术科目培养学生艰苦奋斗、不怕牺牲、勇于奉献的革命英雄主义精神；对抗比赛科目强化学生对团结协作、关爱他人的身心体验，提高身心素质。

军事课以其理论学习与实践训练相结合、思想教育与行为规范相结合、价值引导与个人体验相结合的教育形式，在学校德育中发挥着重要作用，越来越为各级领导和广大教师所认识，并受到普遍重视。提高学生军事素养与强化学生德育是统一的，发挥好军事课的德育功能，正是学生军训质量提升的重要体现。经过多年发展，军事课已经具备规范的内容和标准等要求。新形势下，应当更加深刻认识军事课在德育方面的功能和作用，着眼国家人才培养的现实需求，结合当代学生的身心特点，不断加大军事课程建设的力度，创新工作方式方法，提升教学质量，与学校其他教育工作相互配合，形成合力，切实收到良好的育人效果。

勇担使命　务实创新
推动大学生征兵工作实现新发展

宋来新[①]

各位同仁：

大家上午好。

首先，我代表学校党委，对各位领导莅临北京化工大学检查、指导工作表示热烈欢迎！对各位领导长期以来对北京化工大学大学生征兵工作以及学校整体教育工作的关怀、指导和帮助表示衷心感谢！

下面，我把学校在大学生征兵工作方面的思考以及开展的一些工作，向各位领导做简要汇报，请批评指正。

我们认为，强军为实现中华民族的伟大复兴提供了重要的战略支撑与安全保障，而教育则为实现“中国梦”夯实了根基、开启了智慧。做好新形势下的大学生征兵工作，将强军和育人紧紧地联系在一起，是在新形势下，高校贯彻落实军民融合发展战略的重要途径，也是高校培育和践行社会主义核心价值观、培养学生成长发展核心素养的有效方式，同时也是人民军队主动适应现代战争的需要、培养高素质国防后备力量、改善兵员结构的必然选择。

自 2005 年承担兵员征集任务以来，北京化工大学已有 298 名学生光荣入伍。在已经退伍返校的 144 人中，荣立三等功 21 人，考入军校 37 人，在部队入党 48 人，所有学生均获得嘉奖或“优秀士兵”荣誉称号。近三年以来，学校年均入伍学生达到 60 人。今年，我校再次获得“北京市征兵工作先进单位”称号，这已是我们连续五年获得这项殊荣。同时，学校还涌现出包括首

---

① 宋来新（1969—），男，北京化工大学校长助理，硕士，副研究员，研究方向：大学生思想政治教育。

本文系作者在 2016 年 9 月中央军委国防动员部大学生征兵工作调研会议上的交流发言。

批仪仗女兵曹洋、边防缉毒先锋王禄粼等在内的一大批优秀大学生士兵，他们的先进事迹被中央人民广播电台、光明网、《中国科学报》、北京电视台、《北京日报》等中央和北京市媒体报道。

在新形势下，要推动大学生征兵工作实现新发展，我们认为，要有情怀，要打好“硬”基础，要提高“软”实力。

一、站在国家建设、民族复兴的新高度，培育广大师生内心厚重的“国防情怀”

在1958年建校之初，北京化工大学（简称“北化”）便按照中央的要求，担负起了为新中国“培养尖端科学技术所需人才，服务国防科技创新”的重要使命，从这个时候开始，北化便与国防有了不解的“情结”。在学校近60年的建设发展过程中，我们在基础研究、前沿探索和研发制造等多个方面为国防和军队现代化建设提供了大批新技术、新产品，培养和输送了大批科技人才，从新式装甲战车到导弹输送设备，都融入了北化人的奉献与智慧。2015年，学校在研各类军工项目91项，承担了国家“973”重大项目，作为唯一的行业院校，参加教育部国防重大项目“十三五”规划的编制工作。2016年，北京化工大学成为国防科工局与教育部共建的16所高校之一。

“技术创新”是载体，“文化沉淀”则是纽带。1985年，我校成为全国首批开展军事技能训练的试点高校；1990年，在我校建立了首个北京市高校学生军训基地；2005年，我校开始承担兵员征集任务；我校大学生国旗仪仗队连续三年获得“北京高校国旗仪仗队检阅式比赛”第一名，并受到时任中共中央政治局常委贺国强同志以及现任中共中央政治局委员、国务院副总理刘延东同志的亲切接见，大学生国旗仪仗队成为校园中弘扬红色信仰、开展国防教育的一股正能量；2014年，我校成为北京高校国防教育协会国旗教育分会理事长单位；2014年，我校建立了《军事理论》课教师培养体系。2015年，我校有三位教师获得了由北京市教委认定的《军事理论》课程讲授资格；2016年，我校与北京市东城区武装部统筹资源、合力育人，共同建立了退伍大学生士兵旌旗中队，并针对适龄青年的参军入伍问题联合开展课题立项；在我校，有200多位复转军人和军属成为在教育教学科研一线务实奉献的人民教师，他们以曾经军人的特殊身份向学生讲述他们的“军旅故事”，并且关心、关怀大学生士兵的成长发展，受聘为大学生士兵返校复学后的成长导师；近年来，我校还得到了来自国防大学、原北京军区、北京卫戍区、解放军三军仪仗队以及武警天安门支队等单位的大力支持，进一步丰富了我校国防教育资源。

从军事课教学到学生组织建设，从复转军人“成长导师”，再到军民融合深度研究，“国防情结”以这些特殊的文化符号在北化人身上得到体现。而这种“国防情结”成为潜移默化、荡涤人心的教育感召力量，引导了青年学生从内心深处认同国家安全观念、认同自身责任担当，自觉地热爱军营、崇军尚武，这既是开展征兵工作的方法，也是我校大学生征兵工作得以扎实推进、持续发展的源头活水。

二、建立健全保障工作体系，把好入伍“关口”，打好大学生征兵工作的“硬”基础

一是把好组织领导关口。建立学校征兵工作领导小组，学校党委书记亲自主抓征兵工作。建立了“学校—学院—辅导员—主要学生干部”的四级工作体系，确保运行有序、动员有力。学校制作了“北京化工大学征兵工作全周期图”，在一张图上就能够将工作的思路、步骤、政策、要点，涉及的部门、数据、物资全部反映出来，切实推动大学生征兵工作的前瞻性和标准化发展。签订征兵“责任状”，明确职责目标，将征兵工作实效纳入学院年终考核指标。

二是把好宣传动员关口。建立立体式、全覆盖、有重点的宣传动员格局，实现了线上、线下宣传动员相结合。在线上，建立了学校征兵工作微信平台“北化国防教育”，关注量已突破万人，借助这个平台，讲法规政策、讲军营故事，同时还开通了在线答疑，解答学生关切问题，消除学生顾虑。负责征兵工作的王思远老师还在“网易问吧”开通专栏，不仅解答了校内学生的问题，而且面向全国，解答征兵工作问题，粉丝量突破万人；在线下，举办了征兵动员大会，邀请了北京市教委、东城区武装部的征兵负责老师现场为学生讲政策、答疑惑、做动员。举办“新兵老兵面对面”活动，邀请退伍老兵谈成长、讲收获。学校在学生一站式服务大厅设立“征兵咨询窗口”，办理征兵工作各项事务，解答学生问题。组织有入伍意向的学生赴天安门国旗护卫

队、解放军三军仪仗队参观军营，提前感受军旅文化。对有入伍意向的学生开展“一对一”个性化的深度辅导，做到征兵宣传动员个性化、接地气。线上与线下相结合的宣传动员模式，增强了宣传动员工作的广泛性、针对性和实效性。

三是把好服务保障关口。认真贯彻落实《退伍士兵安置条例》《北京市关于调整义务兵优待政策的通知》《北京市关于做好退伍大学生士兵就业工作的意见》等一系列国家和北京市的相关政策；结合学校工作实际，我校制定了《北京化工大学学生入伍、退伍和复学实施细则》《北京化工大学大学生征兵工作政治审查实施细则》以及《北京化工大学大学生士兵退伍复学办事指南》等相关政策措施。针对退伍大学生士兵非常关切的学业发展问题，学校制订了专门的优抚政策：大学生士兵退伍返校复学后免修公共体育、军事技能训练和《军事理论》课程，相应成绩记为“优秀”；对于总学时已过半的课程，学生本人可获得该课程的学分；在满足其他免试攻读硕士研究生的条件下，GPA 达到 2.8 即可保研；可优先获得推荐工作保研的机会；同时，按照北京市的统一要求，建立“征兵工作站”，统筹相关职能部门，逐步构建了大学生从报名参军到返校复学的一站式服务机制；坚持把工作做到学生和家长的心坎上，为参加入伍体检的学生提供早餐，为入伍应届毕业生解决暑期住宿问题，向家庭经济困难的入伍学生发放困难补助，安排专人帮助退伍学生落实社保等优待政策；我校与每一名服役大学生保持日常联系，定期电话沟通，了解他们的服役情况，帮助他们解决实际问题，实现征兵工作有温度、有情怀。

三、推动“全程化培养”，切实提升大学生征兵工作“软”实力

2014 年，我校实施了“入伍大学生士兵全程化培养计划”。“全程化培养计划”将高校育人使命与征兵工作事务结合起来，关注大学生士兵从入伍前到服役中再到退伍后的发展问题，致力于为大学生士兵的成长发展搭建更加广阔、更加优质的平台，用典型的成才事例影响和带动更多的优秀青年关注军营、热爱军营和向往军营，推动大学生征兵工作实现可持续发展。

关注大学生士兵在服役中的发展问题，是“全程化培养”中的重要一环。我校建立了赴基层部队开展慰问调研的常态化工作机制，利用寒暑假组织专

武干事、学院教师和辅导员赴基层部队开展慰问调研工作，与基层部队建立了“军旅人才培养联合体”，与学生座谈，了解其服役情况，掌握其思想动态；与部队首长座谈，探讨大学生士兵在部队的培养和发展问题。近五年来，在市教委和东城区的支持下，我校赴基层部队慰问调研范围遍及 15 个省、自治区和直辖市，行程近 5 万公里，慰问学生 150 余人。

学生退伍返校复学后，学校搭建平台使他们发挥示范引领作用，服务国防教育，20 多名优秀退伍学生作为教官参与到大学生军事技能训练中，4 名学生作为榜样典型被推选为“化大之星”，4 名学生免试攻读研究生并且专门服务于征兵和国防教育工作；学校鼓励并支持退伍大学生士兵积极参与国防教育理论研究，2015 年，有 9 名学生成功申请到学校的国防教育理论研究课题立项，并在北京高校国防教育论文报告会中获得奖项；在奖学金评定时给予政策支持，提高奖学金评定等级，激励学生专注学业、不断进步；学校实施了“3+”计划，为每名退伍大学生士兵联系 1 名成长导师，1 位学业优异学生，组织专家授课和朋辈辅导，重点解决他们的学业发展问题；帮助学生做好职业生涯规划，为学生提供实习岗位、就业信息，每年开展学习辅导、技能培训 10 余场。目前已有 11 人攻读硕士学位，10 人考取公务员，37 人考入军校，58 人在央企就业。

各位，面对国防和军队建设的新要求，高校育人的新形势，北京化工大学将继续解放思想、扎实工作，谋划格局、培育文化，打好大学生征兵工作的“硬”基础，提升大学生征兵工作的“软”实力，为实现“中国梦”“强军梦”做出新的贡献。

谢谢！

高校大学生参军入伍最佳时机调研报告

孙世光[①]

一、课题简介

根据工作安排，2012年，我们针对高校大学生参军入伍情况进行了有针对性的调研。采取的方式主要有入校座谈、深入部队交流、具体工作实践等。通过一系列走访、查阅和实际了解，掌握了第一手材料，归纳汇总出《高校大学生参军入伍最佳时机调研报告》，因时间和水平所限，报告内容较粗浅，一些数据还不完善，需要进一步细化和斟酌提炼；另外，文中观点仅为一家之言，仅供参考。下面，就有关情况进行探讨。

二、鼓励高校大学生参军入伍的背景

近几年我市大学生征兵工作特点较明显，优势与劣势并存。其中2010年总体形势是全面遇冷，各区县都不同程度地出现了兵员紧张的现象。在高校反复动员做工作后，有了大学生做后援，北京市才完成征兵任务。2011年，针对高校大学生的优惠新政策出台后，形势良好，一些高校学生报名踊跃，圆满完成了征兵任务。2012年全市适龄青年整体报名人数有所下降，但大学生所占比例较前一年进一步加大。大学生群体已真正成为我市征集对象的主体。

---

① 孙世光（1970—），男，北京市教育委员会学生处副处级调研员，分管大学生参军入伍工作。研究方向：大学生参军入伍、高校国防教育。

本文系2012年北京市教育委员会支持课题。

纵观三年来的征集变化过程可以看出，本市适龄青年人数持续减少，本市高中以下学历人员出现大幅度递减，于是政府及时出台鼓励政策，大学生入伍的积极性被调动起来，遏制住人员下滑的趋势。

经与相关单位共同进行调研后分析，出现“当兵冷”问题的原因主要有以下 6 个方面：

一是国防观念日趋淡化，参军热情不断下降。受长期和平环境影响，全民的国防观念、奉献意识和爱军习武精神逐渐淡化。在市场经济条件下，一些单位和个人受利益驱动，本位主义、个人主义的趋利意识更加明显，逃避兵役的现象较为严重。有的企事业单位适龄青年想应征入伍，但单位考虑自身建设问题，不愿放人；个人逃避兵役的现象时有发生。

二是适龄青年总数下降，应征人数逐年减少。从北京市 18—22 岁适龄青年人数看，呈逐年下降趋势。兵员基数的下降，是出现征兵难问题的一个重要原因。

三是升学率、就业率逐年提高，适龄青年大量分流。北京市 2011 年高考录取率为 86%，中专、技校和高等院校毕业生就业率为 95%以上。

四是优抚安置政策滞后，缺乏吸引力。过去的优抚安置政策主要侧重于经济补偿，随着社会和经济的快速发展，人民生活水平不断提高，适龄青年在改革开放初期考虑解决温饱问题，而现在关注的是发展问题，期望通过当兵能有更好的发展前景，单纯靠经济补偿参军入伍的吸引力降低。大学毕业生当兵回来后，由于没有更加优惠的政策，与高中生、初中生享受同等的安置待遇，到企事业单位就业时按照退役士兵身份安置，入伍前是管理岗位，退伍后变成了非管理岗位，严重挫伤了大学毕业生参军的积极性。

五是相关法规不够配套，执行不力。《征兵工作条例》对逃避兵役的单位和个人都有相应的处罚规定，但由于执法程序不够明确，在具体操作中很难执行。因而造成了部分适龄青年对履行条例规定的兵役义务不重视，不依法进行兵役登记，不按通知要求参加体检，在征兵体检中自我淘汰，有意逃避、拒服兵役。

六是征兵宣传内容单一，感染力不强。征兵宣传内容主要是解读政策、介绍兵员征集程序等形式上的东西，而对先进典型事例的挖掘、对爱国主义和国防意识等的宣传还不够，在真正进入思想、激发适龄青年参军热情、营造征兵工作良好氛围上还存在差距。

鉴于上述问题，在市委、市政府的关注和要求下，决定从以下 5 个方面入手，研究制订相关政策。一是准确确定征集对象的主体。着眼为部队输送高素质人才，根据北京市高校多、外地生源多，70%的适龄青年是大学毕业生或在校学生的实际，决定把大学毕业生和在校大学生作为征集的主体。二是区分不同情况，科学制订优待政策。以高学历青年为主体，以就业安置工作为主渠道，将大专以上学历退役士兵就业安置作为优待政策制订的重点，并适当提高优抚金标准，对低学历退役士兵进行职业技能培训。三是加强宣传教育，提高各级领导和广大人民群众的国防意识。四是明确执法主体，依法开展征兵工作。五是建设征兵信息网络系统，改进征兵手段，提高工作效率。

三、相关鼓励政策及实施后的效果

从去年开始至今，高校大学生参军入伍的社会关注点开始逐渐增多，主要原因就是出台了一系列新政策新规定。

一是强力推进退役大学生士兵就业。依据有关规定，由市委组织部牵头，市教委、人力资源保障局、民政局、国资委和征兵办公室共同制定了《关于加强退役大学生士兵就业工作的意见》，主要内容是四个百分比：①全市每年拿出一定数量的公务员岗位，定向考录退役大学生士兵，考录数量不少于当年符合条件的退役大学生士兵人数的 10%；②事业单位招聘时，拿出一定数量的岗位，定向招聘退役大学生士兵，招聘数量不少于当年符合条件的退役大学生士兵人数的 15%；③市属国有企业招聘时，拿出一定数量的岗位，定向招聘退役大学生士兵，招聘数量不少于当年符合条件的退役大学生士兵人数的 15%；④非公经济组织定向招聘退役大学生士兵，招聘数量不少于当年符合条件的退役大学生士兵人数的 10%。为鼓励非公经济组织招聘退役大学生士兵，在非京籍毕业生进京落户方面对其予以优惠。退役大学生士兵服役期视为基层工作经历，并计算工龄。

二是细化升学政策。在升学优惠方面，细化了相关规定，与市征兵办联合下发了《关于做好专科学生退役后免试专升本工作的通知》，明确规定，从专科高职在校生入伍的大学生士兵，服役期间连续两年被评为“优秀士兵”或一次荣立“三等功”的，退伍后继续完成学业，可免试专升本。

三是进一步规范和提高经济补偿标准。在2010年我市义务兵优待金由1.5万元提高至1.8万元的基础上，2011年又建立了义务兵优待金定期增长机制，每年按照城镇居民人均消费支出水平成比例提高，2011年年底提高到了两万元。为鼓励大学生参军入伍，将一次性助学金标准由1万元提高到3万元（现在改为自主就业金4万元）。

经过全社会的广泛宣传，各高校相关部门和老师们的共同努力，2011年北京市征兵工作成绩辉煌，普通高校大学生新兵占总人数的比例达到51.08%。创下了历年来北京市征集大学生数量之最，同时也创下了全国各省直辖市征集大学生数量之最。而2012年大学生参军比例在2011年的基础上又得到进一步提高。把大批量高学历、高素质人才输送到部队正成为北京市征兵工作的一个亮点。

四、大学生入伍时机

（一）大学在校生和毕业生入伍比较

在对大批大学生参军入伍感到欣喜的同时，也应当看到，在校生报名参军人数高于毕业生人数，也就是说，在大学生入伍的人员中，在校生成为主导力量。为了进一步印证这一判断，我们在在京部队某部抽取了一个一线部队做调查：以2011年义务兵退伍为样本，统计显示，在该部队的退伍义务兵中，大学生士兵占退伍义务兵总人数的13.7%，其中在校生的比例为31%。数据支持了之前的判断。

仅从目前北京市对大学生入伍的鼓励政策中分析就可以看出，在校生除享受毕业生的许多优惠条件外，还有更具针对性的政策。比如，规定非北京籍在校本科生从北京入伍退伍回来复学完成学业后可以解决北京户口问题，毕业生不可以；符合条件的专科高职在校生退伍回来复学完成学业后，免试专升本，毕业生不可以。除此之外，征兵季节在每年的十月，许多毕业生已完成就业，因而参军热情不高，而在校生没有马上面临这一问题。所有这些原因使得在校生入伍数量多于毕业生。

（二）对部队建设和个人的影响

首先来看在校生数量大于毕业生数量对部队造成的最直接影响。作为部队骨干层的士官队伍无法完全由高素质士兵补充和完善。原因是在校大学生服役满两年之后，绝大部分选择退伍返校读书。从北京科技大学对北京部分高校的一项调研也可以看出，驻京各高校在校生在部队服役情况虽有不同，但服役期满后大体状况一致。总体上说，大部分的大学在校生服役期满后都选择复学，只有很少一部分同学选择继续留在部队。而大部分高校武装部老师也认为，从某种角度说，这是部队人才的流失。国家刚把一个合格的军人培养出来，就退役了，不能不说是部队高素质人才的流失。从一线部队来看，在校生继续留队比例远远低于毕业生，还以前面部队为例，留队比例仅为5.4%。

其次来看对个人的影响。在京某高校的调查问卷显示，经过两年的军旅生活，复学后有62.5%的调查对象感觉学习较有压力，但是依靠坚强的意志和努力，还能赶得上，尤其是英语。12.5%的调查对象表示他们复学后转到其他专业或学校的教学计划有变，需要补修一些课程，感觉学习压力很大。剩下的25%的调查对象感觉没有学习压力。两年的军旅生活，使学习间断，加上转专业和教学计划的改变，使他们的学习压力增大。

（三）结论

综上所述，可以看出，征集高素质大学生士兵入伍是实现科技强军的大势所趋，也是优化军队结构的现实需要，更是大学生报效国家、锻炼意志品格、增长才干的有效途径。而要找到大学生实现自身价值与促进国防和军队现代化建设的最佳契合点，尊重规律、讲求科学，让人才发挥最大化的效益是要关注的重点。换句话说，更多的征集大学毕业生入伍是征兵工作的最佳选择。简单地讲有以下四点理由，和在校生相比，一是毕业生已学完学制内规定的课程，专业知识基础更牢固；二是从年龄、心智等方面更趋成熟，会更迅速适应部队；三是如果部队能够营造出更好的人才环境，他们留队继续服役的愿望会更强烈；四是大量大学毕业生参军入伍，社会整体就业压力会有一定程度的减小，符合国家提出的把大学生就业作为就业工作重点的要求。

五、四点建议

一是从部队层面。端正对大学生士兵的根本态度，充分认清大学生参军入伍是新形势下，我军实现军事现代化，打赢信息化条件下高科技战争的现实需要。首先在高校军训阶段，承训部队要派出思想素质好、军事技能高的教官，因为对大多数新生而言，这是他们第一次近距离接触部队，教官的一言一行直接影响到学生对人民军队的第一印象，承训官兵不仅要训练技能、训练作风，更要搞好宣传，让同学们喜欢军人、热爱军队，为今后参军入伍打牢思想基础；其次在部队中，优化拴心留人的内部环境，要保持和发扬我军优良传统，密切官兵关系，为他们发挥才能创造更多条件、提供更宽舞台。不仅在优先选拔军官方面有所侧重，还要在提高士官岗位的吸引力方面多作文章，真正把优秀的大学生士兵留下来、培养好、起作用。

二是从社会层面。加大对大学生士兵的关注力度，首先要加强社会舆论导向，让全社会认识到，大学生作为适龄公民，从法律角度不再列入缓征对象，服兵役是其应尽的义务，为国效力，为民保安是光荣和值得自豪的，理应受到国人的尊重，参军入伍也是大学生砥砺身心、实现自身社会价值、表达爱国情怀最直接的体现；其次，加强高校征兵力量，从办公场所、编制、人员、经费等方面给予切实保障；再次，将征兵工作列入高校考评机制，以此作为衡量高校党建、思想政治工作的标准之一，切实调动起一级组织的积极性；最后，继续落实好并加大对大学生参军入伍的优惠政策，在现有基础上，从经济待遇、就业安置、升学考试、社会资源分配、改转户籍等方面进一步给予支持。

三是入伍时间的修订。现行征兵时间是每年的冬季，随着大学生士兵逐渐成为兵源主体，征兵时间可以提前到毕业时，原因是：第一，学生刚毕业，相当数量学生还未联系好工作，能够吸引更多毕业生报名参军；第二，正值放假前夕，方便办理各种手续；第三，能够兼顾对在校生的征集。

四是严格奖惩。建议可根据各高校男生、女生的数量比例，由兵役机关下达征兵任务数，对完成任务积极主动的单位，给予物质和精神奖励；对征兵中消极应付的个人和组织予以严肃处理，构成违法犯罪的，追究法律责任。

破解依法征兵难题
推进依法征兵实践

于洪源[①]

征兵工作，是加强国防和军队建设的基础工程。依法征兵，是贯彻依法治国方略的具体措施，是依法行政的重要组成部分。近年来，国家出台了一系列征兵法律法规，各省市、区县也结合实际制定了配套的地方性法规政策，为依法开展征兵工作提供了法律依据。但由于多种因素的制约，依法征兵的社会氛围还不浓厚，大力推进依法征兵健康发展，是摆在各级政府和兵役机关面前的现实课题。

一、当前依法征兵中存在的矛盾问题和原因分析

我国现行征兵法规政策数量不少，但种类单一，总体上处于兵役基本法层面，原则性重于操作性，柔性强、刚性弱，实体法多、程序法少；对执法者缺少必要的执法支撑，对公众缺乏有力的行为规范。目前，依法征兵存在的矛盾问题主要有：

一是认识不足。不知法、不懂法是造成当前兵役法规执行难的重要原因之一。兵役法规的宣传缺少固定渠道、稳定阵地、规范要求，大多是临时突击，很难做到家喻户晓、深入人心。没有真正纳入各级普法和社会法律服务体系，处于征兵部门一头热的“失衡”状态。有的职能部门和领导没有把征兵工作当成一项政府行为和政治任务，口头上重视，实际上忽视；还有的把

---

① 于洪源（1967—），男，北京市东城区人民武装部部长，大校。

本文系作者在中央军委国防动员部征兵工作调研时的交流发言。

征兵当成兼职任务，认为是占用人员、浪费时间、耗费财力，只投入、无效益的负担。大部分适龄青年及家长只关心当兵待遇如何、怎样安置，将报名参军作为一种人生选择，很少有人留心“依法服兵役是每个公民的义务”等法律条文，参军报国意识不强。有的专业执法部门认为征兵工作是兵役机关的事，在兵役执法上的投入和配合不多。

二是有法不依。征兵工作人员能力参差不齐，一些街道征兵办对兵役法规学习掌握不够，依经验、凭关系、靠行政干预搞征兵的现象普遍存在；大部分兵役机关在征兵中，多依靠政府出台经济政策刺激参军热情，依法征兵的观念还没有树立；有的兵役机关认为，拒服兵役属思想问题，对适龄青年教育引导多、执法处理少；有的兵役机关对边缘性问题理解有偏差，对退兵的严重性认识不足，每年东城区征兵工作中，总有一些街道、高校为边缘兵反复说情，对区里严格把关不理解，抵触情绪强，甚至说三道四。

三是执法不严。有的兵役机关因《兵役法》关于处罚的规定不够具体，对拒绝或逃避兵役义务的违法行为不敢认定；有的兵役机关对违反兵役法规行为的处置失之于宽、失之于软，重视经济处罚、忽视兵役执法；有的对不参加兵役登记或逃避兵役的其他行为采取沉默态度，既不追究，也不处罚，甚至怕认真执法惹来麻烦；有的对拒绝或逃避兵役人员实施处罚后，缺乏适当公告，个别受罚者仍被录用为公务员或被事业单位聘用。

二、推进依法征兵实践的对策建议

军队的基础在士兵，士兵的质量在征兵，征兵的根本在依法。2016 年，东城区征兵工作在卫戍区、区委、区政府的领导下，坚持将依法征兵贯彻始终，全年男青年参军报名 1041 人，达到任务数的 5 倍以上；上站体检 729 人，达到任务数的 3 倍以上，择优征集男兵 235 人、女兵 14 人，圆满完成了北京市下达的征兵任务，全年没有出现一例责任和政治退兵。但在征兵实践中，权责明确、奖惩分明、行为规范、监督有效、保障有力的法律法规体系还没有完全建立完善，“政府依法主导、单位依法履职、公民依法服役”的征兵工作氛围还不够浓厚，在依法征兵方面还有很长的路要走，还有一些矛盾问题依然存在。这些困难和矛盾，有些需要在新年度进一步加强和改正，有些需要各级机关相互配合，协力克服。总的来说，需要重点加强以下几个方面工作。

一是加强宣传教育，营造依法征兵的浓厚氛围。知法、懂法是依法征兵的前提。应把征兵宣传教育纳入全民国防教育体系，纳入社会教育范畴，实现由临时性、突击式宣传向常态化宣传转变。首先要抓好社会宣传，使全民增强国防观念。人民群众具有强烈的国防观念是开展依法征兵的基础和条件。要把全民国防教育当成基础工程抓，纳入地方思想宣传教育工作规划，充分运用广播、电视、政府门户网站和报刊等多种媒体，重点对领导干部、青少年学生和社会各界人员进行以形势战备和爱国主义教育为主的国防教育，着力提高全民国防观念。其次要加强政府宣传，使职能部门牢固树立依法征兵意识。各级政府和职能部门是依法征兵的具体实施者，但国防观念的形成同级兵役机关很难协调。使各级政府和职能部门领导学习兵役法规，关键是建立起政府主导、自上而下、统一统筹的学习机制，充分利用党校培训、党委理论学习等时机，组织兵役法规学习，使各级领导干部认清依法征兵是政府行为和政治任务，是职能部门的自身职责，从而牢固树立依法征兵意识，充分运用法律法规开展征兵工作。再次要突出校园宣传。在加强高校宣传的同时，大力推进国防教育向中学、小学延伸，使青少年强化依法服役意识。把国防教育和兵役法规学习列入中小学教育内容和教学计划，筑牢青少年国防观念和参军报国的思想根基；积极指导高等院校搞好学生军训和国防教育实践活动，将国防教育和兵役法规纳入高等院校的必修课程。对适龄青年进行依法服兵役的宣传教育，逐条逐项组织学习兵役法规，端正思想态度，使他们认清应征入伍是履行法律义务和职责，任何时候、任何情况下都必须服从和遵守，从而不断强化依法服役的责任感和自觉性。

二是完善配套法规，推进征兵工作健康发展。依法征兵是征兵工作科学健康发展的必然要求。征兵面临的形势和环境发生了深刻变化，必须充分发挥主观能动性，创新出台征兵法规政策，提高法规的操作性、针对性、时效性。首先要科学统筹规划，实现责任利益相统一。应坚决避免征兵金钱补贴过度增长，从调整完善政策规定入手，加大对逃避兵役的处罚力度，实现“服役不服役不一样、逃避兵役登记和依法登记不一样”。将履行兵役义务与安置就业、扶持创业挂钩。国家应明确规定，遴选乡镇（街道）专武干部，应从退役军人中考录；符合条件的退役官兵家庭优先享受城乡低保和廉租房、公租房政策。建议通过立法出台国防代役金制度，征收对象是在法定服现役年龄内而未服役的人员，从根本上强化民众服役意识。应进一步加快军队职业化进程，提高军人待遇，均衡兵役义务权利，增强部队吸引力、凝聚力和战斗力。其次是要制定刚性措施，解决好均衡负担问题。建立科学的征集数量指标体系，综合评估各地人口数量质量、经济水平、公民文化素质或大专院校数量等要素，明确各要素所占权重，科学确定征集地域和征兵数量。建立中央财政和地方财政共同承担兵役负担的保障机制，改革义务兵优待金发放办法，由中央财政和地方财政共同负担，避免任务越多、走兵越多、负担反而越重的问题。再次要明确执法主体，解决好依法行政问题。就我区而言，虽然 2016 年确立了思想退兵处罚机制，实现了无思想退兵，但主要靠地方机关协调，得益于区政府办和公安分局的配合。兵役机关是征兵工作的行政部门，应从国家层面依法明确兵役机关的行政执法主体地位，赋予其行政监督权和行政处罚权。同时，还要依法明确其他专业执法部门对兵役执法的强制功能或配合兵役机关行政执法的强制手段。

三是健全执法机制，促进征兵工作规范运行。征兵作为一项国家行为，应注重从法治角度处理问题，以法治思维分析问题，用法治方式解决问题。首先要增强依法办事的思维能力。依法办事是开展工作的基本方式，应从强化法制思维入手，自觉以法治方式引领、创新和规范征兵工作，养成决策用权依法、解决问题用法、化解矛盾靠法的思维习惯。其次要固化执法必严的行为习惯。应牢固树立依法征兵理念，绝不能上有政策下有对策，确保兵役法规得到严格执行。比如，在政治审查上和体检科目上，要把握好政策尺度，既不搞大问题缩小化，也不把边缘问题扩大化。再次要坚守违法必究的铁律底线。各级要对违反兵役法规的人和事采取“零容忍”态度，严肃处罚不依法参加兵役登记、不依法服兵役的人员，切实维护兵役法规的严肃性和权威性。对拒不接受处罚或滋事闹事的人员，由公安部门依法给予治安处罚，情节严重的依法追究法律责任。让铁规发力、让禁令生威，努力推进征兵工作依法运行、健康发展。

国旗教育：我们共同的事业[①]

宋来新

各位领导、嘉宾、同仁，老师们、同学们：

大家下午好！

很荣幸能够参加今天的国旗论坛，每次参加国旗教育活动都是对内心的洗礼，都是对内心正能量的凝聚。我想这就是国旗教育活动的魅力所在，同时也是各位同仁在这项事业上不断努力、奋斗的价值所在。

我来谈一谈对国家意识、国旗文化和大学生国旗护卫队建设的一些思考和认识。那么我就抛砖引玉，向大家汇报一下我们的一些浅显认识，仅供大家参考。

我想，国家意识的重要性不必多言，尤其是对于高校，它是高校立德树人、完成育人使命的最高要求。

什么是国家意识？

国家意识是普通公民对国家的整体认知与认同，是对这个国家的传统、制度以及文化的归属，并且在这种认知、认同和归属的基础上，所形成的共同的历史、共同的情感、共同的信仰和共同的生活方式。国家意识生长和贯穿于国家发展的历史长河中，它具有强大的时空穿透力和历史震撼力。

历史由时代构成，精神与时代同步。国家意识是民族的，是发展的，是时代的。

看历史，先贤古人的国家意识是“青山是处可埋骨，白发向人羞折腰”

① 本文系作者在 2016 年北京高校“国旗教育论坛”上的交流发言。

的宁死不屈的爱国情操，和“天下兴亡、匹夫有责”“先天下之忧而忧，后天下之乐而乐”的忧国忧民的爱国情怀。看近代，革命先烈的国家意识是“烈火中永生”的红岩精神，是3480万我国军民为夺取抗日战争伟大胜利，赢得民族解放所献出的宝贵生命。看现代，知识青年的国家意识是在国家百废待兴之时，奔赴祖国大西南和大西北，投入到三线建设的义无反顾，是扎根戈壁，献身祖国战略武器研发的隐姓埋名。看当代，革命军人的国家意识是抗震救灾时的冲锋在前，是驻守孤岛的无私奉献。看身边，青年学生的国家意识是申奥成功时的欢呼雀跃，是主权受辱时的慷慨激昂，更是参军入伍时的积极踊跃。

在历史发展的进程中，国家意识历经冲击与演变，非但没有削弱，反而变得更加强烈，越是在民族和国家危难之时，国家意识越是显示出它的伟大精神力量。

国家意识是社会精神生活的重要组成部分，集中体现着一个国家的价值理念、道德规范和性格情操，国家意识渗透于国家政治、哲学、道德、艺术和文化等各个意识层面中，潜在地影响着社会的基本价值取向，对国民具有规范、制约、引导、熏陶和培育的重要作用。

国家意识不以直接的、独立的形式出现，所以看不见、摸不着。但在现实生活中，它又无处不在、无时不有。

说到这里就必须要谈到国旗。国旗，是国家政治和文化的集中代表。国旗，以它有形的形式，将无形的国家意识以更加直观、更加鲜明和更加直接的方式表现出来，国旗文化则成为国家意识渗透于国家政治与文化的具象表现。

什么是国旗文化？

国旗文化就是人们以何种视角来看待国旗，用什么样的方式来对待与国旗有关的人和事，是以国旗的形式来表达国家意识内容。

对于参加外事活动的人而言，国旗就是主权。1990年，梁徽因的孙女梁帆还在上小学，她作为中国代表参加在荷兰举行的联合国儿童基金会会议，发现会场未悬挂中国国旗，于是向大会提出抗议，最终在她的强烈要求之下，会场升起了五星红旗。对于正在异国求学的人而言，国旗就是安全。2014年

6 月，上海交通大学一项题为“全球化背景下我国大学生政治生活”的研究显示，那些赴异国求学的我国大学生，对于国旗、国歌等国家符号具有极强的认同感和归属感，看到国旗，就会觉得亲切，觉得安全。对于驰骋赛场的人而言，国旗就是荣誉。每每站在世界级的领奖台上，体育健儿或是面向国旗激动落泪，或是身披国旗绕场一周。而对于日常生活工作中的我们而言，国旗就是精神寄托。在加油欢呼时，观众们挥舞的是国旗，在重大节日时，门前悬挂的是国旗，在表达喜悦，甚至是愤怒时，人们所使用的依然是国旗。现在我们所举办的“国旗论坛”，也是我们对于国旗的一种观察视角，是我们与国旗有关的人和事的一种相处方式。这些“国旗现象”，共同构成了“国旗文化”。

无论处于和平年代，还是面临战争风云，无论是在外事活动中，还是在身边的日常生活，国旗都代表着国家形象、国家精神和国家文化，它具有强大的凝聚、召唤和引领的力量。国旗，用它特有的颜色与元素，以最简单、直接的方法，将一个国家的价值理念、道德规范和性格情操表达出来，将普通公民的国家意识激发出来，将无数国人的心紧紧地团结在一起。

如何去做？

在这个过程中，作为教育工作者抓好、抓实以国旗文化为载体的国家意识教育，意义重大，形势紧迫。这既是各位同仁的高度共识，也是今天召开“国旗论坛”的一个重要目的。

近年来，北京高校国旗文化教育成效显著。截至目前，国旗教育分会会员单位达到 35 家，正在积极筹备组建大学生国旗护卫队的高校有近 15 所。继成功举办国旗护卫队检阅式比赛之后，分会还组织开展了大学生国旗护卫队队伍文化建设成果展示和队员社会实践活动。可以看到，各高校国旗护卫队的队列动作水平和文化建设水平都得到了显著提高，校园国旗文化正在繁荣，国旗文化在服务于学校育人方面发挥着越来越重要的作用。

同时，也必须看到，发展道路依然长远，面临的任务依然艰巨。对于已经建立的大学生国旗护卫队而言，队列动作水平、队伍文化建设水平还参差不齐；国旗护卫队的装备保障体系尚待进一步完善；与实践活动相比，队伍建设经验总结和理论研究相对滞后，文化内涵尚待更深层次的培育和挖掘。

挑战就是机遇，直面就是动力。

面对未来，需要紧紧围绕高校立德树人的根本任务，将以国旗文化教育为重要载体的国家意识教育与在高校中培育和践行社会主义核心价值观深度融合起来，这是一切工作的出发点和落脚点。培养合格建设者和可靠接班人，是我们共同的使命，是开展包括国旗教育、国家意识教育在内的大学生思想政治教育工作的方向指引。

面对未来，需要推动工作的内涵向纵深化发展。需要全面推动以国旗教育为引领，以历史观、民族观、国家观、文化观为主要内容的，面向全体师生和社会公众的爱国主义教育，不断增强全体师生、社会公众的民族归属感、认同感、尊严感和荣誉感，为提高国民教育的质量和水平贡献力量。

面对未来，需要搭建更多元、更广泛的平台，促进国旗教育事业的繁荣，实现北京高校大学生国旗护卫队的共同发展。从检阅式评比到文化建设成果展示，从组织参观实践到举办国旗论坛，近年来在协会的指导下，分会搭建了一些平台，但还需要搭建更多的平台，引导、鼓励每支队伍都能更好地形成自身的特色，涵养自身的文化，让我们的事业更丰富、更多样，迎接国旗教育“百花齐放”的春天。

各位同仁，共同的事业，需要我们戮力同心。

伟大的事业，期待我们共同创造。

站在实现民族振兴这一伟大的历史节点上，就必须以历史的、民族的甚至是人类发展的视角来审视正在从事的事业，以更强烈的使命感和责任感来经营正在从事的事业。

相信在协会的指导下，在各位同仁的共同努力下，北京高校大学生国旗护卫队建设一定可以迈上更高的层次，国旗教育事业一定能够取得更大的发展，一定可以为全民国家意识教育、爱国主义教育做出新的、更大的贡献。

谢谢！

以“精细化建设”推动学生军训工作新发展

商云龙①

各位领导、同仁：

大家好！

非常荣幸能在这里向大家汇报我校的军训工作。我汇报的题目是：以“精细化建设”推动我校军训工作新发展。

从1985年开始的大学生军训已走过30多年的光辉历程。军训工作如何更好地满足国家需要，适应新的时代特点和学生特点，更好地在国防后备力量建设和大学生思想政治教育工作中发挥作用，成为摆在所有军训人面前的新课题和新任务。

我校一直秉承“服务国家大局、服务学生成长”的理念，坚持“常规工作、常做常新、新中求细、细而求精”的工作原则，构建了以“精细化建设”为核心的军训工作体系，逐步形成了以爱党、爱国为核心的军旅成才文化。

近年来，我校均保持了近3900人的军训规模。如何使这样一个庞大队伍的军训任务得以科学、安全地推进，达到锤炼学生品格意志、提高他们综合素质的目标？其中，“精细化建设”发挥了重要作用。“精细化”是在20世纪50年代形成的企业管理概念，它建立在常规管理的基础上，又是将常规管理引向深入的一种基本思想和管理模式。

军训工作“精细化建设”是在认真执行中央48号文件、“三总部”和北

---

① 商云龙（1979—），男，北京化工大学党委学生工作部部长，博士，副研究员。研究方向：大学生思想政治教育。

本文系作者在北京市学生军训工作会议上的交流发言。

京市相关文件规范要求的基础上，在解决队伍管理和提升军训效果方面所做的一些尝试和探索。可以将其概括为“54321 模式”。

一、“五项制度”搭框架

1. “六会一考察”制度

在历次军训工作时，都严格执行“六会一考察”制度。“六会一考察”分别是：由主管副校长牵头，各部门负责人参加的军训工作布置会、带队教师与工作队伍培训会、院系动员会、安全与后勤保障会、学校与基地、承训部队协调会、指导员晚间例会，以及军训前期对基地准备情况进行的实地考察。“六会一考察”的内容涉及物资及场地准备、程序制定、议事规则制定、人员动员、科目实施、考评奖励、总结反馈等各个方面。比如，在由主管副校长牵头、各部门负责人参加的军训工作布置会上成立“校级学生军训领导小组”，对当年的军训工作进行总体统筹，所有协调问题实现会场解决，提高办事效率，为整个军训工作的顺利实施提供了强有力的保障。又比如每晚召开的指导员例会，邀请承训部队和基地人员参加，指导员对当日各连队的情况进行汇总，做到当日情况当日会商，当日问题当日解决。指导员晚间例会成了智囊会议、指挥会议，成为推动日常军训工作正常进行的保障性会议制度。

2. 科学施训制度

如何在风沙较大、白天紫外线强度高、夜晚温度低的 5 月的八达岭军训基地保证近 3900 人的军训安全和训练成效，对实施科学训练提出了较高要求。一方面安排专人负责安全工作；训练前充分了解学生的个体差异，有无不适应军训的疾病；对军训基地的住宿、饮食安全等环节严格把关。提供驻地医疗保障。几年来，实现了军训零事故。另一方面，与承训部队及时沟通，合理设置军训进度和强度。在方法上改变简单的重复练习，使参训学生能够深入理解、高效练习；在内容上大胆创新，进行了 4 个科目共计 14 个内容的军事训练；在时间上灵活掌握，既达到培养学生毅力品质的目的，又尽量避开基地白天过高的紫外线照射强度；鼓励学生发挥个人主观能动性，形成了学生之间、学生与教官之间相互学习、相互提高的生动局面。

3. 深度辅导制度

开展深度辅导是北京市委教育工委为深入贯彻落实中央精神而推出的重要举措。深度辅导能够帮助辅导员把握学生思想动向，解决学生的棘手问题。不但要求本年级的辅导员全部参加军训工作，和学生同吃同住，还要将日常的深度辅导带到军训中来，运用相关技巧、方法及时掌握学生在军训中的思想动向，及时排解训练过程中产生的思想问题，既要把军训作为锤炼学生意志、培养国防后备力量的有效途径，还要把它作为开展大学生思想政治教育工作的重要抓手。近年来，通过深度辅导，及时发现、解决了多个军训中出现的学生焦虑、烦躁、不适应的问题，保证了军训工作的顺利实施。

4. 军营文化建设制度

文化建设是对科目训练的有效补充。近年来，通过多种方式开展军营文化建设，比如在军训中开展板报、内务、训练和广播稿评比，真人 CS 对抗赛、定向越野比赛、一封家书、歌咏比赛、文艺会演等活动，还出版《军训简报》，及时报道训练中的人和事。在 2012 年的军训工作中，在学校主页和学工网站建立了“峥嵘岁月”专栏，编辑军训成果画册，出版快讯 4 期，主题板报两期，征集广播稿 3960 份，微感言 4840 篇，在新浪微博、人人网公共主页发布军训动态 140 条，推送军训手机报 12 期。

5. 特殊学生群体管理制度

特殊学生群体管理是军训中的一件大事，需要用心抓，抓出成效。特别关注了三类特殊学生群体：因身体原因不能全程参加军训的学生、家庭经济困难学生和少数民族学生。对于特殊学生群体的管理，坚持了一个原则：一视同仁，特事特办。一视同仁是指要尊重他们，从训练管理制度的执行上与其他同学一致；特事特办是指要更加考虑他们的特殊情况，做到以生为本，以情动人。比如对于因身体原因不能全程参训的学生，把他们组织起来，执行比如内务、后勤、岗哨等其他军训任务，让他们有事做，不另类，做到同等考察，按照要求给予军训成绩；对于家庭经济困难的学生，学校不但免除了他们需要交纳的服装、餐饮费用，还为他们提前发放了困难补助；对于少数民族学生，则安排专人负责他们的饮食，尊重他们的民族信仰和民族习惯。

“五项制度”为军训工作搭建了基本框架，制定了根本规则。军训的对象是学生，学生的思想工作是否抓好，决定了其他工作能否正常、顺利开展，因此实施了“四个教育”。

二、“四个教育”入头脑

1. 国防教育

国防教育是军训工作的主旋律。大学生军训工作本身就是国防后备力量建设和开展国防教育的有效途径。比如邀请了国防大学公方彬教授、孙旭教授、程重阳教授、王建平教授先后来到军训基地为参训学生就热点问题做国防与时政报告，深受大学生欢迎；还在军营里组织了以国防教育、时事政治为主题的辩论赛、征文、演讲比赛。使国防教育贯穿整个军训过程的科目训练和文化建设，让学生爱军队、爱国防。

2. 主题教育

军训也是开展大学生思想政治教育的有利时机。比如我们在 2012 年的军训过程中，就开展了“学雷锋、在军营”和“党旗扬军营”两项主题教育活动。围绕学习、弘扬和践行雷锋精神，军训团组织以学雷锋为主题的板报、简报、歌咏比赛，号召大学生将学习雷锋同志的坚毅品质、无私精神与日常训练、军营生活相结合，锤炼精神，提升素质，进一步强化集体荣誉感；同时，围绕中央关于党组织的“五个好”和党员“五带头”的要求，学校党委成立军训团学生临时党总支，将支部建在连队，设立“党员先锋岗”“党员服务队”，在日常军事训练、内务评比、营队生活中发挥党员的先锋模范作用。

3. 典型教育

典型的树立在开展军训工作中具有显著效果。在 2012 年学生军事训练的过程中，就涌现出了这样一位让人感动、令人敬佩的大学生：关晓妮。她是我校理学院的一名患有先天性小儿麻痹症的女同学。考虑到她的特殊情况，学校打算给予她免训的特殊待遇。然而，关晓妮却拒绝了，她和其他同学一起来到军训基地。别人在烈日下站军姿，她也拄着双拐站在一旁，别人在用餐前列队唱歌，她也不搞特殊化，和其他同学一样唱着军歌，她叠的“豆腐块”是全班最标准的。信念坚定，乐观向上，正是这样的意志品质，让所有人为她竖起了大拇指，成为军训团师生中的榜样。在她的带动下，其所在班成为全连内务整理、科目训练最出色的班级。军训结束时，学校不仅授予了她“军训标兵”的荣誉称号，更发放了特别“军训奖学金”，以褒奖她的顽强精神。

4. 感恩教育

感恩教育是当代大学生思想政治教育工作中非常重要的内容。感恩教育要潜移默化，要有所触动。2012年，将感恩教育融入军训，开展了“家书抵万金”活动，号召参训学生给家长写一封信。我校2011级学生杜虹丹在给母亲的信中这样写道：“亲爱的妈妈，您看到女儿的成长了么？您娇气的小公主，在这十几天的特殊环境里，已经迅速成长，化茧成蝶了——她已经变得坚强、冷静，已一步步从青涩走向成熟。亲爱的妈妈，母亲节就快到了，可是远方的女儿不能回家陪伴妈妈。距离可以隔绝你我的拥抱，却剪不断您和我的彼此牵挂。”杜虹丹的母亲在回信中写道：“女儿，你长大了。看到你的家书，妈妈感动得眼泪就没有停住，妈妈为你而高兴。谢谢学校，谢谢教官，谢谢这十几天的军训带给你的成长！”在2012年冬季征兵中，杜虹丹应征入伍，光荣地成为秦皇岛某通信站的一名女兵。

三、“三种方法”解难题

近3900人的军训，确实为军训工作带来了一些小难题，而在解决这些难题的过程中，我们也逐渐找到了一些小窍门，形成了一些工作方法。

1. 分层错峰工作法

3900人的运输和集结是个大问题。而且这3900人分别来自海淀和昌平的两个校区；按照每辆车50个人算，也需要78辆大巴车；而军训基地一次最多能容纳40辆大巴。为了让这3900人、78辆大巴车能够安全到达军训基地，同时保证基地接纳这些学生时有秩序，能管理，我们提出了这套“分层错峰工作法”。首先建立了从军训团部到连队、到指导员，最后到车长的四层管理，做到车长向指导员负责，指导员向连队指挥负责，连队指挥向团部负责，实行统一调度。在运输学生时，先安排40辆大巴运送第一批学生，这40辆大巴车到达基地，放下学生后再返回学校接第二批学生。在大巴车返回的过程中，迅速安排第一批学生在基地的住宿以及与承训部队的对接。而在运输学生时所采用的这种“分层错峰工作法”也很好地解决了在军训过程中3900人的吃饭、洗澡问题。

2. 集散结合工作法

“集散结合”是指对学生情绪的控制。在14天封闭军训的时间里，每天重复性的、超过平时强度的训练，使学生在大约第5、第6天的时候容易出现身体、思想疲惫，特别是思想疲惫。在3900人的队伍中，每个人有一点点思想懈怠，集合起来就是个大问题。为解决这个问题，运用了这套“集散结合工作法”，“散”就是像中医一样，通过一些集体活动、文艺节目、情感抒发等转移学生注意力，缓解学生训练疲惫，同时在这段时间加强指导员的深度辅导工作，及时发现和排解情绪隐患；“聚”就是要通过一些竞技比赛、拉歌、团队建设活动凝聚连队战斗力，鼓舞士气。这两者是同时进行、同时兼顾的。因此，军训过程中的活动并不仅是活动本身，它们还肩负了帮助这么一个庞大团队顺利度过疲惫期的艰巨任务。

3. 藕节衔接工作法

拉练是军训的一项重要科目。3900人的队伍拉练，在行进一段时间后，队伍长度基本保持两千米左右。保证这么多人、这么长的队伍在13千米行进中的安全是拉练过程中最重要的工作。除了拉练动员、要领讲解之外，还提出了这套“藕节衔接工作法”。将整个拉练队伍比作一条藕，将每个连队像每一段藕节一样分别管理。在每个连队的首尾各有一位教官和指导员，在每个连队中间再设有1—2名指导员，每个连队就像藕节一样各自分别管理，由队首控制行进速度，既保证不与前面的队尾相隔太远，又能够保证整支队伍跟上节奏。每个队伍的队首与前一个队伍的队尾衔接，由军训团利用对讲机与各连队指挥协调行进的速度。而每个连队中又再分班级，实行“藕节衔接”。这种工作方法让我们在跨越铁路、公路，遇到车辆穿行时，做到队伍断而不乱，断而可续，实现了统一指挥，各自管理，安全行进。

四、“两支队伍”固成果

每届学生的军训时间只有14天，而这14天的军训成果如何保持，是摆在大学生思政工作者面前的一个课题。国旗护卫队和“绿野仙踪”定向越野队，是从军训中走出来的两支队伍，他们已经成为巩固军训成果、在日常学习工作中开展国防教育的重要力量。

以国旗护卫队为例，这支从军训中走出来的队伍，成立于2004年，经历了4次装备更新，9轮人员更替，他们在夏天头顶炎炎烈日、冬天冒着严寒风雪训练，收获了包括“北京市优秀国旗护卫队”“全国五四红旗团支部”“第三届北京高校仪仗队检阅式比赛第一名”在内的多项沉甸甸的荣誉。如今的国旗护卫队已经成为校园内弘扬红色信仰、开展国防教育的一股正能量。

五、“一种文化”做精品

认识决定道路、文化决定思想。近年来，在开展学生军事训练、军事理论课教学、征兵入伍、半军事化学生社团建设的过程中，逐渐形成了以爱党、爱国为核心、以队伍建设和树立典型为载体、以军事训练为依托，与校园文化建设和人才培养紧密结合的高校军旅成才文化。军旅成才文化的形成和弘扬，丰富了我们工作的内涵，而打造军旅成才的校园文化品牌，也促使我们将对工作的认识从实操层面提高到文化层面上来，任务更加艰巨，责任更加重大。

近年来，在各级领导的关心、指导和帮助下，我们获得了“毕业生预征工作全国先进集体荣誉称号”“北京高校征兵工作先进单位荣誉称号”“全国高等学校学生军训优秀学校”“全国学生军事训练先进单位”“北京军区学生军事训练先进单位”“北京市学生军训先进集体”以及“先进武装部”等光荣称号。

一直以来，我们的工作得到了来自教育部、北京军区、北京市政府、国防大学和学校党委领导的指导和帮助，更是得到了广大学生的支持和配合，在这里，向他们表示深深的谢意！（鞠躬）牢记这点，才能让我们在取得成绩之时，不骄傲，不懈怠，将每个成绩作为新的起点。

成绩代表过去，时代催人奋进。2013 年是贯彻落实“十八大”精神的开局之年，作为高校国防后备力量的建设者，我们必将牢记使命，明确职能，继续秉承“服务国家大局，服务学生成长”的理念，加强“精细化建设”工作力度，开拓新局面，为实现中国梦，实现中华民族的伟大复兴而努力奋斗！

谢谢大家！

强化学生军训硬本领
提升人才培养软实力

王　皓[①]　刘东睿[②]

以学生军事训练为主要内容的学校国防教育，是高等学校实施素质教育的重要内容，是学校人才培养的重要组成部分。多年来，北京交通大学在学生军训工作中，结合学校实际，根据《兵役法》《国防法》《国防教育法》、教育部等七部委《关于进一步加强高校实践育人工作的若干意见》的精神和《普通高等学校军事课教学大纲》等文件要求，通过开展以学生军训为主要内容的国防教育活动，使广大同学提高了政治军事素质，掌握了基本军事知识和技能，深化了国防观念和国家安全意识，培养了严明的组织纪律性和集体荣誉感。经过不断的探索和努力，学校的学生军训工作和国防教育工作成为人才培养工作的有效载体和手段。

一、提升认识，深刻领会学生军训工作对提高人才培养质量的重要意义

1. 学生军训是学校人才培养工作的重要组成部分

党的“十八大”提出，高等教育要始终坚持立德树人的根本原则。习近平总书记在2016年的全国高校思想政治工作会议上深刻回答了“办什么样的大学、怎样办好大学”和“培养什么样的人、如何培养人、为谁培养人”这个根本问题。人才培养是高校的中心工作，教育部等七部委在《关于进一步

① 王　皓（1982—），男，北京交通大学人民武装部副部长。研究方向：国防教育、学生军训工作等。
② 刘东睿（1986—），男，北京交通大学人民武装部干事。研究方向：国防教育、学生军训工作等。

加强高校实践育人工作的若干意见》中明确指出："军事训练是实践育人的主要形式之一"。长期的实践证明，学生军训能够增强学生的国防观念、国家安全意识，弘扬爱国主义、集体主义和革命英雄主义精神，培养学生艰苦奋斗、吃苦耐劳的作风，养成学生良好的生活习惯、组织纪律性和学习风气。因此，作为人才培养工作的重要组成部分，军训工作发挥着不可替代的育人功能。

2. 学生军训是加强大学生思想教育的有效载体和手段

大学生思想政治教育是高等学校承担的重要育人职责，"我国高等教育肩负着培养德智体美全面发展的社会主义事业建设者和接班人的重大任务"。学生军训正是将德育、智育和体育相结合的重要载体。中央 16 号文件特别指出："要认真组织大学生参加军政训练"，高等学校开展以军训为主要形式的国防教育，国防教育的核心是爱国主义教育，因此，归根结底是开展以爱国主义为核心的大学生思想政治教育。军训是一种特殊的实践教育，当大学生置身于军事化训练的氛围中，就必然会学习解放军的优良作风和品质，亲身体验作为一名军人的爱国主义责任感、使命感和自豪感，这都将有助于增强大学生对祖国和人民的热爱与忠诚，有助于培养大学生高度的献身精神和社会责任感。与此同时，军训还能够引导学生正确处理和对待个人与集体、局部与全局的关系，树立时代所需要的高度责任感、危机感和荣誉感，也使思想政治教育在实践中由抽象变为具体，激励学生积极进取，勇于拼搏，从而迸发出催人向上的巨大力量。

3. 学生军训是提高大学生综合素质的重要渠道

2017 年，全国普通高校毕业生预计 795 万人，我国将连续三年实现毕业生就业创业人数"双增长"。在这一背景之下，学生综合素质的高低往往是市场检验高校人才培养质量的重要指标。学生军训作为一种学生综合素质培养的重要途径，是实现学生健康成长、全面发展，提高大学生综合素质的重要渠道。

首先，军训以其特有的军事化管理形式，为大学生提供了发展多种能力的条件。在军训中大学生能够锻炼组织能力、集体意识和团队协作精神，军训成为引导大学生正确认识自己、塑造自己、完善自己的重要途径，同时，军训中经常性的评比竞赛，可以激发学生的"比学赶帮超"动力和热情，更是学生今后发展的重要财富。

其次，军训能够培养学生的自理能力和良好的生活习惯。当今的大学生已经以“95后”为主体，部分“95后”独生子女生活依赖性强，独立性较差，自我意识强，团结协作意识差，创新意识强，纪律观念差。而在军训期间，严格的纪律约束促使大学生学会自我管理，科学安排生活，为学生未来的成长奠定良好的基础。

再次，军训有助于提高大学生心理素质，通过军训的严格要求、严格训练和严格管理，使大学生逐步地学会了自我调整、自我管理，提升了学生的抗压受挫能力，是重要的心理教育载体。

二、突出特色，搭建推动学生军训工作内涵式发展的四维度体系

1. 搭建完善的学生军训工作机制与体系

在机制层面，北京交通大学成立学生军训工作领导小组，形成学校党委副书记分管、武装部与学生工作部门主抓、各有关部门协助、各学院推进的领导工作体系，保证了学生军训工作的有序、顺利开展。在具体落实推进中，我校武装部和学生处合署办公，设一名武装部专职干事，设立军事教研室，开展教学和研究。

2. 形成校内分散军事训练、军事理论课集中授课与基地集中训练相结合的训练教学体系

一是新生入学后，进行持续两个月的校内分散训练。每周利用周末两个小时时间，由军政素质高的高年级学生骨干和国防生担任大一学生的军训小教官。在校内训练的过程中，要求完成军训编组、队列基本动作、内务卫生整理等训练任务，期间还进行宿舍内务检查评比。在分散军训结束时，学校会举行分散军训总结大会，在总结大会上进行队列会操、打背包、叠军被、拉歌等军事训练科目评比。二是在第二学期末，安排8天左右的时间进行军事理论课集中教学和考试。军事理论课教学期间实行军事化管理。早晨出操，整理内务卫生，统一军训着装，做到课前有歌声、课堂有报告、上课有考勤、教学有考评。我校军事理论课一般安排在基地集中军训前一周，通过军事理论课的军事化管理和理论知识的学习，对学生参加集中军训进行了身体和心理上的充分动员，也为集中军训做好基础准备。三是在大一第二学期末，安排不少于14天的基地集中军训。

3. 搭建相对完善的学生军训荣誉体系

学校制定了学生军训评比表彰办法，将校内分散军训、军事理论课和集中军训期间，各学院（营）的表现进行综合量化评比，全年共计开展各类评比表彰19项，全面覆盖了学生军训的内务、队列、组织训练、宣传工作、文体活动、安全纪律等各个方面，全程覆盖了分散军训、军事理论课和集中军训三个阶段。针对各学院全年的表现，评定军训综合先进单位、队列先进单位等军训优秀集体奖项5个，针对集中军训期间的表现评定优秀集体奖项6个。每年评选军训先进班级近20个，军训优秀学员和优秀干部450余名，而且表彰名单纳入了全校每年度的学生评优评先体系中。在学生个人奖励中，增设“社会实践优秀奖学金（军训）”的奖项，在集体奖励中增设“军训先进班集体”的奖项，用以表彰在我校军训中表现突出的集体和个人。通过各项评比表彰活动，充分调动了全体学生参与军训的积极性和主动性，也为我校军训工作的开展营造了浓厚的氛围。

4. 形成基于学生军训的思想教育内容体系

我校学生军训工作贯穿学生大一全年，依托军训工作，辅导员迅速了解学生的思想状况和特长特点，进行一次有针对性的深度辅导，便于在今后的学习工作中有针对性的开展教育引导工作。依托军训工作，辅导员和同学们训练、生活始终在一起，通过观察同学们军训时的状态表现，可以发现很多平时不容易发现的问题，有针对性的进行心理辅导。同时，军训期间学校心理中心专业教师随团进驻基地，关键节点开展心理辅导，解决学生心理问题。依托军训工作，集中开展消防安全教育，在军训基地组织全体同学消防逃生演习和消防设备使用演练，邀请消防官兵讲解消防基础知识、基本消防技能，学生亲身体验灭火器的使用和消防水带的连接，实现对全体本科生的消防技能、逃生避险技能等安全实践教育的全覆盖。

三、创新推进，拓展学生军训工作外延成效的四方面触角

1. 让学生军训成为加强辅导员队伍建设的“精英基地”

学校坚持新聘辅导员岗前到军训基地协助工作，全程带队参与军训全过程，所有新生辅导员先于学生接受军事强化训练。经过军训的锻炼，学生辅导员在政治思想上更加成熟，军政素质、组织指挥、独立分析和解决问题的

能力得到了很大的提高，在同学们的心目中树立良好的形象和威严，他们也能很快成为学校学生思想教育和学校管理工作中的骨干力量。

2. 让学生军训成为培养学生干部的“成长摇篮”

军训工作中，学校形成了“面向高年级学生征募散训小教官、面向全校新生组建军训团部、面向各学院新生培养军训干部”的学生骨干培养体系。每年有300多名高年级同学担任大一年级分散军训小教官，400余名同学担任军训学生骨干，他们通过军训的锻炼培养得到了全面发展，都成长为校院学生组织的主要学生干部，在以后的学习工作中发挥了重要作用。

3. 让学生军训成为推动国防教育的“主课堂”

学校抓住军训有利契机，开展国防教育活动。通过军训工作，组织选拔学生参加定向越野竞赛、国防知识竞赛、国防演讲比赛等活动，增强学生体魄，激发学生献身国防的热情。学校坚持排演大学生版长征组歌10余年，每年交大版《长征组歌》都会作为新生入学教育、国防教育第一课连续演出多场，使长征精神教育影响了每一位交大学子，成为我校开展大学生理想信念教育和国防教育的重要载体。

4. 让学生军训成为助力征兵工作的“大熔炉”

学校的征兵工作始终坚持“早启动、全覆盖、多宣讲、精服务”的工作要求，通过动员宣讲、政策落实、激励服务、学习教育等环节，做好在校大学生征兵工作。学校深入开展学生军训工作，对我校在校大学生征兵工作也产生了积极有力的促进作用，同时学校征兵工作的大力宣传也给我校的学生军训和国防教育工作带来了积极的影响。学校连续五年被评为北京高校征兵工作先进单位。

四、对学生军训工作的一些思考和今后的努力方向

1. 进一步加强学生军训工作的教育宣传力度，积极改变学生不同成长阶段对学生军训的认识偏差，降低学生的抵触和消极情绪，全面深入做好学生思想教育工作，使学生军训与学生思想教育的各个环节密切结合，使学生在军训中养成的纪律意识、集体意识、拼搏意识得以在今后的学习生活中继续保持和发扬。

2. 巩固和保持学生军训期间取得的训练成果，进一步创新军训工作的形式，创新军训科目。一方面是要调整现有军训的部分训练科目和方法，针对“95 后”学生的特点和需求，结合国防教育的需要，创新军训工作的方式方法。另一方面要突出现代国防的要求，增加军训中的科技含量，引入同学们乐于参与、现代军队建设需要的训练项目，更易于同学们接受，也能体现我军的训练装备水平。

3. 更加广泛和深入地开展国防教育活动。一是要通过学生喜闻乐见、易于参与的形式，依托网络、微博等新媒体平台，开展广泛的国防教育活动。二是通过参观国防教育基地、安全教育基地等，加强学生对国防知识的了解。

关于退伍大学生在高校核心价值观教育中发挥作用的实践探索

——以首都体育学院为例

靳　卓①

2014年的五四青年节，习近平总书记在与北京大学师生座谈时指出："青年的价值取向决定了未来整个社会的价值取向，而青年又处在价值观形成和确立的时期，抓好这一时期的价值观养成十分重要，人生的扣子从一开始就要扣好。"由此可见，树立正确的价值观对于当代青年的成长至关重要，而肩负着为国家培养青年重要责任的高校，必须找到行之有效的工作方法，从而确保价值观教育工作的针对性和实效性。近年来，首都体育学院结合自身实际，积极探索发挥退伍大学生的作用，探索开展核心价值观教育的工作思路和方法，有效增强了思想政治教育的吸引力和感染力，促进了全校学生社会主义核心价值观的培育和践行工作。

一、当前高校学生价值观教育的处境

（一）当前我国高校意识形态领域面临的情况日益复杂

随着我国社会经济成分、分配方式和利益关系的日趋多样化，以及西方发达国家日益加紧的意识形态渗透，多元文化发展日趋复杂化，人们思想活动的独立性、选择性、多变性和差异性不断增强，青年人的思想空前活跃，各种价值观念并存，相互碰撞、相互影响。这既为社会的发展提供了活力，

① 靳卓（1984年—），男，首都体育学院学生工作部副部长，研究方向：大学生思想政治教育。

同时也为意识形态领域带来了更为复杂的难题。在现在的大学校园，在崇尚和倡导无私奉献的同时，也有拜金主义存在；在向学生讲授社会主义优越性的同时，也目睹一部分年轻人对西方资本主义社会的向往和推崇。可以说，当前我国高校意识形态领域面临的复杂状况是空前的。

（二）当代大学生价值观层面存在的缺失

1. 个人主义价值观念和集体主义价值观念分裂

个人主义价值观是以个人作为价值主体，并用个人的需要作为价值尺度，衡量一个事物是不是有价值、价值多少；而集体主义价值观则将集体作为价值主体。两者在很多时候是相辅相成的，实现了集体利益，个人利益也得到满足。但很多大学生却将两者分裂开来，并认为个人利益优先于集体利益，甚至有的大学生为了追求个人利益忽视集体利益。

2. 理想信念模糊，功利性价值观念突出

如今的大学生成长于我们国家经济飞速发展的时代，从小便深知财富的意义和作用，消费主义风气遮蔽了个人理想信念。随着交际圈的复杂化以及来自网络不良信息的影响，部分学生的人生价值观被物化，甚至低俗化，具体表现为炫富、虚荣、拜高踩低、嫌贫爱富等，部分学生甚至对于西方的经济制度和社会形态极其推崇，对于我国的社会主义制度却存在极深的误解。

3. 对奉献社会缺乏价值认同

部分大学生的社会责任意识不强，对奉献社会缺乏价值认同，尤其在涉及自身利益时，一些大学生往往选择自身利益，对社会责任则表现出“事不关己，高高挂起”的冷漠态度。

二、退伍大学生的优势

（一）具备军人价值观

中共中央原总书记、国家主席、中央军委主席胡锦涛 2008 年 12 月在军队一次重要会议上提出，当代革命军人的核心价值观是：“忠诚于党、热爱人民、报效国家、献身使命、崇尚荣誉”。退伍大学生经过了在部队两年的思想教育和实践锻炼，基本具备了当代革命军人的核心价值观。

（二）具备成为优秀青年的基本素质

习近平总书记在2013年五四青年节同各界优秀青年代表座谈时讲到，广大青年一定要坚定理想信念，一定要练就过硬本领，一定要勇于创新创造，一定要矢志艰苦奋斗，牢记“空谈误国、实干兴邦”，立足本职、埋头苦干，从自身做起，从点滴做起，用勤劳的双手、一流的业绩成就属于自己的人生精彩。

退伍大学生经过在部队的学习和磨炼，继承和发扬了革命军人的优良传统，普遍具有合格的政治条件、过硬的军事素养、优良的行事作风以及极强的纪律意识，已然具备了成为优秀青年的基本素质。

三、退伍大学生在高校核心价值观教育工作中发挥作用的实践探索

首都体育学院针对高校核心价值观教育工作面临的形势和问题，结合学校全面推进育人工作的实际需要，在发挥退伍大学生作用参与大学生核心价值观教育方面进行了实践探索。

（一）找准角色定位

准确把握退伍大学生的优势，为其设定在高校核心价值观教育工作中的角色定位，对于他们有效发挥自身作用具有非常重要的意义。

在实践中，我们尝试过让退伍学生参与新生军训的训练和管理工作，尝试过让他们负责部分专业学生早操的队列训练，但从实际情况看，效果并不理想。究其原因，一方面是学生终究是学生，很难在同学面前拿出老师的威严，另一方面是广大学生难以接受被和他们身份相同的同学领导。因此，退伍大学生的角色只能是学生，不能在某些方面或某些时候取代教师。盲目给他们分派任务，增加负担，对他们有效地发挥作用并无益处。退伍大学生与其他同学相比，责任意识更强，更愿意为他人付出，而从军的经历又使其在同学中更具魅力，有利于发挥他们的朋辈教育功能，能够在一定程度上辅助辅导员、思想政治课教师等开展工作。

（二）明确工作内容

1. 开展爱国主义教育

退伍大学生虽然离开了部队，但强烈的爱国主义情怀已经深深地植根于他们心中。鉴于以上情况，首都体育学院专门根据退伍大学生的特点设计了一系列主题教育活动，在充分发挥他们作用的同时，对广大学生进行核心价值观教育。在“我的军旅生涯”主题报告会上，退伍大学生结合自身奋斗经历，通过生动的演讲向广大同学大力弘扬爱国主义、集体主义精神；在“国防教育月”活动中，退伍大学生利用自身掌握的国防知识，向广大同学宣传我国的国防建设，激发同学们的爱国热情；在学校每月的升旗仪式上，以退伍大学生为骨干的校国旗仪仗队一次次出色完成了升旗任务，以自己的实际行动诠释了对国旗，对祖国的崇敬与热爱；在每年的征兵工作中，退伍大学生积极参与征兵政策宣传，以自己的亲身经历鼓舞同学们参军报国，增大同学们献身国防的勇气。实践使我们深刻认识到了退伍大学生在高校爱国主义教育领域的重要作用，同时也使我们更加明确了退伍大学生未来工作的主要内容 。

2. 强化学生理想信念

理想信念决定着人生的发展方向、行为准则、价值追求和精神状态。正是因为拥有崇高的理想、坚定的信念，革命军人才能够一次又一次地战胜困难、抵御诱惑，才能够从灵魂深处认识到“为谁当兵，为谁扛枪，为谁打仗”。为了使学生明确“要成为什么人”“要走什么路”“为什么而学习”，我们组建了以退伍大学生为骨干的“核心价值观教育宣讲团”，通过一场场激情澎湃的宣讲会引领广大学生努力学习，奋发图强；定期举办“展军人风采，做青春榜样”主题展览，将退伍大学生服役期间的优秀事迹制作成系列展板，在校园显要位置进行展出，鼓励广大学生心有榜样，励志前行。实践证明，以退伍大学生作为榜样，对广大学生开展理想信念教育，易于被学生接受，教育效果良好。

3. 培养学生社会责任感

每年的学雷锋月，我校退伍大学生都会自发组织各类公益服务活动，扶危助困，为他人，为社会做出自己的贡献；由退伍大学生组成校园学生安保队伍，几年来默默守护着校园的安宁，在校内各类大型活动的安保工作中发挥着重要作用；在各类国内外体育赛事的志愿者群体中，同样活跃着我校退伍大学生的身影。实践证明，退伍大学生虽然离开军营回到校园，但人民军队爱人民的政治本色没有变，为人民无私奉献的精神没有丢，他们在学生群体当中发挥了模范和榜样的作用，引导着广大学生承担青年人应当承担的社会责任，为国家，为社会，为身边有需要的人服务。

（三）建立保障机制

1. 建设组织机制

为了更好地发挥退伍大学生的作用，有必要对这部分学生进行合理的组织和管理。为此，首都体育学院专门成立了由学校武装部直接管理的退伍大学生“战友协会”，一方面让退伍大学生能够产生归属感，从而继续保持军人的本色；另一方面能够实现退伍大学生群体的自我管理和自我教育，形成学生间的良性互动，有利于他们更好地发挥作用。

2. 形成长效培训机制

对退役大学生进行必要的培训是有效发挥其作用的前提。培训的质量和针对性直接关系到他们的工作效果。为此，我们专门为退伍大学生制订了一系列的培训计划，内容涵盖政治理论、工作方法、演讲技巧、素质拓展等，帮助他们明确任务，深化认识，掌握方法，增强集体凝聚力，从而更好地发挥自身作用。

3. 建立完善的服务保障机制

要想让退伍大学生尽可能发挥出自身的作用，就一定要解除其后顾之忧。为此，我们专门为退伍大学生制订了服务保障计划，内容包括学业辅导、心理辅导、退伍优待政策讲解、职业发展辅导等。与此同时，我们通过辅导员和学生骨干密切关注退伍大学生的学习和生活，把握他们思想动态，了解他们的实际困难，从而为他们提供及时的帮助，让他们能够感受到来自学校的温暖。

为富国强军育栋梁[①]

张庆春

2016 年，国家有关部门在北京调研国防教育工作，在听取北京高校国防教育协会的工作汇报后，给予高度评价，“协会在学校方面实施了很多创新性工作，形成了浓厚的首都国防教育特色”。

北京高校国防教育协会地处祖国首都，堪称占据“天时地利”，坐拥众多天然优势。它到底是一个怎样的社会团体？站在全国高校国防教育潮头，它又是如何创新高校学生国防教育？带着一个个“问号”，记者走近这个享誉国内的高校社团。

谈到协会近年的工作，“扎根菁菁校园，面向莘莘学子，育一颗爱国拥军情系国防的红心、育一副刚毅坚卓崇军尚武的体魄、育一片校园国防类社团文化的生态林，这项‘三育工程’就是我会的宗旨、目标和工作内容的概括。”北京高校国防教育协会秘书长、清华大学武装部部长熊剑平如是回答。

育心，传承国防情怀

2016 年 4 月，在北京建筑大学大兴校区的基础教学楼报告厅内，海军军事学术研究所研究员、海军大校左立平正在满怀激情地进行一场题为《海洋安全与海军建设》的国防教育报告会。

“我国海军的发展现状如何？”“‘两条岛链’对我国的海洋权益有何影响？”“我国该如何突破美日等国的海上军事围堵？”学生们争先恐后地举手提问，偌大的报告厅内，显得十分热闹。

---

① 本文发表在《国防教育》2017 年 3 月（72 期）。

“看到同学们和左老师这般积极互动交流，怎能不让我们欣慰！”负责组织这次报告会的北京建筑大学武装部副部长蔡思翔感叹道。“我国海军定将时刻牢记使命，不负重望，为捍卫国家主权安全和海洋权益而努力奋斗！”左立平大校此番报告会的结束语，给在座的师生极大的精神鼓舞，场内响起一阵雷鸣般的掌声。

高校国防教育是政治思想教育的重要内容。习主席强调，“做好高校思想政治工作，要因事而化、因时而进、因势而新。”“现在的大学生多为‘95后’群体，他们的成长经历时代烙印明显，沿用老一套的老办法、老方式，很有可能会适得其反，不见其效。”熊剑平告诉记者，为充分发挥协会的桥梁、纽带作用，在全体成员单位的共同努力下，协会适时整合推出了国防教育“三育工程”，即“育心、育体、育林”。而《海洋大讲堂》则为“育心工程”的招牌活动之一。

“《海洋大讲堂》既面向全市大中专学校学生组织，也面向片区甚至一个学校的学生组织，但一定要摈弃过去那种抛开学生需求，‘为办讲座而办活动、以教师为中心办讲座’的做法。”熊剑平向记者介绍，既是育心，那么“抢眼入心”是第一组织要求。抢眼，就是吸引学生眼球，要与平时学生关注的问题“对上眼”，从而对学生产生吸引力；入心，是指要用大家熟悉的话语体系去讲故事，用新媒体手段去讲道理，不但要讲得清楚、透彻，更要感人、可悟，从演讲主题、演讲人、演讲场地到宣传渠道、参加人群，每一步都要精心策划、不落一招。

在熊剑平给记者展示的协会工作介绍 PPT 中，一页一页的幻灯片，既蕴含着协会厚重的传承，也彰显着近年积极创新的探索，40 余页内容里竟介绍了 20 多项富有特色的国防教育活动：

2015 年 12 月，通过初赛之后，来自 15 所高校的 30 多名同学参加了在北京农业职业学院举办的第二届国家安全观大学生演讲比赛；

2016 年 5 月，第三届北京高校国旗论坛峰会在北京师范大学内举办，新中国第一面国旗监制人宋树信之女宋如芬，天安门国旗班班长、30 米新旗杆升旗第一人赵新风以及多个学校的同学、老师围绕“国旗历史文化、国防品牌建设、当代青年使命传承”等话题进行了交流分享；

“近年来，协会开展的活动越来越有意思，很受学生欢迎，有很多活动，地处北京不同地方的学生要跨过差不多整个北京城来参加。”熊剑平说，“我们还要深入领会习主席在高校思想政治工作会议上的讲话精神，进一步制定好育心工程的有效实施方案，坚持学习教育、宣传培育、文化涵育、实践化育的协同推进，以推进高校学生的国防教育，强化思想引领，夯实育心工程的成果”。

育体，践行尚武精神

在物质生活优渥的今天，许多“95后”娇生、娇惯、娇气的现象引起了社会各界的担忧，当代青年是否还有“犯我中华者，虽远必诛”的血性？是否还具有保家卫国的强健体能、技能？

带着这样的关切，“育体工程”开展了一系列国防特色体育项目，期望能强健学生体魄，锤炼其心志，使其成为知行一致、“体魄与灵魂并重”的华夏一员。

2016年10月，正是北国金秋送爽、丹桂飘香的季节。

清华大学武装部兵棋推演中心导演大厅中，两块大屏幕上展示着“红蓝”双方的各种兵器及人员调动情况，只见双方对抗激烈，战局不断变化，战况不可预测，比赛场面激烈异常。

“红蓝”双方的作战推演室内，一个个身着迷彩服的年轻战士精神抖擞地坐在电脑前，有的在进行武器参数计算，有的在调兵遣将，都在积极引导战局向完成己方任务的目标发展。

教官们有的在导演大厅的座位上，屏住呼吸双眼紧紧盯着屏幕，那神情像是在欣赏“大片儿”；有的在“红蓝”双方的作战推演室内巡视，那状态像是在督战的军事顾问。

——这便是“育体工程”活动之一，大学生兵棋推演比赛的现场。

兵棋，是以对抗方式进行作战过程推演的工具，被誉为导演战争的“魔术师”。推演者可充分运用统计学、概率论、数学分析等方法，对作战的力量、环境、行动和结果进行全过程、全方位的模拟再现，为制定作战方案、应对突发事件、论证武器装备等提供重要参考，是培养会谋略、会打仗的军事人才的一种有效手段。

“兵棋推演得看五点。一看作战规划布局，二看谋略运用，三看兵力运用，四看协同动作，五看情况处置。”曾担任过北京高校第三届大学生兵棋推演大赛的总导演、石家庄陆军指挥学院的闫科教授说，“总之，比赛过程中既有传统的谋略运用，又增加了高技术武器装备的运用，大学生这‘仗’是打得越来越精彩啊！”

第三届北京高校兵棋推演大赛的裁判长、清华大学武装部国防教育办公室主任董智表示，“兵棋推演实际上是一项策略训练实践活动，对培养学生全面成长意义深刻。依托计算机技术开展兵棋推演活动，也是一种实施国防教育方式的新拓展。”

“兵棋推演，使我完成了从简单的军事发烧友到对军事有更深刻认识的转变。不但增强了我的忧患意识，也增强了责任感、使命感，让我更加踏实、更有方向地前行。”北京中医药大学张凯文同学说。现行《普通高等学校军事课教学大纲》明确规定，军事课程是高校学生的必修课；要以国防教育为主线，以军事理论教育为重点，通过课堂教学，使大学生掌握基本军事理论与军事技能。“但仅凭几节军事理论课和十几天的军事技能训练，是很难达到要求的。”熊剑平告诉记者，协会将学生喜爱的兵棋推演引入高校学生国防教育，让每个学生在兵棋推演中把自己看作一个“兵”，亲身演绎一场战役，来检验自己所学的军事理论知识与技能；用模拟、推演现代战争的方式，进一步增强责任感、使命感，激发学生的爱国习武热情，践行尚武崇军精神。

育林，营造国防文化

如果说前面说的“育心”“育体”两项工程是围绕学生个体的国防教育入心入脑、塑形练体开展，那么，怎样能够把教育功效放大、让更多的学生参与，使受益面更大呢？

协会老师一致认为，环境育人具有持续性、广泛性、深远性，如果能把校园国防教育的文化生态环境营造好，国防教育可以事半功倍。于是，协会老师们的目光聚焦到了校园文化建设的生力军——学生社团上。于是，培育、扶持、提升首都高校学生国防类社团建设的“育林工程”也开始了。

北京化工大学国旗护卫队曾获得“全国校园文化建设成果”一等奖；北京科技大学国防知识爱好者协会曾连续多年被评为“北京科技大学十佳社团”；首都师范大学国防教育协会，成员均为退役大学生士兵，5 名学生连续 4 年获得首都师范大学仅有 10 个名额的“青春榜样”称号……

北京高校国防教育协会研究室主任、2016 年首届高校学生国防教育类社团展演、评比活动评委张庆春看着这一张张各学校获奖社团晒出的成绩单，难掩内心兴奋，“这才是大学生社团文化建设的代表性成果！开展这样的活动大有必要，这些优秀社团的好经验应该向各个高校推广，如果每个学校多几个这样的社团，从点到线再到面，校园国防文化氛围就浓厚了，这得有多少学生受益啊！”

北京化工大学旌旗中队队长孙会彬说，“我热爱旌旗中队，她让我保持军营的精神，她让有军营热血的我，再次豪情绽放校园。”

北京科技大学国防知识爱好者协会指导教师郭南表示，“青年强则国强，对当代青年学生进行国防意识和爱国精神的培养，是高校教师的一项重要任务。我与他们相处的时间，以国防教育为抓手，以提高协会成员自身综合素养为目标，深化他们的国防意识和国家安全观念，收到了非常好的育人效果。”

实际上，这样的社团文化交流和评比活动早已经形成常态。2016 年 4 月，首都师范大学承办的北京高校学生国防类社团交流活动有 26 所学校的 100 多名学生参加交流。而 2016 年 11 月，北京化工大学承办的北京高校学生国防类社团的评比，有 31 所学校的 43 个社团参加。

“从培训社团骨干入手，在交流中取长补短，在展示中提升信心彰显特色，以评促建，希望更多的国防教育类社团从中受益，让国防教育类社团成为林木丛生处，伴随着国防教育类社团建设与发展的脚步，从中走出更多优秀学生。”学生国防类社团对校园文化的引领作用，正显示出勃勃生机。张庆春说，“育林工程”以学生国防类社团的建设与发展为载体，试图将北京地区高校国防类学生社团营造成和谐绿色的、具有家国情怀的学生健康成长生态环境场。

在“育林工程”推出后，协会将高校国防类社团分为 4 类：学习和传播军事理论和军事知识的军事爱好者类社团；学习和宣传国旗文化，承担学校升旗任务的国旗类社团；学习和热衷军事定向活动的国防体育类社团；传承和弘扬部队文化的退役学生兵社团。2016 年 4 月和 11 月，首都师范大学和北京化工大学分别承办了这项评比活动，吸引了 57 所学校的 87 个社团踊跃参与，受到了学校、学生及学生社团的广泛欢迎，取得了超出预想的效果。

“只有这样潜心干事，一点点埋种浇灌，用心栽培，才能在不久的将来达成我们协会的‘小目标’。”协会原常务副理事长刘兆武告诉记者，高校好比是育人的沃土，而“育林工程”就是在高校国防类社团赖以成长的土地上耕耘播种，让这片新垦的沃土更加适宜高校国防类社团的成长，让它们能成木成林，形成绿色和谐的国防生态圈。

采访结束之际，风过坪前，芜草新绿。记者脑海中浮现出一句——“因为使命而担当，因为情怀而凝聚；因为责任而付出，因为理想而坚韧”，用来形容他们不忘初心、栉风沐雨的20年，也许并不为过。

第二章

理论研究

“互联网+”时代下提升大学生国防教育实效性研究

宋来新　朱冬香[①]

随着信息革命、全球化、互联网业的不断发展，传统的社会结构、经济结构、地缘结构等正逐渐发生变化。自2015年3月李克强总理在《政府工作报告》中提出“互联网+”行动计划后，各行各业都顺应时代发展，力争实现互联网与传统行业的对接和融合，我们正在进入一个崭新的“互联网+”时代。跨界融合、创新驱动、重塑结构、尊重人性、开放生态、连接一切等成为这个时代经济社会具有的典型特征。在此背景下，如何深刻、理性、健全地促进教育与互联网结合，提升大学生国防教育的实效性是摆在所有高校国防教育工作者面前的一项重要课题。

一、“互联网+”时代大学生国防教育的现实困境

（一）国防教育的主体地位受到挑战

互联网力量的强大最根本来源于对人性最大限度的尊重、对人体验的敬畏、对人的创造性发挥的重视。在传统的军事理论课教学中，相对于教育对象学生而言，教师一般是教育主体，把握国内外军事、政治等理论，向教育对象传授国防知识，引导大学生树立正确的价值观。“互联网+”时代，国防

---

① 朱冬香（1979—），女，北京交通大学马克思主义理论专业博士，北京化工大学教师，主要从事大学生思想政治教育方面的研究。

本报告系北京化工大学-北京市东城区人民武装部合作项目“高等院校国防教育工作实效性研究”（项目编号：Z16-06）阶段性成果。

知识信息量大，传播速度快。作为使用网络最频繁的大学生，不是传统意义上的被动接受教育，而是自主接收各种网络信息，了解国防相关知识。当今的国防教育表现出去主体化、充分发挥学生主观能动性的典型特征。但是，大学生群体尚未形成稳定的人生观和价值观，缺乏足够的辨别能力，易受不良网络信息蛊惑。国防教育工作者面临着严峻的挑战，需要改变工作思路和工作方法，在尊重学生主体地位的同时，有效实施国防教育活动。

（二）国防教育的教育理念滞后

在传统的大学生国防教育中，军事训练、军事理论被认为是必不可少的内容，大学生通过课堂学习、基地训练等形式完成教学任务。学校除了开展课堂授课与训练，其他校园国防教育活动开展得不多，学生参与意识较淡漠。同时，大部分高校的国防教育管理部门和国防教育工作者的教育理念和教育方法还比较保守，习惯于传统的教育手段，对“互联网+”时代大学生国防教育改革的必然性和网络时代给国防教育带来的重大发展契机认识不清晰，缺乏更新教学理念和创新方法的动力，在一定程度上弱化了高校国防教育的效果。

（三）国防教育的教育内容亟须深化

现阶段，高校国防教育的军事理论课尚无统一的教材和规范的教学内容，加之并没有出台对军事理论课的课堂效果进行考量和激励的相关政策，从事军事理论课教学的教师缺少更新教学内容的动力，偏重于片面讲述理论，深度不够，案例欠缺，尤其缺乏关于现代信息化和高科技战争的内容，导致国防教育在网络时代缺乏针对性和实效性。未来入学的大学生是21世纪出生的新一代，个性鲜明，需求多样，对新生事物敏感，对高科技兴趣浓厚。同时，这一代人处在和平与发展的新时代，没有经历过战争，对军事的认识只停留在书本上。所以，作为国防教育工作者，应该与时俱进，及时根据新一代大学生所处的时代特征和成长环境调整授课内容，通过“互联网+”时代下的现代教学方式和教学工具，使大学生对国防有更深刻的感受和更深入的理解。

（四）国防教育的形式有待创新

多数大学生充分意识到了国防教育重要性，认为在学校里开展国防教育很有必要，以学生军训、军事理论课教学和多种多样的课外活动构成的国防教育可以使学生增强体魄，弘扬爱国主义精神，树立国防意识，培养正确的人生观、价值观和世界观。但大学生对现在的通过课堂专题教学的方式学习军事理论知识的教育形式并不满意，多媒体、网络是学生们更喜欢的学习路径，其共同的特点是学生能够发挥更大的主动性，积极参与互动和交流，不是传统的单向被动接受式学习，把过去制约教育效果的形式、环节化解掉。社会媒体的宣传和学校教育是当代大学生普遍认可的接受国防教育的主要方式。可见，学校在普及国防知识、提高学生军事理论素养方面肩负着重大责任，需要顺应现代科技发展，符合当代大学生需求，提升“互联网+”时代下高校国防教育的实效性。

二、“互联网+”时代大学生国防教育的新机遇

“互联网+”时代给人们的生活、学习和工作带来了一场革命。根据中国网络信息中心 2016 年 8 月公布的报告，年轻人是我国网民的主体。其中，39 岁以下的网民人数所占比例为 77.6%，大专以上学历的比例达到了 20.4%，手机网民规模达 6.6 亿，占比提升至 92.5%[1]，其中，大学生成为使用互联网的主要群体，网络在他们的学习生活中成为不可或缺的重要组成部分。在此背景下，高校利用网络进行国防教育已成为时代发展的必然，是学校开展国防教育的新途径，也是新形势下传统的国防教育的重要补充。大学生的国防教育面临如下的重大发展机遇：

（一）“互联网+”有效拓宽了大学生国防教育的途径

传统的大学生国防教育是在固定的时间、固定的地点，以身体素质训练、课堂军事理论培养为主要方式，辅以必要的参观等活动。但是，“互联网+”时代下的国防教育可以超越时间和地点的限制，极大地拓宽国防教育工作的覆盖面。一方面，高校国防教育管理者可以利用先进的信息技术，建立本校国防教育网站，通过微信或微博及时向学生传播最新的国防新闻，帮助学生了解当今国防时事热点动态，引导学生树立正确的国防意识。另一方面，国防教育工作者可以在授课或训练过程中通过微信、QQ 等现代网络交流工具与学生们建立联系，了解大学生感兴趣的国防教育知识，根据学生的兴趣和基

础制定有针对性的教育内容，及时调整和更新授课知识。现在，随着高校网络基础建设的升级，高校可以在课堂上利用APP，实现教师与学生实时沟通、开展课堂提问回答等多个任务，激发学生的学习积极性，改善大学生国防教育课堂的听课效果。

（二）“互联网+”极大地满足了大学生国防教育的信息需求

传统的大学生国防教育中，往往是通过教师的口头讲授获取军事理论知识，与大学生希望看到的国防教育内容之间有时会存在差距。如今，通过互联网，国防教育工作者可以根据大学生的喜好，将不同类型的国防相关知识整合成信息库，极大地丰富和更新国防教育内容，使大学生能看到现代战争的技术更迭和我国国防局面的最新变化。同时，还可通过互联网将文字、图片、视频、动画等多种形式相结合，使国防理论知识的课堂教学变得生动有趣。无论是国防教育工作者还是大学生，都可以利用网络，从多个维度，通过多种方式获得并交流国防知识，将国防教育从过去的课堂延伸到课外，极大地增加了学生了解和学习国防知识的时间和资源。

（三）“互联网+”有效调动了大学生国防教育的主体能动性

由于互联网的便捷性、快速和虚拟化，已经成为大学生日常生活中的重要部分，国防教育工作者应该顺应大学生的这一特点，利用“互联网+”的衍生品开展教育工作。在互联网中，大学生的主体能动性得到调动和激发，他们通过各种互动交流工具，主动掌握国防知识。从事国防教育的教师也能通过“互联网+”的衍生品，及时了解学生思想动态并授业解惑。大学生在了解国防新闻的同时，随时与教师进行交流探讨，有利于大学生深入了解当前的国际国内形势，有利于大学生深入思考当今我国国防面临的各种问题，有助于帮助大学生形成对当前的国防现状的客观评价，从而大大增强高校国防教育的实效性。

三、增强“互联网+”时代大学生国防教育实效性的途径

（一）树立正确的“互联网+”时代国防教育理念

客观物质是影响人们社会生产生活的决定性因素，但意识理念却能影响

人的行为，正确意识的树立不仅局限于受教育者，同样教育者也必须树立正确科学的国防教育理念，才会产生事半功倍的效果。利用网络带给我们的机遇，把握大学生网络心理去向，紧跟国际形势的新发展、新趋势，搞好大学生的国防教育，是当前我们研究的重要课题[2]。

"互联网+"时代赋予这个社会、个体不同的特征，如虚拟化、透明化、平等化、平台化、数字化等。国防教育理念必须适应这一变化和发展，运用互联网思维，发挥创新的力量，树立开放的现代化教育理念、以需求为导向的理念、终身学习的理念，将"互联网+"与国防教育相结合，才是未来国防教育理念的发展方向。

（二）优化"互联网+"时代高校国防教育教师队伍结构

国防教育师资队伍是开展高校国防教育的实施者，在"互联网+"时代开展新型国防教育工作中发挥着重要作用。要增强大学生国防教育的实效性，就必须从教师队伍的培养抓起。首先，要对现有的高校国防教育师资队伍进行集中培训，使他们熟悉现代虚拟网络社会的基本特征，提高他们使用互联网的技能，了解网络中的国防新闻和军事论坛中的发帖内容。国防教育教师应了解当今大学生的行为方式、思维方式、关注的热点话题等，懂得如何通过微信、QQ、微博等网络交流方式宣传国防知识，与学生交流互动，从而提高现有师资队伍的网络化水平。其次，着力培养新一代从事国防教育的师资群体，积极扩大从事军事理论课教学的教师队伍，吸引更多年轻教师加入国防教育教师队伍，塑造一批军事理论功底扎实和网络技能过硬的高层次交叉学科专业人才，形成结构合理的人才梯队。最后，在条件允许的情况下，可以针对不同学校的情况，尤其是行业特色院校专业性较强的特点，培养专业化的国防教育队伍，鼓励他们充分利用互联网搜集有针对性的军事材料，调动学生的积极性，让学生参与其中，发挥大学生的主体意识，丰富国防教育课堂，使学生们通过互联网下的各种工具获得有针对性的军事知识。

（三）推进"互联网+"时代国防教育课程教学改革

国防教育的课程建设和教材建设是一项任重道远的工作，网络时代更要重视国防教育课程的改革和教材的更新。因此，高校《军事理论》课教育可以借助新媒体强大的传播功能和信息承载功能丰富课堂的内容，并将内容进行整合和创新，寓教于乐，将正确的思想、理论与政策有效地传递给每一位学生，增强课堂教学的感染力，使学生在视听并用的环境中领会内容。在课程方面，可以充分利用网络资源，选取时事性较强、大学生感兴趣的视频，使学生们对学习的军事理论的实践应用有直观认识。教材方面，在强调严谨、正确的基础上，满足当今大学生的需求，尽可能纳入最新的军事技术和知识。大多数学生对“现代军事高科技知识”非常感兴趣，关注“国际国内安全局势”最新动态，丰富完善相关内容势在必行。教材的种类方面，应该尽可能添加音像资料和多媒体材料，既达到国防教育的目的，又能提高教学效果。对国防教育的关键章节和重点内容，更需要国防教育工作者运用多种手段，充分利用多媒体技术、超文本链接技术，将网络教学与其他教学形式相结合，激发学生的学习兴趣。除了《军事理论》课和军事技能训练外，高校还应充分发挥军事类的公共选修课、专家讲座、学生社团、学生活动等的辅助教学作用，推进高校国防教育的全方位开展。

（四）充分利用“互联网+”时代校园网络平台阵地

在互联网高速发展的时代，随着新媒体技术的广泛运用，传统社会交际所存在的时空感和距离感被打破，高校应该充分利用现有的校园网络阵地，通过新媒体开展丰富多彩的网络活动，在最短的时间内发布具有个性化的信息。教师在最短的时间内通过文字、图片等形式，不仅要推送学生感兴趣的国防新闻，把相关内容迅速分享给学生，而且要及时关注学生的评论和意见，及时发现问题，解决问题。教师在与学生进行讨论中要虚实相生，互动包容，形成互动和反馈，以此掌握大学生的思想动态，杜绝不良信息对大学生形成的误导。教育工作者可以通过学生的个性签名、微博状态或朋友圈等新媒体及时了解他们的真实想法，做到有针对性地引导，真正缩短师生交流的心理距离。只要教育者与受教育者双方的主体地位都得到了尊重，两者之间就能做到平等地交流和对话，这种信息传播的双向互动，使学生积极主动地参与交流，提高校园网络平台对学生国防教育的影响力。

参考文献

[1] 中国互联网络信息中心.《第 38 次中国互联网络发展状况统计报告》[M]. 2016 年.

[2] 何华，陈云金，胡允达. 论网络时代如何加强大学生国防教育 [J]. 长江论坛，2009（5）：92.

高校国防教育工作的突出问题及对策研究

丛 迪[①] 李 浚[②] 柏 顺[③] 王 尧[④]

国防教育已成为国家教育中的一项基本内容，旨在维护国家利益和民族利益，是加强民族凝聚力的必要手段。习近平同志强调："地方各级党委和政府要关心支持国防和军队建设，加强国防教育，增强全民国防观念，使关心国防、热爱国防、建设国防、保卫国防成为全社会的思想共识和自觉行动。"国防教育是"中国梦"和"强军梦"的重要组成部分，是开展国家公民教育的重要内容。高等院校既是社会格局的重要组成部分，更承担着大学生国防教育的重要任务。如何在新形势下提高高等院校国防教育工作的实效性，是高校国防教育工作者面临的重要战略课题。

北京化工大学积极响应科教兴国战略，不断探索新时期高校国防教育工作的开展模式。为进一步了解目前学校国防教育工作开展现状及效果，我们通过问卷调查尝试分析影响高校国防教育的关键因素，努力探索并提出相关对策提升高校国防教育的实效性。

---

① 丛迪（1981—），男，北京化工大学党委学生工作部副部长，武装部部长，硕士，助理研究员。研究方向：大学生思想政治教育、国防教育、高校学生资助。

② 李浚（1983—），男，北京化工大学党委学生工作部教师，硕士，助理研究员。研究方向：大学生思想政治教育。

③ 柏顺（1989—），男，北京化工大学校长办公室教师，硕士。研究方向：高等教育。

④ 王尧（1989—），男，北京化工大学材料科学与工程学校教师，硕士。研究方向：大学思想政治教育。

本报告系北京化工大学—北京市东城区人民武装部合作项目"高等院校国防教育工作实效性研究"（项目编号：Z16-06）阶段性成果。

一、调研概况

本次针对在校学生开展问卷调查，共计发放问卷1100份，回收有效问卷1075份，有效率为97.7%。问卷分别从学生基本情况、国防意识、国防知识、国防教育现状、国防教育实效性等方面展开调查，主要包括：

（一）学生国防意识

国防意识作为爱国主义事业的重要部分之一，是对国家安全和利益重视程度的基本反映。对国防意识程度的调查中，主要选取“参加国防教育的主观意愿”“获取国防动态的主要途径”“对高校国防教育力度的看法”和“业余时间对于国防建设的关注度”“了解参与国防建设的途径”“是否会参与国防建设”等六个方面进行。

（二）大学生国防知识储备

大学生群体的国防知识储备量是普通高等学校国防教育成果的一项基本指标，从“对我国国防法律的了解”和“对我国国防教育目的了解”两个指标进行分析。

（三）学校国防教育的实效性

对于学校国防教育实效性的调查主要从国防教育现状、对国防教育形式的看法及评价、对军训的看法及评价三个维度进行分析。

二、高校国防教育发展的主要“瓶颈”

大学生作为国防教育的受众，从受教育的层面能客观反映出学校国防教育工作的成效。调查表明，在对学校军训工作、军事理论教学等相关工作给予认可的同时，学生也提出了更高的需求，在一定程度上反映了当前学校国防教育工作的“瓶颈”。

（一）教育形式、方法与社会需求不匹配

“互联网+”时代，学生对国防教育工作的载体提出了更多的需求。当前的工作模式已经在育人效果、育人形式等方面呈现出一定的弊端。学校国防教育长期停留在较为单一的“军事训练+理论教学+日常宣传教育”模式。信息化平台和工具没有得到合理有效的应用。国防教育工作的开放性不强，缺少引导学生依托互联网资源自觉开展国防教育相关思考的工作内容。

国防教育工作存在重视低年级、轻视高年级的阶段性教育情况。军事训练、国防理论教学普遍集中在大一年级。进入高年级后，缺少国防教育的氛围和环境。而高年级恰恰是学生走向社会前的一段重要时期，对通过高校国防教育提升社会国防意识有着直接的影响。因此，学生对国防教育存在“学一阵子、用一阵子”的思想。从国家公民教育的长远目标看，不利于社会层面国防教育的有效落实。

（二）工作保障与教育需求不匹配

当前学校国防教育集中由学生处武装部负责，师资力量除了部分外请专家和人员外，辅导员队伍承担了相关的教育和宣传工作任务。由于没有较为完整的专职国防教育队伍，在一定程度上，影响着国防教育工作的开展。学生在对军事理论教育给予认可的同时，也对现行教学内容、师资力量等提出了更高的要求。无论是外请人员还是辅导员，都无法全职投入国防教育工作，这对教育成效有着较大的不利影响。专职国防教育人员的不足，也影响着学校国防教育工作整体模式的设计与运转，无法利用绩效考核科学化地提升相关工作水平。在人员协调和经费落实等方面，也存在一定的弊端。

在开展国防教育的过程中，除了专职工作人员不足外，学校在国防教育全员育人上也存在一定的不足。没有合理有效地利用专业课教师和非国防教育课堂开展相关教育活动。学生在军训和军事理论课教学之外，很难在其他课堂教学和实践过程中了解国防知识。国防教育全员育人的模式有所缺失。国防教育工作的实施者相对力量薄弱，没有有效地动员和利用全校资源开展相关教育工作。目前，高校国防教育普遍存在学生对相关教育活动的重要性认识度较高，但对现有工作的满意度不高的矛盾现象。

（三）工作机制与学生需求不匹配

随着大学生群体从 80 后到 90 后的过渡，学生个性化特点逐渐凸显。在国防育人工作中，学生的需求也随着社会经济发展产生了新的变化。学生对教育形式的多样性需求没有得到充分满足。更多的学生希望通过网络载体、外出实践等形式接受国防教育。在军事理论课教学环节，也希望能在集中教学的基础上，开展个性化的知识教育。学生对教育工作的成效性需求没有得到有效满足。虽然通过各种途径对学生进行了宣传和教育工作，但在国防法律、公民国防意识等方面，并没有展现出与之相匹配的成效。国防教育工作对学生的影响有待进一步加强。国防教育与学生专业学习的关联性需求没有得到有效重视。缺乏必要的活动载体引导学生思考自身专业发展与国家国防建设的联系。国防教育没有得到有效的延伸和深入。错失了一个重要的教育路径。

三、学校国防教育工作的实效性对策

从调整北京化工大学国防教育基本理念出发，以师资队伍的建设为切入点，以管理机制的改善为着重点，完善基础保障，从教育方式、教育内容、预期效果、教学系统评估等几个维度出发，建立完整的、符合北京化工大学基本情况的国防教育体系。

（一）转变国防教育工作理念

在“互联网+”大背景下，各种信息技术越发盛行，在教育领域的重要性不言而喻，对转变传统教育思想和理念，师资队伍的建设，建立在教学内容和方法改革基础上的模式转变，加速育人方法和管理方法的转变，向现代化迈进等方面都极为关键。面对这样的形势，需要我们加强组织领导，健全专职机构，学校领导和教师均需围绕大学生国防教育的意义进行深刻理解，并认识到国防教育对于学生本人和国家所产生的重大意义。

1. 树立“互联网+”时代国防教育理念

意识理念的产生是影响行为的关键所在，教育者和受教育者都应树立正确的国防教育理念，将育人效果发挥到最好。网络给现代生活带来很多挑战，更带来很多机遇，只有紧跟国际发展新形势，才能将大学生的国防教育工作做好。

基于此，结合当下时代社会的发展，知识经济时代、“互联网+”时代赋予这个社会、个体不同的特征——虚拟化、在线化、小众化、透明化、平台化、数字化、平等化，传统的教育理念已不适应国防教育工作发展的需求，开放的现代化教育理念应得到重视，将这些社会、个体的特征与高校国防教育工作相结合。

2. 树立以需求为主的国防教育理念

国防教育工作最容易被忽视的是对教育需求和绩效的重视程度，而这却也是最重要的。在对北京化工大学国防教育工作的调查过程中，从对国防教育的看法及评价和对军训的看法及评价两个维度分析。发现存在一种较为普遍的现象，即多半被调查学生认为国防教育对大学生具有重要意义，同时对国防教育工作也呈现较高的需求，但对目前学校所安排的教育方法和形式也存在不满，这种现象的产生是由于以往的国防教育工作更多从教育者的角度出发，而忽视了需求。因此，树立以“需求为主”的理念才更有助于国防教育工作的推进。

3. 树立“终身学习”国防教育理念

我们目前所处的社会是“学习型社会”，知识更新换代的速度非常快，新的理论或方法也不断诞生，学习是一个主动进行意义建构且不断循环往复的过程，需要我们不断学习，不断增加知识储备。因此，要想将国防教育的实效性提高，必须要求教育者学习并贯彻终身学习的理念。

（二）改善国防教育工作的落实环境

我国正处于发展中，在全球化的影响下，多种文化交叉碰撞，而大学生在接受国防教育的过程中，是以军训和军事理论学习为主要培育方法的。这需要我们根据现有培育模式下大学生所呈现出的特点，重视学生精神层面的构建，科学管理，引导大学生遵规守纪、文明上网，对相关物质条件等客观环境进行完善，保障国防教育实效性得到提高。

1. 改善国防教育工作落实的物质基础

良好的物质基础是促进国防教育发展的基本保障，国防教育局设立专项教育资金，专款专用。在常规的军训经费和教学基本经费外，加强专项经费的支持力度。要坚持“开源节流，合理使用”的基本原则，保障国防教育工作的质量。

2. 完善国防教育工作师资的队伍建设

在教书育人工作中，教师对国防教育工作的重要性不问可知。为了更有效保障国防教育的成效，应设立新型师资队伍管理模式，强调师德师风建设，结合实际需要，对师资人才进行不定期调整，形成科学有效的管理和奖惩机制，全方位提升教师水平。

3. 创造国防教育全员育人的工作环境

国防教育工作是高校思想政治教育的一个重要组成部分。在大力提倡全员育人、全方位育人、全过程育人的大环境下，国防教育全员育人工作同样需要进一步加强。全员育人要依托相关课程和专业课教师、管理人员加强非国防教育课程和实践与国防教育的关联，丰富国防教育的内容和形式。

（三）完善国防教育的工作管理机制

工作管理机制是贯穿于整个工作过程的，将工作程序和规则进行规范，并促进各项工作实现正常运转的机能。只有将高校国防教育机制进行完善，才能促进各项工作更有效进行。国防教育工作管理机制的完善主要有如下3个角度：

1. 创建合理的课程体系

国防教育课程的安排和内容的设置作为国防教育工作的关键环节，也是教育工作效果的关键影响因素。合理调整课程设置，使授课时间最优化，教育工作效果扩大化。丰富的课程内容能提高学生学习的积极性，也是提高教育工作实效性的必要手段。因此，在课程体系设计过程中，一方面要加强课程的感染力、感召力和说服力，另一方面也应提升相关教学内容的趣味性和时效性。在教学方式上，可以利用“微教育”方式传播范围网状化，受众范围扩大化，成本价格低廉化等优势，积极引入相关的技术手段和平台。

2. 创建多元的活动体系

改变活动体系单一的现状需要高校国防教育工作者加强供给侧的设计，改变现有的“军事训练+理论教学+日常宣传教育”的模式，需要从学生思想意识和综合素质整体提升的大格局出发，针对学生特点将国防教育融入学生的社团组织建设、课外科技文化活动等工作中。加强军事类社团建设，在校园中积极开展定向越野、军事技能知识竞赛等趣味性强、参与度高的学生活动。结合学校专业背景，开展融合学科专业与国防发展相关的课外科技活动，激发学生参与国防教育和投身国防事业的热情。

3. 创建完善的评价体系

考评作为衡量工作成果的重要举措，在国防教育体系中自然也不可或缺更不容忽视。现阶段北京化工大学的课程评估体系尚不健全存在课程培训评估落实不到位、反馈信息渠道较少等一系列问题，意味着北京化工大学国防教育工作评估体系亟待调整和完善，向着规范化、整体化、制度化迈进。譬如，加强与国防教育相关部门的沟通协调工作；将国防教育工作评估作为一项重要的考察内容，纳入监督机制中；认真分析评价结果，并落实到以后的工作中；将评估结果作为绩效考评或奖惩制度实施的参考依据。

参考文献

[1] 王海英. 关于提高高校国防教育整体质量的思考［J］. 文教资料，2011，34：195-196.

[2] 林成郎. 对深化高校国防教育的若干思考［J］. 长江大学学报，2012，1：129-131.

[3] 文丽，卜国艳．高校国防教育现存的问题分析及对策研究［J］. 中国电力教育，2013，19：7-8.

[4] 马从兵. 高校国防教育时效性论析［J］. 教育与职业，2013，11：1004-3985.

[5] 金文豪. 高校大学生国防教育存在的主要问题及其对策研究［J］. 农家科技（下旬刊），2012，12.

关于学生军训工作的思考与探索①

丛 迪

学生军训工作经历了30年的发展，在开展全民国防教育、培养国防后备力量、服务学校育人方面发挥了重要作用。当前，世界政治、军事形势正发生着深刻而复杂的变化，国家安全也面临着越来越严峻的挑战，国家对于国防和军队的现代化建设，特别是对于国防后备人才的培养提出了更新、更高的要求。与此同时，大学生成长过程伴随着社会经济结构的深度调整和多元价值观的冲击，他们获取信息的方式呈现多元化、碎片化、图片化和标题化的特点。如何通过深层次改革创新以满足现代战争、现代国防和现代育人的需要，成为亟待解决的问题。

一、关于学生军训工作的错误思想及原因分析

目前，社会出现了一些否定和取消学生军训工作的言论。以“取消军训”为关键词，通过百度进行网络搜索，信息量达到15 700 000条，甚至还有一些知名学者、高校教师发文否定学生军训工作的重要作用，甚至呼吁取消学生军训工作。对于现行学生军训工作模式的质疑意见主要为现行的学生军训工作是“形式主义”，失去了其本身意义[1][2]；涉及学生的身心健康问题的事件频发，学生军训安全难以得到保障；军事训练所要达到的目标可以由其他更科学、更成熟的工作形式实现[3]。针对这些质疑，笔者认为应科学分析，正确对待。

---

① 本文在北京市学生军训30年理论研究论文征集活动中获得一等奖。

（一）学生军训工作是否已沦为“形式主义”

党的十一届三中全会以后，国防建设的指导思想调整为保持精干的常备军与强大的后备力量相结合。从 1985 年教育部、总参谋部、总政治部联合下发《关于高等学校、高级中学进行军事训练试点问题的通知》到 2007 年教育部、总参谋部、总政治部联合下发《学生军事训练工作规定》，军事训练内容几经修改，但站军姿、踢正步、走队列依然是军事训练的主要项目。何彦新[3]等老师认为：“老三样”呆板和形式化的队列训练对学生的成长和发展全无益处，许多军训组织者仅将受训学生视为汇报演出的工具，这样做有违教育规律、军训沦为“形式主义”。

事实上，军事训练的内容不止“老三样”。按照 2001 年由教育部、总参谋部、总政治部联合发布的《普通高等学校军事课教学大纲》，军事技能训练的主要内容包括解放军《内务条令》《纪律条令》和《队列条令》的教育与训练，轻武器射击、战术、军事地形学、行军等四项内容。这些教学内容都经过了部队训练和军事教学的实际检验，既反映了最基本、最简单的军事技能，又易于普通学生学习。

近年来，由于部分学校在主观上认识不足，客观上军训条件难以保障，军训教学的内容在实际执行时打了折扣：轻武器射击、军事地形学等内容没有完成，行军距离缩短，难度也有很大降低，这种情况容易使学生认为“老三样”就是军训内容的全部；同时“老三样”的教学内容虽然得以实施，但教学目的也并没有完全达到，所以才会让人们形成“军训已经沦为形式主义”的误判。

（二）学生军训安全是否难以保障

近年来，学生军训被人们所关注。每到新生入学时，学生军训中发生的一些安全事件就被报道出来：在碎片化、图片化信息时代，每当军训来临之时，这些事件都会重新被媒体曝光。这些事件往往误导人们的视听，使人认为在一个时段集中出现了太多军训事故，进而推导出学生军训工作不安全的结论。

有学者引用金家新所做的军训期间新生心理健康状况调查问卷数据来表明军训带来的心理风险[3][4]，指出军训增加了学生焦虑、精神病性、偏执。

实际上，金家新在调查问卷的结论中指出，军训对于大学新生的人格心理健康有积极促进作用。学生在军训后焦虑、偏执等因子得分会略微偏高的原因可能是他们第一次远离父母、生活不适应、对军训感到紧张。

一方面，断章取义引用问卷调查结果有误导读者的嫌疑；另一方面，这表明新一代学生独立生活、适应新环境的能力还不强。教育者不应消极地避开这些问题，而应主动地通过一些举措提高学生独立生活、自我调整的能力。高校应该加强军训安全工作，在做好训练的同时，积极开展学生心理疏导工作，使学生军训工作更加科学，更好适应教育和学生身心发展。

（三）其他教育形式是否可以取代军事训练

2012 年 8 月，新浪微博发起了一项关于“对当今军训，你怎么看”的网络投票，2000 多名网友进行了投票，其中 73.3%的人支持“取消军训”，根据这次网络投票，何彦新老师[3]得出结论：取消军训是大势所趋。

我们暂且不讨论这 2000 名网友是否能够代表与军训工作相关的各类人群，就问卷调查本身的科学性讲，这个调查问卷的数据样本太少，仅依据 2000 多份样本就得出了“取消军训是大势所趋”的结论，显得过于草率。

何彦新老师还列举了学生军训的几种替代模式，其中美国后备军官训练团（American Reserve Officer Training Corps，ROTC）是经常被提及的一种。ROTC 的基本做法是：学生在校期间自愿报名，军方专业人士进行选拔，对主观意愿强烈、身体条件过硬的学生进行系统的军事训练，包括战略战术、武器操作、军事技能等。

我国已有类似 ROTC 的做法，那就是高校国防生，即由军队（或武警）依托地方普通高校从参加全国高校统一招生考试的应届高中毕业生中招收提前批次本科生，或从在校大学生中选拔，培养后备军官（或警官）。国防生在校期间既要完成规定的学业，还要参加军事训练，考核通过后，按协议办理入伍手续并任命为军队（或武警）军官。美国的 ROTC 大约有 265 个，我国培养国防生的高校目前已有 118 所。无论是 ROTC 或是我国的国防生，从规模讲，还都只是覆盖少数学生。

我国的《兵役法》和《国防教育法》规定，高等院校的学生在就学期间，必须接受基本军事训练。军事训练的目的并不是让参训学生经过训练能够立即具备进入战场、参与战斗的能力，而是使参训学生接受最基本的国防意识教育，学习人民子弟兵的优良作风，并通过一系列要求和规范感受部队铁的纪律，这种军训更具有普及的性质。这一目的与 ROTC 或国防生是完全不同的，不能同日而语，更不具备取代的条件。

只有通过改革创新，才能发现、解决学生军训工作中的一些问题，才能更好地发挥军训在服务国防建设与学校育人方面的重要作用，才能适应现代战争对于整个国民素养的基本要求。

二、实施“三个把握三个精于”，创新构建学生军训工作新模式

（一）紧紧把握高校思想政治工作要求，精于立德树人，将学生军训与大学生思想政治教育工作紧密结合，充分发挥学生军训的综合育人作用

《国家中长期教育改革和发展规划纲要（2010—2020 年）》指出，要重视安全教育、生命教育、国防教育、可持续发展教育，提高学生综合素质，使学生成为德、智、体、美全面发展的社会主义建设者和接班人。中共中央、国务院在《关于深化教育改革全面推进素质教育的决定》中指出，规范国防教育，提高学生的国家安全意识，继续搞好军训工作并使之制度化。切实发挥学生军训的育人作用，是学生军训工作的重要内容。2017 年，国务院在印发的《国家教育事业发展“十三五”规划》中要求将国防教育纳入国民教育体系，充分发挥军事训练的综合育人功能，提高国防教育的实效。

做好新形势下的军训育人工作，军训管理者和实施者必须充分认识到当前形势下在军训中加强育人工作的重要性，要能拥有从国家安全和军队建设需求出发的视野与格局，贯彻军政并举，军政相辅。科学家钱学森曾经说过：“一个科学家如果没有军事知识，那么他还不是一个完善的科学家，他的大脑思维脉络还缺了一根重要的经络。”军训的育人功能得到了越来越广泛的认同。姚念龙等[9]将“90 后”大学生军训思想政治教育的特点概括为：寓教于乐，以丰富多彩的活动引导；注重个性化教育；充分发挥学生的创新能力，以他们的视角、方法融入军训；开展交友对话，形成全员参与的育人格局。

北京化工大学建立了“一线两面”的学生军训思想政治教育工作模式。“一线”就是结合时事，设计军训思想政治教育工作的主题、主线。“两面”

是指军训思想政治教育工作的两个层面：榜样引领和文化渲染。以 2016 年的学生军训工作为例，在榜样引领层面，学校党委批准成立军训团临时党总支，召开民主生活会，设立“党员先锋岗”，208 人次在关键岗位发挥学生党员的模范带头作用，邀请了“青春榜样”“化大之星”等优秀学生前往军训基地，讲述青春励志故事，开展学习交流；邀请知名教授、“十佳教师”获得者走进连队，帮助学生完成从高中到大学的身份转换，更快更好地适应大学生活。在文化渲染方面，在 2015 年军训中，利用微信、广播、征文和摄影等形式推出军训典型人物和团队 21 个，军训微信报 14 期，累计阅读量超过 3 万人，征集到广播稿 1440 篇，收到摄影作品 113 件。学校组织了歌咏、拔河、板报、定向越野比赛，为参训学生展示才艺提供了平台。

（二）紧紧把握国家安全形势与国防建设需要，制定与时俱进的训练方案，提高学生军训工作的质量和水平

2011 年 4 月，中共中央、国务院、中央军委联合下发了《关于加强新形势下国防教育工作的意见》（下称《意见》）。《意见》指出，国家安全问题的综合性、复杂性、多变性趋势不断增强；影响我国周边安全的不稳定、不确定因素明显增多；捍卫国家主权、安全和领土完整的任务十分艰巨。这些迫切需要从战略和全局的高度加大全民国防教育力度，强化广大干部群众的国家安全意识和忧患意识。

要真正发挥学生军训工作在开展全民国防教育，增强大学生国家安全意识和忧患意识中的重要作用，军训管理层和实施者就必须能把握国家安全形势和国防建设需要，制定与时俱进、科学合理的训练方案。

一方面，贯彻《大纲》规定的军事技能训练内容，实施解放军《内务条令》《纪律条令》《队列条令》的教育与训练，轻武器射击、战术、军事地形学、行军等四项内容，这些教学内容是多年来部队训练实践和高校教学实践的精髓体现。对于军训的实施者和管理层而言，除了条令条例的学习实践外，《大纲》所规定的轻武器射击、战术、军事地形学、行军等内容的学习也要不折不扣地执行下去，高标准地完成教学内容。

另一方面，丰富军训内容，增加协助救灾、侦查救护、防火逃生等项目。2015 年，国内部分高校在军训中还增加了“模拟军事演习”“反恐围剿和遭遇生化袭击等战术演练”，使军训内容更加满足国家现代安全需要，得到了参

训学生和教官的认可[5]。

（三）紧紧把握学校教育教学的总体要求，精于采用科学的现代管理方法，确保学生军训安全高效运行

从公共管理学的角度看，军训是一项准公共产品[10]，要进行科学与妥善的管理。这种管理既包括宏观的思想理念指导及工作计划部署，也包括微观的人员配备安排、规章制度与考核机制建设、师资队伍与参训学生管理等多个方面的共同配合。

北京化工大学将学生军训工作作为本科教学和学生管理的一项基础性工作，纳入了学校人才培养体系，引入现代管理科学元素，构建了“一体一化”的学生军训保障事务管理模式。“一体”是指以学生军训安全为核心的军训安全工作体系；“一化”是指以提高效率为目的的军训工作标准化建设。

军训安全工作体系由军训人员信息管理系统、安全应急处置系统、军训安全巡视处置系统构成。一是建立了由分管校领导、军训团负责人、指导员老师、学生干部组成的矩阵式人员信息管理系统，保证了军训期间日常管理的有序进行，实现人员管理“零无序”。二是突出军训安全工作前置理念，制定《学生军训安全工作办法》，明确负责学生军训安全的各层次、各部门负责人，制定《应对突发事件应急处置预案》，开展以实际案例为蓝本的桌面演练，使带队指导员深刻理解和熟练掌握处置突发事件的原则和办法。医生与心理咨询师全程驻训，随时处置学生身心问题，实现问题解决“零时间”。三是组建学生军训安全巡视小组，组织专人每天对军训基地的住宿区、训练区、就餐区、食堂后厨等区域进行轮番的地毯式排查，及时排除安全隐患，实现安全排查“零死角”。

军训工作标准化建设借鉴了现代企业的质量管理体系（QMS）理念，针对包括物资管理、人员管理、交通管理等在内的各项工作分析特点、编制标准、开展培训、督查反馈、会商点评，提高军训工作效率。

“一体一化”的军训保障事务管理模式突出强调了学生的参训安全，准确把握了学生军训的核心问题与工作基础。“一体一化”的军训管理模式以文字形式体现在《学生军训手册》中。这套管理模式兼具理论性与实践性，同时具有可推广性。在当前严峻的政治经济形势和育人形势下，“一体一化”的工作模式为军训管理者和实施者提供了全新的工作思路和工作借鉴。

参考文献

[1] 孙东东，现行学生军训模式弊大于利，环球时报，2014-8-27：15；

[2] 何彦新，青少年军训弊端与改革，中国青年研究［J］，2015（4）：110；

[3] 金家新，普通高校新生军训期间心理健康状况调查研究，河北科技大学学报［J］，2012，3（12），1：100.

[4] 姜嫚，陈晴，我国高校三十年军训的内容演进与瞻望，学校管理［J］，2013，3：223；

[5] 商建华，梁旭光，柳振国，高校军训学生教官带训模式的研究与实践，现代教育管理［J］，2012，6：89.

[6] 梁庆周，一种多赢的军训课程改革模式——以国防生担任军训教官为视角，大学教育［J］，2014，9：135.

[7] 胡勇胜，大学生军训“以老带新”模式的利弊，湖南科技学院学报［J］，2013，2（34）：130.

[8] 姚念龙，张博，何永淼，“90后”大学生军训思想政治教育工作模式探究，思想教育研究，2014，5（236）：91.

[9] 古添雄，朱孔军，高校学生军训管理研究——基于中山大学“一体两翼”军训管理实践，高等教育研究学报，2015，6（38）：78.

"95后"大学生军事技能训练中的思想政治教育问题研究

张　建[①]　丛　迪　王文君[②]

国防教育是高校人才培养的重要内容，是增强大学生国防意识，提升大学生综合素质的有效途径。党的"十八大"指出：要建设一支听党指挥、能打胜仗、作风优良的人民军队。党对人民军队的要求，就是对国防和军队后备力量培养工作的要求，也是对新时期学生军训工作的要求。军训工作肩负着巩固学生理想信念，增强学生国防意识，培养学生军人素养的重要任务。自1984年《中华人民共和国兵役法》颁布以来，大学生军事技能训练（下称"军训"）已经成为高校思想政治教育的重要载体。北京化工大学在开展军训工作的过程中，通过实施思想政治教育，显著地改善了军训的效果。

一、"95后"大学生的特点

（一）成长环境更趋复杂

从国际环境来看，局部战争不断，民族冲突加剧，政权更迭时有发生；流血、暴力、难民、疫情，不发达地区人民持续遭受苦难；世界经济进入动荡期，特别是进入21世纪以来，金融危机的影响从未消失。从国内环境看，

---

① 张　建（1985—），男，北京化工大学军事课教师，思想政治辅导员，硕士。研究方向：大学生思想政治教育、国防教育。

② 王文君（1973—），男，中国人民解放军国防大学学生军训工作办公室参谋，上校。研究方向：学生军训工作、国防教育。

本文系北京化工大学—北京市东城区人民武装部合作项目"高等学校国防教育工作实效性研究"支持课题，项目编号：Z16-06。

一方面，改革开放的红利逐步释放：社会整体稳定，人们的生活水平不断提高，国家进入了和平时期，特别是1979年对越自卫反击战之后，我国就再没有经历战争，民众对于国家安全、民族危亡的意识开始降低，大学生缺乏对战争的直观理解和认识；另一方面，伴随着改革逐渐进入深水区，各种深层次矛盾逐渐浮出水面，失信、腐败、浪费等社会现象日渐凸显，各种社会思潮对大学生产生冲击和影响。

（二）知识结构更加科学

随着国家对教育的投入不断增加，从基础教育到高等教育，从师资队伍到办学条件，从教育理念到教育质量，国家的教育水平逐渐提高，教育取得了实质性的进步。大学生的知识结构更加科学合理，除了对专业文化知识的学习，公民道德教育、国家安全教育、心理健康教育等已经走进了课堂，提升了学生的综合素质。这种知识结构的优化，符合国家对国防后备力量培养的要求，也更加有利于高校开展学生军训工作。

（三）身心健康水平亟待提高

“95后”大学生的家庭经济条件较“80后”、90年代初的一代有了显著提高，物质条件更加丰富，家庭的溺爱也更加严重。大学生中的肥胖人数更多，身体更加脆弱，甚至一些中老年疾病也开始出现在青年人身上。“95后”大学生群体更加自信、独立，同时以个人为中心的现象以及逃避问题、躲避吃苦的现象也时有发生。

二、高校在军训中开展思想政治教育的突出问题

（一）思想政治教育在军训中的重要作用有待加强

思想政治教育工作一直是大学生教育中最重要的组成部分，关系到培养我国社会主义事业的可靠建设者和合格接班人。作为很多学生接触大学后的第一堂课，军训中的思想政治教育工作就显得更加重要，同时，思想政治教育也是军训的主要内容和核心部分，是否能开展好军训的思想政治教育工作，直接影响军训的效果的好坏，甚至影响大学生的思想成长和对于有关思想政

治诸多问题的认识。在当前大学生军训中，思想政治教育工作在军训中的重要作用体现不明显，军训教官主要开展军事技能训练，缺乏思想政治教育的手段和技能，军训连队指导员往往由高校辅导员和学工管理人员担任，开展军队思想政治教育工作的经验较为匮乏。

（二）对在军训中开展思想政治教育的重视程度不足

"党指挥枪"是人民军队保持本色的压舱石。从军队看，由政委专门负责开展战士的思想政治教育工作。在学生军训工作中，由承训部队现役军人或军训教官负责军事技能训练工作，由学校教师负责学生的思想政治教育工作。学生军训中的思想政治教育与日常的思想政治教育工作相比，有更加特殊和复杂的环境背景，教育理念、方法等亦不相同。高校教师缺少军队思想政治教育工作经验，存在对特殊环境中的思想政治教育工作预判不足的弊端。

（三）思想政治教育和军训结合不够紧密

"95"后大学生由于成长环境、知识结构和身心健康水平的影响，更加强调自由独立、个性解放，对于内容相对单一、条件较为艰苦、环境相对封闭的军训容易产生消极应对，甚至抵触的情绪。一方面，教官的训练方式直接影响了训练效果，一些教官虽接受了前期培训，但经验阅历少，思想政治教育的理念和方法也难以在实际训练中收到效果。另一方面，一些高校并没有重视军事技能训练中教师与教官的沟通，认为军训就是承训部队的事，影响了训练效果。此外，军训中思想政治教育的时代特色不显著，在"95"后大学生军训工作中，需要更新军训工作的理念，创新军训工作的方法，符合时代特色和时代要求，尤其是新时期国防建设的特色和要求。只有强调思想育人的时代性，才能使大学生通过军训更加深刻地了解到我国国防建设的现状和未来，更加坚定地投入到军事训练和学习中。

（四）军训工作的成果难以保持

现阶段，如何保持和巩固学生军训思想政治教育工作成果的问题亟待解决。首先，多数学校按照军训教学大纲的最低要求，军训时间只有 14 天。从开展思想政治教育工作的规律看，当军训育人成果初步形成时，军训也面临结束；其次，军训前缺少有力的动员，学生对于军训的认识十分浅薄，难以充分领会参加军事训练的目的和意义，甚至在军训前就有逃避的想法；再次，训练中管理松散，强度过低、内容陈旧，难以达到学习军队优良作风、锤炼学生意志品质、提高学生综合素质的重要目的；最后，军训结束后，学校没有持续开展巩固军训成果的相关工作。

三、在大学生军训中开展思想政治教育的实践探索

（一）巩固思想政治教育工作的重要地位

思想政治教育工作在大学生军训中处于重要地位，军训工作的开展也必须围绕提升学生思想政治素质，包括开展相关的军事训练，也是以锻炼学生的意志品质为主，提升学生“服从命令，听从指挥”的思想政治素质，因此必须坚守学生的思想政治教育工作的核心地位。北京化工大学高度重视学生军训工作，每年成立以主抓学生思想政治教育的校领导牵头的军训筹备委员会，积极推进军训工作，建立军训团团部和军训团临时党委，人员组成以武装部和辅导员为主，在军训前积极进行军训思想政治教育的计划和安排，对于军训指导员进行培训，同时，组织优秀学生参与军训的思想政治教育，例如组织优秀榜样等走进军训连队的活动。

（二）创新在学生中开展思想政治教育的理念

思想政治教育工作在大学生军训中发挥了重要作用，是改善军训成效的重要手段，只有把思想政治教育工作放在更高的位置，才能不断改善军训的效果。结合“95”后大学生的身心特点，北京化工大学将在军训中开展思想政治教育工作放在十分重要的位置，着力提升两个层次的工作。

首先，在军训中加深集体主义教育，提升学生对于团队纪律和个性自由的理解。尤其是在连队建设方面，强化团队荣誉高于一切，集体利益高于一切的集体主义精神，尤其是在学生相对强调个人自由的环境下，通过思想政治教育在连队竞赛，训练等活动中的开展，使学生理解团队、军队纪律，服从大局，团结集体。

其次，把握大学生思想动态，及时开展思想政治教育和引导工作，促进学生军训工作的顺利开展。以军训团政委为领导，以各位辅导员为主力，各

项工作都有专门的负责人员开展，带班指导员24小时参与学生军训，全程参与学生的所有科目训练，随时与学生交流训练心得，开展思想政治教育工作。学校也配备了专门的心理咨询老师随时对于学生进行心理辅导，促进军训工作的有效进行。

最后，营造良好的军营文化氛围，促进环境育人。在北京化工大学军训过程中，抓住个人辅导、班级会议、连队会议等时机，严格以军队标准要求，尤其是训练之余的活动、休息时间，对于学生按照军人的标准严格要求，营造良好的环境，改善军训效果，达到氛围育人的目的。

（三）探索在学生军训中开展思想政治教育的新方法

思想政治教育工作在军训中发挥着重要作用，需要不断探索在大学生军训工作中开展思想政治教育工作的新方法。北京化工大学在实际工作中，通过贯彻“榜样引领”和“文化建设”双结合的方针，实现学生的转变。

在榜样引领方面，积极开展以学校优秀党员，党员先锋，国旗护卫队，退伍战士等为榜样的引领活动，通过多种方式，让学生近距离地接触、了解、认识榜样，促进学生自身思想的转变。同时，加强军训思想政治教育文化建设，通过丰富多彩的主题活动，推动学生的转变，在军训中，以国防教育和学生日常军训为主题，开展简报制作、板报评比、广播稿评比、征文比赛以及摄影比赛活动，提升学生对于军训的认识和分享，有效地对学生进行指引，促进学生认识军训的目的和意义。

在文化建设方面，开展以合唱比赛、拔河比赛、定向越野比赛为主的文体活动，通过丰富多彩的文体活动，提升学生对于军训的认识和理解，以寓教于乐的方式，潜移默化地提升学生国防意识和身体素质。

（四）注重新媒体在军训思想政治教育中的应用

新媒体成为学生获取信息的主要途径。如何利用新媒体环境做好学生军训思想政治教育工作是高校的一项重要课题。北京化工大学充分利用“北化国防”微信公众平台积极开展网络思想政治教育工作，取得了良好的效果。

从理念上，微信在军训中成为军训宣传的最重要和最主要的方式，作为最受欢迎的新媒体，微信影响着“95”后大学生的方方面面，基于思想政治教育工作的需要，北京化工大学根据现阶段大学生的特点，以学生喜闻乐见的方式，通俗易懂的网络语言，对学生进行教育引导，传播军训正能量，形成了学生关注自我变化，关注军训热点、关注国防军事的良好局面。

从方法上，经过调研，学校对微信平台进行版块划分，设计了包括军营时事、典型人物、知识普及、军营轶事、天气状况等在内的多个版块。例如在科普版块，推送了题为《大学军训历史由来和意义》的文章，让学生明确军训的目的和意义。在轶事版块，通过一些感人的小故事，小文章引起学生对于军训的共鸣，提升对军训的认同感 ，如文章《指导员去哪儿》，通过叙述辅导员的一天，真切地让学生知道辅导员的日程安排，加深学生对于军训的认识和了解，也正是通过这些微信发布的点点滴滴，学生对于军训更加了解，更加认识。

（五）军训成果的巩固与保持

通过建立半军事化学生组织，北京化工大学将军训中形成的优秀成果在校园中保持、发扬。2004 年，学校从队列动作出色的参训学生中选拔出 30 人组建了升旗方阵，由此而成为北京化工大学国旗护卫队的雏形。军训结束之后，学校正式建立了一支大学生国旗护卫队，并为他们授旗，邀请天安门国旗护卫队教官指导他们的队列动作。2009 年，学校从参加学校定向越野比赛的参训学生中择优选拔，建立了定向越野队。北京化工大学国旗护卫队和定向越野队都是从学生军训中走出来的学生组织，这两个半军事化的学生组织也成为学校保持军训成果，开展爱国主义教育，服务于学校育人的重要载体。目前，北京化工大学国旗护卫队受到了原中央政治局常委、中央纪委书记贺国强，中央政治局委员、国务院副总理刘延东等中央领导同志的亲切接见，荣获包括“全国五四团支部”“全国校园文化建设成果一等奖”在内的国家级荣誉 2 项、包括“北京高校国旗仪仗队检阅式一等奖”在内的省部级以上荣誉 45 项。队员保研率超过 25%，党员覆盖率达到 70%，奖学金覆盖率达到 100%。定向越野队已多次代表学校参加北京市和全国定向越野比赛，共获国家级荣誉 26 项，北京市级荣誉 78 项，其中团体荣誉 31 项，优秀组织奖 1 项，入围全国高校非定向专业队伍第一梯队。

在普通高校《军事理论》课教学中加强文化素质教育的研究

王宇明①

文化素质是人在文化方面所具有的较为稳定的、内在的基本品质和水平，是人的知识和与之相适应的行为的综合表现，对人一生的发展有着重要的影响。大学生在接受高等教育的过程中，除了知识量的增加，文化素质的训练和提高也是一个重要的学习内容，这对大学生的成长成才有至关重要的作用。加强对学生的文化素质教育，始终是高校教育教学中的一项重要任务。

《军事理论》课是我国高等教育中的必修课程之一，是大学生思想政治教育的重要组成部分，更是国防教育中重要的一个环节。近年来，针对《军事理论》课教学中出现的种种问题，关于课程教育教学改革的研究逐渐增多。在绝大多数非军事专业普通高校的《军事理论》课中，如果单纯开展军事内容教学，既难以引起学生的兴趣，又没有满足学生的实际需求，难以收到令人满意的教学效果。若能在《军事理论》课教学中加强对学生的文化素质教育，既能丰富教学内容，增强对学生的吸引力，又可以通过教学有效地进行思想政治教育，培养学生优良的思想品格和道德情操。这样不仅可以提高《军事理论》课在高等学校的教学地位，还为探索有效发挥《军事理论》课的育人功能的方式提供了一个重要的思路。近年来，随着民族文化复兴的事业越发蓬勃，在高校教学中丰富文化内容也越来越受

---

① 王宇明（1986—），男，北京化工大学《军事理论》课主讲教师，硕士，研究内容：国防教育、军事课教育教学、大学生思想政治教育。

本文系北京化工大学—北京市东城区人民武装部合作研究项目“高等院校国防教育工作实效性研究”（项目编号 Z16-06）支持课题。

到重视。

一、在《军事理论》课教学中开展文化素质教育的意义

1. 培养学生对《军事理论》课的学习兴趣，改善教学效果

大学生的性格和兴趣爱好千差万别，单纯对军事感兴趣的人通常并不占多数。如果能在课程教学过程中将军事知识融入与学生发展息息相关的文化内容中，不仅能增加课程内容的广度，扩大课程的知识涵盖面，激发更多学生的兴趣，还能加强课程教学的深度，改善知识体系结构，使课程教学更有水平、更有内涵，改善教育教学效果。

2. 创新思想政治教育模式，塑造学生优良的人格品质

在《军事理论》课的教学中，爱国主义始终是主线，辅以相应的文化支持，来加强对大学生意识形态的正确引导，这正是思想政治教育的核心内容。因此《军事理论》课作为思想政治教育中不可或缺的一个部分，对创新思想政治教育模式有着重要意义。此外，通过军事理论与文化素质相辅相成的教学结构，培养学生的意志品质和集体观念，对塑造学生优良的人格品质能发挥积极作用。

3. 强化德育教育效果，提升学生的综合素质

第一，当前大学生普遍从小受到呵护，以自我为中心的意识强烈，缺少对人的仁爱之心和对社会的责任之心。《军事理论》课程教育的一个重要目的正是在这些方面对学生加强引导，让学生学会互相关心、互相帮助，懂得惩恶扬善、见义勇为，而这些也正是中国传统文化中的思想。我们可以从中国传统文化中找到诸多支撑元素，丰富和补充军事教育教学的内涵，改善学生的德育效果。

第二，诚信缺失问题愈演愈烈。在高校中出现了考试作弊、作业抄袭、学术造假等不诚信的行为。如果能在《军事理论》课的教育教学中，通过文化的熏陶，把诚信正直的浩然正气传播给学生，培养学生高尚的气节，并使之成为其立身之本，也就满足了培养高素质人才的基本要求。

第三，礼仪教育、规则教育缺失。而《军事理论》课的教育教学，恰恰就是矫正学生这些缺乏礼仪、不守规则的行为的绝佳契机。在通过军事教育从行为上进行了严格的约束后，再通过相应的文化素质教育从精神和道理上

进行引导，循循善诱，就能使这方面的教育更加深刻，从而培养学生良好的言行。

第四，要传承文明，树立民族自豪感。开展《军事理论》课教育教学的目标之一是开展爱国主义教育。而我国是一个拥有几千年文化传统的古国，华夏文明博大精深，传承至今已是世界上独一无二的古典文明。在《军事理论》课的教学中，穿插传统文化的教育，一方面能将这些文化内容传承下去，另一方面对于增强学生的爱国情怀，树立民族自豪感，有着积极而重要的作用。

二、在高校《军事理论》课教学中缺少文化素质教育的主要原因

1.《军事理论》课受重视的程度不够，育人功能尚未被挖掘

当前，高校《军事理论》课普遍存在受重视程度不足的现象。一方面我们身处和平时代，对于战争没有直接体验，无论是高校教师还是在校学生，国防观念都比较淡薄和模糊；另一方面高校的教育节奏比较紧张，尤其是理工类学科本身的学业负担就非常重，而专业教育比军事理论这种思想政治类教育所体现出来的“成果”要明显且迅捷得多，一些高校对《军事理论》课本身在学生素质教育中的重要作用尚未认知。因此，无论是管理体系还是考核方式都缺乏科学性，《军事理论》课的育人功能还远远未被挖掘。

2. 教师在文化方面素养不够高，师资队伍素质有待提升

当前，高校《军事理论》课的教师队伍主要分为两类：一类是部队院校现役军人教官。他们拥有丰富的军事专业知识，对课程内容熟悉，但是对普通高校的教学管理模式以及当代大学生的思想政治状况并不熟悉，在文化素养方面也有待提高；另一类是高校思想政治辅导员。他们熟悉高校、了解学生，但大多比较年轻，自身的文化素养还不够丰富。而且他们军事理论的专业知识储备不足，在军事内容的教学中尚不能做到游刃有余，更难以自主融入其他文化方面的教学内容。

3. 教学内容与学生需求脱离，教学效果有待改善

《军事理论》课教育教学的核心内容是国防思想、国防法规、国防历史与现状等方面的基本知识，军事专业性较强，在现今这样的和平年代本身就与

学生的实际距离较远。而在课程教学中，往往局限于讲述课程内容，对课程教学知识点对学生思想认识的启发、政治素质的提高和国际视野的开拓等方面的功能缺乏深入挖掘，除少数对军事感兴趣的学生外，很难引起大部分学生的学习兴趣，导致教学效果普遍较低，学生关注度不高。

三、以《毛泽东军事思想》章节为试点，在课程教学中加强文化素质教育

文化是一个民族的灵魂。毛泽东军事思想作为我国革命实践的产物，是马列主义与中国文化相结合孕育而生的。以《毛泽东军事思想》这一章节为试点，在教学中加强文化素质教育，探索出了一些新的途径。

1. 中华文化最大的特点之一，就是与其他文化能融合相长。毛泽东军事思想是以毛泽东为代表的中国共产党人将马克思主义与中华文化相结合而产生的。在对毛泽东军事思想概念进行教学时，对于这一特点进行着重强调和发散，有助于学生理解并加强对文化的认知。

2.《毛泽东军事思想》中的很多观点和内容都富含文化特色。比如，无产阶级战争观和人民战争思想，就是建立在我国的农业文明和农业文化的基础之上的。要清楚解读毛泽东的战争观和人民战争思想，就必须对我国的农业文化进行分析，在此可以加深学生对国家传统文化的了解。

3. 再比如，人民战争的战略战术处处体现了中华文化的智慧，对这部分内容的教学可以提升学生多方面的文化素质。例如，“集中兵力，运动歼敌”的战术充分体现了中华文化中“知行合一”的思想，在教学中对此点明并深入解析，通过生动的战例讲述使学生的文化素质得到了潜移默化的提升。

4. 在毛泽东军事思想的历史地位与现实意义部分的教学中，重点讲解发展国防科技战略这一条内容。科学技术也是文化的一部分，学生要重视学习科学技术知识，因为这也是提高自身文化素质的一个方面。

5. 毛泽东除了是一名卓越的政治家和军事家外，他在文化方面的造诣也是颇高的。在教学中将毛泽东的诗词作品以及毛泽东对历史的评论观点穿插进去，也能很有效地加强对学生文化素质的熏陶，能够有效地提升课程蕴涵的文化水平。

四、在《军事理论》课教学中开展文化素质教育的机遇与挑战

1. 文化复兴的时代背景提升了社会对文化的重视程度

当前，国家十分重视文化发展，尤其重视在教育事业中对学生文化素质的大力培养。在民族文化复兴的时代背景下，不论是社会还是学生个人都越来越重视个人文化素质的提升，这就为文化的传播提供了机遇，也为在《军事理论》课教学中加入文化内容提供了良好的时代大背景。

2. 授课教师的专业不同丰富了课程的教学内容

与一般高校课程不同，高校《军事理论》课一般为主题授课，不同的主题由不同研究领域的教师讲授。由于《军事理论》课的授课教师来源广泛，其专业背景各不相同，虽然造成了一些教学困难，但同时也为丰富课程的教学内容提供了良好的机遇。尤其是在从事思想政治教育的教师中，不乏很多在文化等人文知识方面有所积累的。他们加入课程的教学队伍，一方面需要在军事专业知识方面进行专门学习，以达到课程教学所需的基本要求；另一方面也为在教学中加强文化内容提供了前所未有的契机。

3. 建立完善的制度是提升课程教学效果的关键

在《军事理论》课教学中加强文化素质教育的内容，归根结底还是为了更好地发挥《军事理论》课作为国防教育主阵地的教育作用，为国家培养思想素质更优秀、综合能力更全面的人才。《军事理论》课能否在高等学校的教育教学中发挥其应有的作用，关键还在于制度建设是否合理。当前，在课程定位、教学与考核方法、师资队伍培养等制度方面进行改革，推陈出新，才是解决问题的根本，也是最大的挑战。

参考文献

[1] 高腾刚. 新形势下高校大学生军事理论课的教改思路［J］. 教育教学论坛，2015（35）.

[2] 黄煌华. 基于思想政治教育功能的高校军事理论课教学研究［J］. 兰州教育学院学报，2015，31（10）.

[3] 王纪平，温娟. 关于高校军事理论课育人功能的思考［J］. 山西高等学

校社会科学学报，2015，27（10）.

[4] 李建明，郭立新. 试论高校军事教育的文化功能［J］. 长春教育学院学报，2012，28（10）.

[5] 陈长东，谢小江，杨景胜. 从培育大学生创新精神出发，谋求军事理论课教学新的作为点［J］. 时代教育，2015（9）.

[6] 王大洋. 普通高校军事理论课教育问题初探. 吉林建筑大学学报，2015，32（6）.

[7] 乔石，尚久舒，赵繁菲. 对高校军事理论课教学的几点思考［J］. 教育现代化，2015（7）.

从人本主义视角看普通高校《军事理论》课教学

王思远[①] 刘 刚[②]

课堂教学是人类社会文化的缩影。按照现代文化哲学理论，人类发展所形成的文化，正在与人的生命存在及其活动趋同一体。在人的生命存在及其活动中，学习是一种特殊的本性和潜能。课堂教学，既然是文化的缩影，也必将逐步走向与人的生命存在及其活动的趋同一体[1]。在这个过程中，作为一种特殊本性和潜能存在的学习活动，应该得到尊重、关怀以及更好的发展。普通高校《军事理论》课教学是面向青年学生开展国家意识教育、解读当前形势政策、传播军事知识、提高综合素质的重要途径，也是使社会主义核心价值观在青年学生中扎根的重要途径。尊重和关怀课堂教学中的生命存在及其活动，有利于提升《军事理论》课教学的说服力、感染力和吸引力。

在教学过程中，有两种生命存在，一是教师，二是学生。本文所指的课堂教学中的生命存在及其活动，是指学生的生命存在及其活动。学生的生命存在及其活动是课堂教学活动的焦点和中心。教师的生命存在及其活动围绕着学生的生命存在及其活动形成。

---

① 王思远（1990—），男，北京化工大学人民武装部教师。研究方向：高校国防教育、大学生思想政治教育。

② 刘 刚（1982—），男，北京化工大学人民武装部，硕士，讲师，研究方向：大学生思想政治教育、国防教育。

本文在北京市学生军训30周年理论研究论文征集活动中获得三等奖。

一、对当前普通高校《军事理论》课教学人本主义的批判

（一）教学过程忽视生命存在的独特性

人们长期处于和平环境的客观现实中，军事理论教学从形式上被重视，事实上被轻视的现象并不少见。《军事理论》课教学过程主要围绕着军事科学的基本概念、常识展开，以教师的选择预设为主，点到为止，缺乏对当代大学生独立人格和独特精神世界的考虑，缺乏对他们优势和不足的考量。在课堂教学中，忽视了学生生命存在的独特性，会让学生对《军事理论》课产生一定程度的“疲惫”，让《军事理论》课教学所承担的国家意识教育、军事知识普及、价值观培养的使命显得苍白无力，使《军事理论》课的教学价值在一些人的心中打折扣。

（二）教学内容缺乏延续性和融合性

学习是生命的一种特殊的本性和潜能，它具有延续性和融合性的特点。教学要走向与生命存在的同一，也需要可延续与可融合发展。一方面，不同的教师按照《普通高校军事理论课教学大纲》（以下简称《大纲》）进行授课，尽管《大纲》在课程总体设计上进行了规划，但由于教师学习背景、授课风格、表达能力等个人因素的差异，使每位教师的教学内容各自独立，客观上造成了各章节内容断裂，教学内容并没有在时间上和逻辑关系上得到持续，与教学严格的系统性与延续性要求相背离。另一方面，教学对学生个体生命的尊重与关怀的一个重要表现是教学内容是多方面、多层次课程知识的融合，课堂知识更加丰富，学生视野更加开阔。当前，《军事理论》课教学内容本身延续性与融合性的不足，使学习延续性和融合性的特点也难以得到体现和发展。

（三）教学方法滞后于现代教学要求

苏格拉底（Socrates）认为，教学的过程就是使人们逐步认清自己心中对事物的认知。传统《军事理论》教学的价值取向、基本立场、组织结构和方式方法的重心在教师身上，而不在学生个体身上，常常出现“一套幻灯片就是一堂课”的现象，多媒体带着教师思路走的授课方法，取代了教师教学思

路用多媒体进行辅助的正确做法。理论教学需要有实践内容予以辅助与作证。但《军事理论》的实践内容辅助是困难和矛盾的，一方面，《军事理论》确有实践内容进行辅助，而且实践内容中所引用的战事案例都是经典的军事教学范本；另一方面，这些案例所反映的军事理论与现代战争、未来战争没有实现很好的衔接，难以让信息化时代下的学生用辩证的观点、未来的眼光印证教学的内容，也就无法使军事科学本身进入学生的生命存在过程。这一点并不符合教学尊重学生生命存在及其活动的根本要求。

（四）评价方式不符合尊重生命存在的要求

对学习的实质、过程、规律及学生心理发展的关系，是心理学家、教育学家一直关心的问题[2]。心理学的研究成果显示，学习是有机体在后天生活过程中经过练习或经验而产生的行为或内容心理的比较持久的变化过程[3]。这种学习是凭借经验而来的，是一种活动的过程。

当前，《军事理论》教学评价方式与普通学科教学评价相似，都是以考试结果作为对学生学习过程的唯一评价，缺少对学生在课程学习过程中对军事学科经验累积、心理变化和价值认同的评价，这并不符合现代教学对学生生命存在的尊重，它既忽视了学生的情感表现，仅使用了“对”或者“不对”作为评价的标准，同时也有违《军事理论》课程教学大纲的设计初衷。

二、高校《军事理论》课教学文化的重建

（一）教学要体现对学生生命存在的尊重与关怀

教学既然是人在发展过程中所形成的文化的缩影，教育者就应当尊重人在发展过程中形成文化的过程，尊重教学的过程，尊重与教学同一的人的生命存在，特别是尊重学生的生命存在。教育工作中有一句话叫“为了一切学生，为了学生的一切，一切为了学生”，这就是教育管理者和教育者对学生生命存在尊重的生动体现。

高校《军事理论》教学首先是教学活动，因此它要尊重学生生命独特性、延续性和存在性的特点，教师的教学认知要有变化，教学的内容、形式和评价方式都要发生变化。这种变化是现实的，是满足学生需要的，是能够与学

生生命存在相关联的，是能够体现生命本性和潜能的。2007年颁布的《普通高等学校军事教学大纲》指出："课程要为中国人民解放军训练储备合格后备兵员和培养预备役军官打下坚实基础"，因此，《军事理论》课程既要遵循一般学科教学的规律和要求，也承载着对国家安全需求和国家战略的整体考虑。在《军事理论》教学中对学生生命存在的尊重和关怀，体现的是学生个体发展与国家整体需求的高度统一。这种对生命存在的尊重与关怀，既是教学工作的需要，更是国家安全的需要。

（二）教学要实现对军事教学使命的回归

知识教学是课堂教学的核心，它对学生发展具有本体存在性的基本含义，既展现为学生学习生命的历程，也是学生个体寻求生命优化的过程[4]。

高校《军事理论》的教学过程要能够体现学生生命个体不断学习、寻求优化的过程，就需要能够在教学中抵制实用主义、抵制消极备战观念的冲击，特别是在面向非军事院校学生教学的过程中，把对国家战略思路的认识、对重大形势政策的把握，对个人与国家民族发展关系的解读，把对国家发展荣誉感和紧迫感的诠释，作为《军事理论》教学的核心，用战事案例对核心内容进行解读和佐证。当代军事科学知识显然已经不是人们通常所理解的概念、常识。授课教师更要摒弃常有的科普心态，要持有研究军事科学的心态，触碰和挖掘军事科学的更深层次理论，特别是要帮助更广大的、非军事院校的青年学生解放关于军事科学的思想，使他们能欣赏军事科学、喜欢军事科学，甚至能够献身于我国及世界军事科学的发展与进步，而这种欣赏、喜欢，甚至奉献，正是学生在学习过程中生命存在得以不断优化的最好体现。

课程文化，是学生在学习过程中实现生命优化的产物，揭示了学生与他人、与现实、与历史之间全方面、多层次的生命关联。高校《军事理论》课具有特殊的教学内容，但同样产生了学生与教师、与他人、与教学内容、与学习环境的相互作用，学生要在"军事教学的内容"里的"军事—历史—社会—现实"中对个体生命进行理解和优化。同时，课程文化具有价值取向，它的价值取向决定于课程文化本身的活动方向。高校《军事理论》课程，承担着面向青年大学生传播国家安全政策、一般军事知识的重要任务，同时也反映了党和国家对内外安全形势、军事科学发展的深邃判断与哲学思考，这种深邃判断与哲学思考，是社会主义核心价值观在国家安全、军事发展方面的体现。

重建《军事理论》课的课程文化，既包括要让课程所揭示的生命关联更加紧密，还包括要让课程所具有的价值取向更加显著。而这种紧密与显著，则源于教学过程中对学生生命的尊重、关怀，对教学规律的科学把握，对学科使命的重新回归。

《军事理论》课程教学是军事教学的重要内容，在我国和世界上任何一个国家都处于十分重要的、不可替代的位置。近年来，和平环境对人们危机意识的影响，以及实用主义、功利主义对人们价值观的影响，对普通高等学校《军事理论》课的教学形成了一定的冲击。同时，《军事理论》教学也处在了向何处发展，怎么发展的十字路口。而文化哲学的方法论恰恰为人们研究军事理论教学提供了非常好的工具，使人们能在哲学层面，在人的生命存在和优化层面看待这个问题，而不仅是教学本身，因此意义重大。

参考文献

[1] 黄甫全. 学习化课程诌论：文化哲学的观点，北京大学教育评论［J］，2003，10（1），4：90.

[2] 林崇得. 学习与发展［M］. 北京：北京师范大学出版社，1999：39-91.

[3] 莫雷等. 教育心理学［M］. 广州：广东高等教育出版社，2002，35-36.

[4] 黄黎明. 知识教学：文化哲学的检讨与出路，教育学报［J］，2009，2（5），1：22.

退伍青年发展中的突出问题研究①

刘　刚　王思远

一、关注退伍青年发展问题的重要意义

退伍军人是党、国家和人民的宝贵财富，做好退伍军人的安置工作，对于党、军队和国家建设意义重大。20 世纪 80 年代以来，我国的退伍军人安置工作得到不断发展，每年都对数十万军人进行了妥善安置[1]。2011 年，国务院、中央军委颁布了《退役士兵安置条例》，对退伍军人安置工作的基本原则、责任职能、保障措施与法律责任做出了更加明确、精准的规定。党的十八大以来，党中央、中央军委和习主席围绕实现强军目标，提出了一系列关于国防和军队建设的重大方针、政策和原则，做出了一系列事关军队建设的重大决策部署，对在新形势下做好退伍军人的安置工作提出了新的更高的要求。从 2005 年开始，国家面向高等院校征集大学生兵员，特别是 2011 年以来，大学生兵员比例迅速提高，对退伍军人的构成与安置工作产生了重大影响。

1. 退伍军人中青年的比例骤增

按照《兵役法》的规定，义务兵征集对象的年龄为 18—22 周岁（男性大学应届毕业生可放宽至 24 周岁），则退伍时其年龄为 20—24 周岁。2016 年，义务兵已占我国军队的 60%左右。如按照入伍退伍等额的粗略算法，20—24 周岁的青年就会占退伍军人的近 50%。

2. 发展是安置工作的科学延伸，是对人的自然属性的回归

发展是人的根本问题。关注人的发展问题，实际就是关注人作为“人”

---

①　本文系北京化工大学—北京市东城区人民武装部合作项目“高等院校国防教育实效性工作研究”（项目编号：Z16-06）阶段性成果。

的自然属性的核心问题。关注退伍青年的发展问题，则是关注了退伍青年作为人的自然属性的一些根本性问题，包括其工作、学习、身体健康等外部感知，以及价值认同、心理健康等内在要素。发展赋予了新形势下退伍“安置”工作新的内涵。关注“发展”，促使“安置”工作成为国家、军队和社会关注退伍青年进入社会、学校、企业的起点，而不是工作的终点。发展促使“安置”工作更加符合经济和社会进步的规律。

3. 关注青年群体的发展工作极其重要

习近平主席在与北大师生座谈时指出：“青年是社会主义核心价值观的塑造者和引领者，是社会主义的建设者与接班人”。青年是国家建设、军队建设、社会发展的主力军，他们的思维模式、发展状态决定了国家与民族的发展方向、发展质量。只有紧密关注青年群体的发展情况、意识形态，才能把握国家、民族发展的关键。退伍青年是特殊的青年群体，他们身兼退伍军人和青年的双重身份，因此，国家、军队和社会应该更加关注退伍青年这个特殊群体的发展情况。

4. 对退伍青年发展问题的研究匮乏

时任民政部副部长罗平飞对退伍军人的安置工作有着较为系统的论述，其主编的《安置管理》和《安置保障研究》等专著，是国内较早系统阐述退伍军人就业安置、社会保险和社会保障的书籍，其发表的《当代中国军人退役安置制度实践过程分析》《简析当代中国军人退役安置制度面临的矛盾》，是国内学者研究退伍军人安置问题的重要基础。2008 年，周建成[2]又对新时期我国退役军人的就业安置问题再次进行了系统论述。自 2011 年兵员征集结构变化引起退伍军人结构变化以来，尽管有一些学者在退伍大学生士兵的学业、就业等方面进行了论述，但系统研究退伍青年这个特殊群体发展问题的著述还十分匮乏。

研究退伍青年这个特殊群体的发展问题，既是锁定了退伍军人中的关键性的大多数，又是将对退伍军人的关注视野从临时性的、阶段性的安置工作，延伸至长期性的、更加关注退伍青年作为“人”这个自然个体的成长过程，意义重大，是军改全面启动过程中亟须开展的一项重要工作。

二、当前退伍青年发展中的突出问题

本文以某地区部分高校与街道 2012 年—2016 年退伍青年为对象，进行了调查研究。

调查研究发现，退伍青年的发展状况主要呈现以下三个方面的突出问题：

1. 自我认知与环境应对的能力不足

调查研究显示，60%的社会退伍青年和35%的高校退伍青年需要3—6个月时间才能重新融入学校和社会，有10%的社会退伍青年认为需要1年时间才能重新融入社会（如图1–1），约30%的适龄退伍青年偶尔参加社会活动（如图1–2）。

图1–1　退伍青年重新融入校园和社会的时间

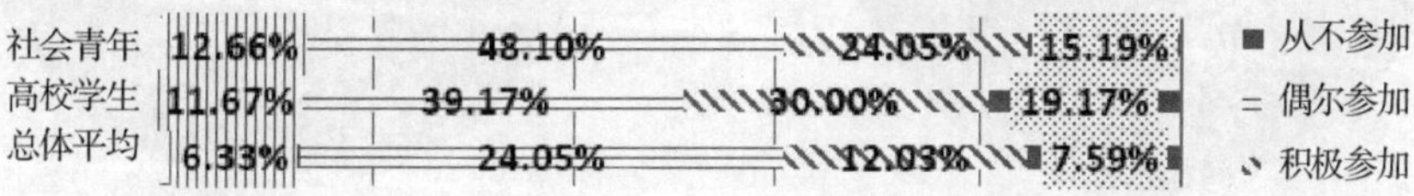

图1–2　退伍青年参与社会活动的情况

不能尽快地融入学校和社会，就难以用普通的高校学生和社会青年的视角去观察分析和解决问题，就容易造成自身“社会角色”定位的不准确。对于退伍青年来说，其第一身份首先是“自然人”，准确把握“自然人”的身份，是退伍青年重新融入高校、社会重要的第一步。

能否在遭遇困难烦恼时主动倾诉并且寻求帮助，显示了人与外界环境交互的能力。调查发现，在遭遇烦恼困难时，18%的退伍青年会主动向他人倾诉，以获得理解、支持和帮助，其中高校退伍青年比例略高，社会退伍青年仅为14%（如图1–3）。环境应对的能力越强，获得社会支持的能力越强，越有利于形成紧密的社会关系。

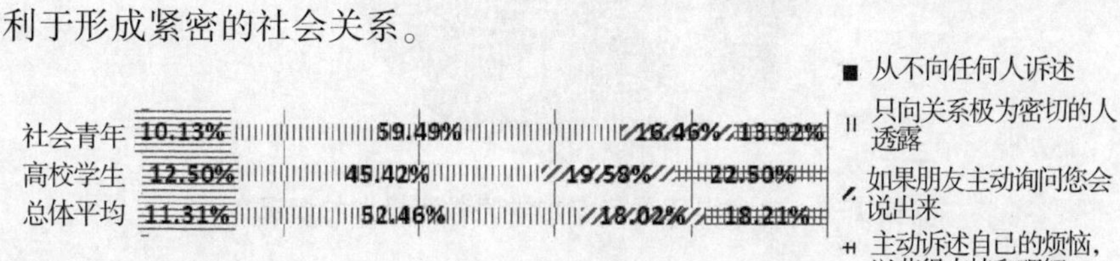

图1–3　退伍青年遭遇烦恼困难时的应对能力

2. 学习教育的水平不高

接受再教育是退伍青年回归校园、社会后的一项极其重要的社会活动。调查发现，32%的高校退伍青年在回到学校后，他们的学业成绩在专业的后50%（如图1-4），49%的高校退伍青年认为，学业是他们的主要压力来源（如图1-5）。追赶学业是高校退伍青年返校复学后的第一要务。

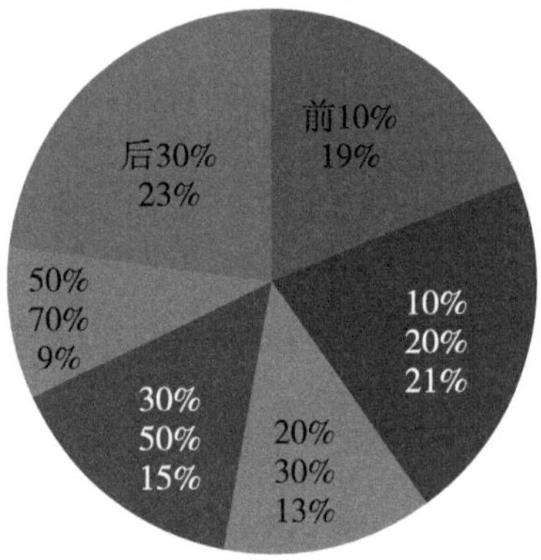

图1-4 高校退伍青年学业成绩情况

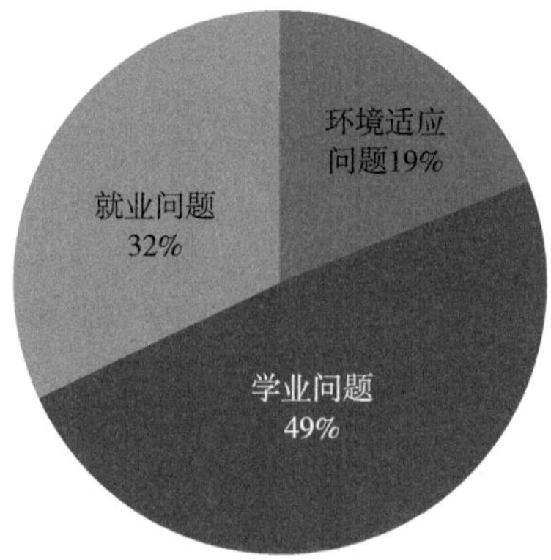

图1-5 高校退伍青年压力来源分布

面对学业与就业压力，接受再学习再教育的情况不容乐观。20%的人偶尔参加一些学习教育培训，有67%的人再没有参加任何的学习教育培训活动（如图1-6）。

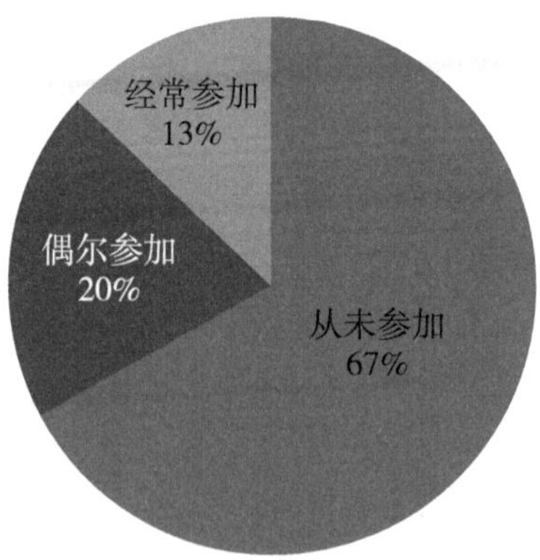

图1-6 社会退伍青年参加学习教育培训的情况

3. 综合职业素养不高

高校退伍青年和社会退伍青年普遍感到就业有压力。近年来，国家出台了一系列的大学生参军入伍优待政策，包含经济、职业、学业等各个方面。然而，在这些优待政策下，高校退伍青年的就业压力近年来依然呈现出逐渐上升的趋势（如图 1-7）。

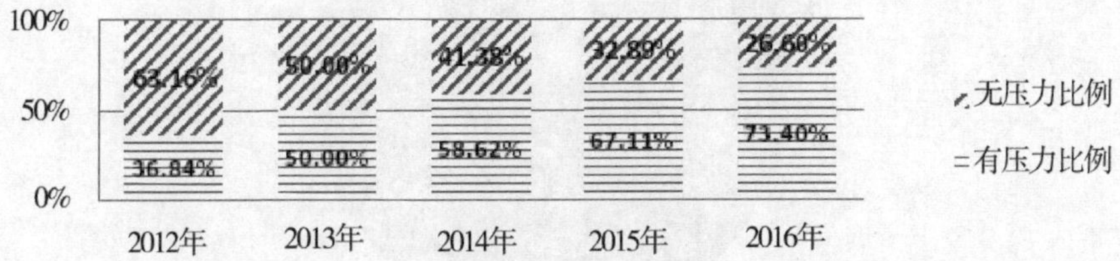

图 1-7 近五年来高校退伍青年就业压力变化趋势

在社会退伍青年中，有 54.43%的人认为自己有就业压力，其中 20.25%表示就业压力很大（如图 1-8）。在造成就业压力的原因分析中，选择工作不体面的占 34%，工作强度过高的占 19%，收入原因占 18%，工作不稳定占 19%（如图 1-9）。体面问题和强度问题是社会退伍青年最关注的两项工作指标，而这样的比例，是与社会所倡导的，以及退伍军人本身应该具有的吃苦耐劳的精神、踏实勤恳的精神是不相符的，这说明部分社会退伍青年在求职、就业的认知方面存在偏差。

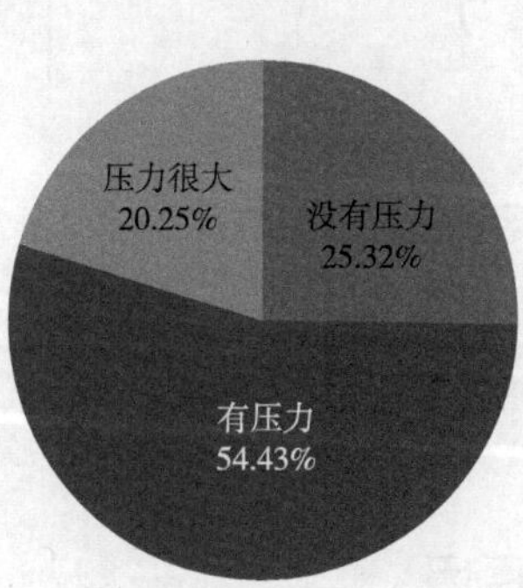

图 1-8 社会退伍青年就业压力分布

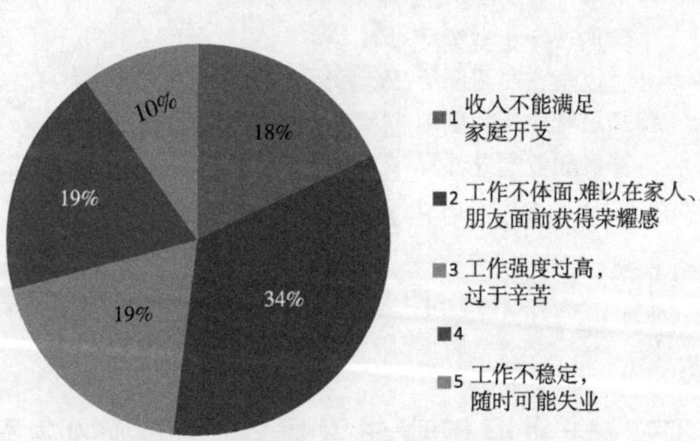

图 1-9 社会退伍青年就业压力来源

公开的人才招聘是优质企业选人用人的主要途径，对于员工的权益维护更加有保证。社会青年的主要就业渠道为：他人推荐（40%）、自谋职业（44%）（如图 1-10），“托人脉找工作”，或者“自己干点买卖”的较多。

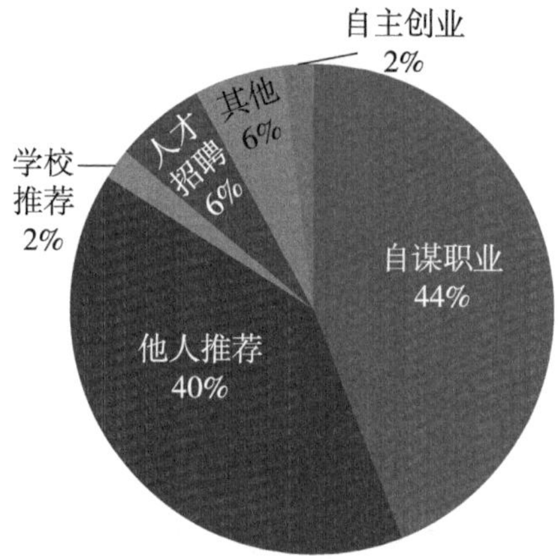

图 1-10　社会退伍青年求职渠道

高校青年的求职就业主要依靠的还是校园招聘，然而，高校退伍青年的求职素养储备明显不足，除了绝大多数人选修过职业指导类的课程以外，接受职业生涯规则指导、参加就业技能培训、进入企业实习实践、参加行业类竞赛、主动了解行业发展的比例均不足 50%（如图 1-11），高校退伍青年缺乏全面科学的就业指导。

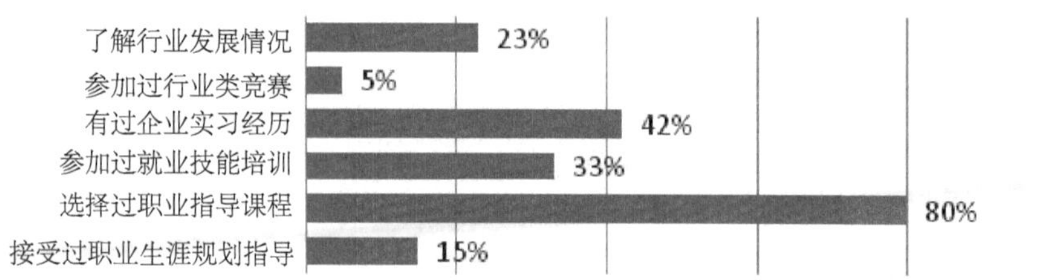

图 1-11　高校退伍青年职业素养储备情况

三、造成退伍青年发展突出问题的主要原因

1. 对退伍青年实现个人发展的认识不足

第一，国家、军队、社会组织是推动退伍青年发展的外部环境。当前，外部环境关注的重点依然仅是在“安置”那个阶段的、临时性的事务，对退伍青年的持续发展问题缺乏考虑。然而必须认识到：退伍青年的发展情况，是被即将入伍的和正在服役的青年高度关注的，已经退伍的青年能否实现持

续良好的发展，将直接影响征兵动员的效果好坏，以及服役青年能否安心服役。

第二，退伍青年自身在思想观念、理念认知方面受传统思维的影响较大，等待政府指令性安排的较多，愿意自主创业的较少，维持现有状态的较多，愿意改善自身知识结构与职业素养水平的较少。

2. 经济社会发展对退伍青年发展产生了较大影响

党的“十八大”以来，改革进入“深水区”，经济结构调整的步伐加大，经济进入了“新常态”的发展状态。

第一，外资经济、私有经济、股份制经济等其他经济形式在推动退伍青年安置与发展方面发挥的作用还远远不够。经济形式的多元化，催生了国防受益主体的多元化，外资经济、私有经济、股份制经济在国家经济生活中扮演着越来越重要的角色。但国有经济、集体经济目前依然是履行国防义务的主体。

第二，伴随着经济改革的不断深入，国有经济、集体经济自身也在发生着重大变化，企业在承担国家责任的同时，必须考虑到自身的人力成本、发展状况等实际问题，市场化的用人机制发挥着越来越重要的作用，否则就会被淘汰。这些企业在培养退伍青年成长发展中投入的人力资本、经济资本、时间资本相对于培养更具专业能力的人才、高校毕业生更高。

第三，市场化的用人机制对退伍青年的知识结构、技能素质提出了更高要求。竞争是市场化用人机制的特殊特点。2012—2016 年，退伍青年中的高校学生感受到就业压力的比例从 37%上升到 73%。尽管近年来具有高学历的大学生士兵的比例逐年增加，但职场竞争带给退伍青年群体的就业压力，并没有因为群体中高学历人群规模的增加而降低。

3. 关于退伍青年成长发展的法治体系建设不完善

《国防法》《兵役法》以及《退伍士兵安置条例》从法律层面规定了退伍军人安置工作的总体原则与具体做法，但还存在一些问题。

第一，法律法规的普适性特点，要求其需要针对全体退伍军人的共同利益、普遍问题进行规定、约束和要求。但近年来随着兵员结构的调整，退伍军人中青年数量逐渐增加，青年所呈现出的特点，涉及的发展问题显著有别于其他一般转业军人、军转干部。人大、政府部门在制定相关法律法规时，需要考虑到越发显著的特征，否则可能会造成法律法规与特定群体特点、问题与需求不适用的后果。

第二，退伍青年的退伍安置、长期发展，是具有“退伍军人”特点的社会公民的行为，那么这样的行为也应该处于法律法规的保护、要求和约束下，但已有的法律法规仅关注了作为发展起点的“安置”工作，对退伍青年长期发展的保护、要求和约束体现得还不够。

四、解决退伍青年发展突出问题的思路

1. 转变对退伍青年和退伍青年发展的认知观念

第一，作为重要的外部环境主体，军队、社会组织和社会个人需要充分认识到退伍青年这个特殊群体的特点，要帮助退伍青年在其退伍之前形成对“退伍”环节和个人角色的正确认识；社会组织和社会个人需要认识到引导和帮助退伍青年尽快地转变角色，尽快地回归社会是发展工作的首要任务。军队、社会组织和社会个人都必须认识到发展是一个持续性的过程，不是临时的、阶段性的，而是长期的、持续着的、变化着的，同时，需要对关于人的“发展”的内容有全面而深刻的理解。

第二，作为发展的主体，退伍青年自身需要转变观念，正确地认识自己，尽快地融入社会。首先，退伍青年需要破除旧的“等和靠”的思想观念，主动了解国家的大政方针、宏观政策，了解当前经济社会发展对人的要求，了解个人需求与社会需求之间的匹配情况。其次，退伍青年需要明确认识到，安置只是自己进入社会的起点，不是终点。退役后进入社会实现个人的持续发展，走好自己的另一段美好人生，是自己是在退役之后对家庭、对社会、对部队、对国家的庄严承诺，自己需要渴望发展，能够主动提出发展目标和发展需求。最后，退伍青年需要摆正心态。在国家、社会提供相关保障条件的同时，自身做好调整，以适应新的生活环境，既要树立信心、敢于竞争，还要谦虚谨慎，善于学习，使自己跟上时代的步伐。

2. 加快开展对退伍青年发展的相关研究工作

理论创新是工作实践的先导，必须加快开展对退伍青年发展的相关研究工作。自 2005 年征召高校大学生兵员以来，一些社会研究机构、高校的学者开展了针对退伍青年的研究工作，但这些研究报告的对象多限于高校退伍学生，并且在研究高校退伍学生时，也仅限于研究其如何适应大学学习生活，

如何提高就业能力。缺乏对退伍青年系统的研究工作，缺乏理论创新、前沿探索，解决退伍青年的发展问题便难以取得突破与进展。

3. 建设与经济社会发展相适应的发展保障体系

第一，充分发挥退伍士兵保险制度在退伍青年发展中的积极作用。2011年，国务院、中央军委联合颁发的《退役士兵安置条例》对退伍士兵的工龄、保险转移接续、养老保险、医疗保险、事业保险做出了明确规定，保障了退伍青年进入社会后的基本权益。保险制度是国家发展、社会进步的产物，是对人作为自然个体成长发展过程的保障，能够尽可能降低成长发展中突发性问题对自然人的损失。退伍青年的成长发展过程，必然伴随尝试、探索，理应做好应对健康、事业等问题的准备。因此，需要继续建立健全退伍军人的保险制度，特别是要建立健全能与退伍青年群体安置、发展需求和特点相适应的保险法律法规，能够尽可能地降低退伍青年在成长发展过程中可能蒙受的关于健康、经济方面的损失。

第二，及时地、持续地开展对退伍青年的心理健康引导工作。调查显示，内在的自我认知能力、自我调节水平会对退伍青年的发展情况产生重要影响，相当一部分退伍青年缺乏自信，缺乏适应环境的能力，缺乏与环境交互的能力，缺乏向环境求助的能力，然而，又很少愿意主动地寻求心理援助。退伍青年的心理健康问题越来越受到人们的重视，部分精神病学家和心理学家已经开展了对即将退伍的退伍军人和刚刚退伍的军人的心理健康的研究工作。要作为自然个人实现良好发展，就必须有准确的自我认知，有准确的社会定位，针对退伍青年，无论是高校学生，还是社会青年，都应该由政府主动统筹，由地方社会组织、高校主动开展对退伍青年的心理健康引导工作，以帮助他们尽快地转变角色，尽快地解决个人与环境之间的交互问题，真正成为社会的一员。

第三，实施再教育再学习，改善退伍青年的知识结构和水平，增强其实现个人成长发展的核心竞争力。当前，虽然已经实施了一些关于退伍军人的免费的职业教育和培训政策，但同时也必须看到，仍然缺乏针对退伍青年这个特殊群体的再教育再学习政策，退伍青年学什么、怎么学、如何考核，符合退伍青年群体的政策较少，同时在这个过程中，高校、社会可以发挥什么样的作用，如何发挥作用，社会教育培训机构可以发挥什么样的作用都没有明确，因此，必须认真研究退伍青年这个特殊群体的特点，划定人群，依托高校和社会培训机构，推出系统的、有针对性的教育学习课程，通过一定时间的再学习，逐步改善退伍青年的知识结构和知识储备，提高其在学业、职业发展中的核心竞争力。

第四，开展系统性的职业素养培训和创新创业教育，帮助退伍青年走好生涯发展的每一步。首先，市场化的岗位竞争机制对求职人的职业素养产生动态的需求，例如，相比于21世纪初期，当前职场对求职人员的信息化意识与技能的需求变得更加强烈，因此，需要开展动态的职业素养培训，这种素养，既包括必要的职业技能，也包括更为与时俱进的职业理念；其次，大力开展创新创业教育，对开展自主创业的退伍青年给予持续的指导、关怀和帮助。自主创业符合当前国家推动“双创”的总体趋势，也符合当前中央军改的总体要求。开展面向退伍青年的创新创业教育，要从理论、技术、政策、资金上给予大力的、持续性的支持，提供必要的税收和信贷优惠政策；最后，为退伍青年的职业生涯发展提供持续的、更加广阔的平台和渠道。一方面，政府需要继续发挥好总体调控的重要作用，监督社会组织、个人按照法律规定履行国防义务、为退伍青年提供职业生涯发展的岗位和平台；另一方面，政府要统筹机关、高校和各种经济形式的相关资源，将退伍青年的发展需求和整个社会的需求进行匹配，发挥好市场自主调节的积极作用。

4. 建立健全能有效促进退伍青年成长发展的法制体系

一方面，要在《退伍士兵安置条例》的基础上，从内容上增加符合退伍青年特点，与发展规律相适应的相关条款，需要进一步明确高等院校、社会组织、社会个人在退伍青年安置与发展方面必须履行的国防义务，明确退伍青年在自主创业择业过程中应当享受的税费减免，明确国家、军队和社会组织要关注退伍青年的发展状况。另一方面，要提高立法层次。当前，《退役士兵安置条例》，是开展退役军人安置和发展工作的主要依据。但严格来说，《退役士兵安置条例》是一部全国性规范，如果能上升至全国性的法律层面，使退伍士兵安置和发展方面的相关规定成为全国性法律，明确如果没有遵守相关法律，将会承担什么样的法律责任，必将更好地推动退伍青年安置工作的落地执行。

五、结语

退伍青年兼具退伍军人和青年的双重身份，是国家建设、军队建设的特殊而重要的力量。研究退伍青年这个特殊群体的发展问题，既是锁定了退伍军人中的关键性多数，同时又是将对退伍军人的关注视野从临时性的、阶段性的安置工作，延伸至长期性的工作。更加关注退伍青年作为“人”这个自然个体的成长过程，这对于维护社会稳定、军队稳定，提高兵员战斗力意义重大，是在中央军改全面启动的过程中亟须开展的一项重要工作，具有显著而重要的现实意义与战略意义。

参考文献

[1] 罗平飞. 简析当代中国军人退役安置制度面临的矛盾.《理论前沿》[J]，2005（24），5-8.

[2] 周建成. 新时期中国退役军人就业安置问题研究 [M]，2008，13.

退伍青年发展状况评价方法的数学建模

刘 刚 姜 童[①]

一、研究背景

1. 量化退伍青年群体发展评价方法的意义

2005年以来，国家面向高校征集大学生兵员，对兵员结构产生了深远的影响。2016年，义务兵数量已占我国军队规模的60%左右，20—24周岁的青年占退伍军人的近50%。退伍青年的发展问题直接关系到社会稳定，关系到人民军队建设和国家长治久安。科学有效地了解退伍青年发展状况，对于做好征兵、人才培养等工作，具有重要的战略意义和现实意义。

本文选取了部分地区高校和街道退伍青年作为研究对象，从学业发展，就业安置，心理状况，社会适应能力等方面获取了相关基础数据，通过建立数学模型，以期为量化退伍青年发展状况提供较为有效的手段，对推动安置工作的科学化、标准化发展发挥促进作用。

2. 主成分分析简介

在社会学、经济学、管理学等问题的评价中，由于各种复杂的因素都可能会对结果产生影响，且不易探讨其内部机制。[1] 主成分分析（Principal Component Analysis，PCA）这种多指标评价手段通过对大量的数据降维，实现问题的简化，是一种由表及里的数学手段，它不同于层次分析法等过于

---

① 姜童（1996—），男，北京化工大学理学院数学系本科生，研究方向：数学应用。

本文系北京化工大学—北京市东城区人民武装部“高等院校国防教育实效性工作研究”支持课题，项目编号：Z16-06。

需要主观判断的数学模型，而是依靠矩阵内部元素的数学规律解释问题，在一定程度上反映出研究对象的客观规律及属性。主成分分析是将各种对于探讨的问题可能产生影响的因素全部纳入原始指标，由于指标众多，且不同指标间也可能存在内部关联，不便于分析其内部蛛网式的机制，需要借助统计学这种宏观处理手段。通过对原始指标进行统计分析，抽提主要信息，减少指标数量，得到若干主成分，以此来计算单个个体的得分，并以此反映其发展状况。

二、主成分分析综合测评

1. 研究对象

为了简化工作，将研究对象划分为高校退伍青年与社会退伍青年。此外，为了使抽样样本的范围兼具时间与空间上的广泛性，选取了退伍时间在 2012—2016 年间的退伍青年，涵盖北京市东城区的所有高校与街道、区属企业。

2. 指标选取

为了科学全面地描述退伍青年的发展状况，不仅要考虑退伍青年自身客观状况的好坏，还需要考虑退伍青年的心理状况、自身对于客观现状以及未来发展的主观感受，因此在设计问卷指标时需要同时将客观条件与主观心理情况纳入考虑范围。以退伍青年的综合发展状况作为一级指标，也就是研究目标，它可以由自然状况、学业或职业发展状况、自我状况评估、社会支持评估四个二级指标描述，继而分别将二级指标细化为三级指标。一个个问卷题目实际上作为三级指标，对各个题目进行分类，也就是二级指标，所有的二级指标最终决定了退伍青年的发展状况。如表 1 所示，依此设计问卷进行抽样调查，得到了待研究的样本。

表 1　首都核心区退伍青年发展状况测评指标

一级指标	退伍青年发展状况			
二级指标	自然状况	学业或职业发展状况	自我状况评估	社会支持评估
三级指标	性别、年龄、民族、政治面貌、兵种、家庭条件、退伍时间、学校类型	在校生：专业选择、宿舍居住、复学手续、职位、学业成绩、学业压力、就业压力、适应情况、就业期望、深造途径等 社会青年：就业状态、工作类型、职级、月收入、满意程度、就业压力等	SCL－90 自我测评表	朋友支持、家人支持、邻居支持、团体活动

注：其中，SCL-90 量表是我国学者目前普遍采用的群体心理测评量表，采用 SCL-90 量表对退伍青年群体心理状况进行了测评，SCL-90 自我测评表包含 90 个项目，采用 10 个因子（躯体化、强迫症状、人际关系敏感、抑郁、焦虑、敌对、恐怖、偏执、精神病性和其他），每个因子对应于若干个问题，涉及退伍青年的意识、行为、人际关系、生活习惯等，通过计算平均值获得 10 个因子的得分。

3. 数据处理

数据处理采用 matlab 进行统计分析[2]。

主成分分析将众多具有一定相关性的变量重新组合为新的综合变量，将形成的第 i 个综合变量不妨设为 F_i，一般来说，F_i 中含有信息的多少可用方差衡量，在组合形成新的变量时自然可以选取方差贡献率大的综合变量作为主成分。为了使不同主成分之间所含的原有变量信息不重合，就要求不同主成分之间的协方差为 0，即 $\mathrm{cov}(F_i, F_j)=0$。

下面简要介绍 PCA 的基本步骤：

① 原矩阵标准化处理：

$$\overline{a_j}=\frac{1}{n}\sum_{i=1}^{n}a_{ij} \tag{1}$$

$$Var(a_j)=\frac{1}{n-1}\sum_{i=1}^{n}(a_{ij}-\overline{a_j})^2 \tag{2}$$

$$x_{ij}=\frac{a_{ij}-\overline{a_j}}{\sqrt{Var(a_j)}} \tag{3}$$

② 计算相关系数矩阵：

$$r_{ij}=\mathrm{cov}(x_i,x_j)=\sum_{k=1}^{n}\frac{(x_i-\overline{x_i})(x_j-\overline{x_j})}{n-1},n>1 \tag{4}$$

③ 计算特征值与特征向量

特征向量 $a_i = (a_{i1}, a_{i2}, \cdots, a_{ip})$，其中 p 为原始变量个数

特征值占全部特征值之和的比重，即方差贡献率：

$$Vc = \frac{\lambda i}{\sum_{i=1}^{p} \lambda i} \tag{5}$$

④ 主成分选择：一般来说，要求选取的主成分的方差贡献率之和应超过 80%，这样保证了综合变量包含原始变量的绝大部分信息。

⑤ 计算主成分得分：将各主成分对应的特征向量作为组合系数，将标准化的数据进行线性组合得到得分。

4. 退伍青年发展状况评分

① 计算 PCA 得分

利用上述原理对所得样本进行分析，在保证主成分所含信息大于 80% 的前提下，在校大学生退伍青年的评价体系由 63 个指标线性组合得到 25 个主成分，非在校退伍青年的评价体系由 62 个指标线性组合得到 18 个主成分，各主成分贡献率如表 2、表 3 所示。

表 2 在校生退伍青年评价的主成分选取结果

	F1	F2	F3	F4	F5	F6	F7	F8	F9
特征值	10.70499	9	4.944185	3.80254	2.908854	2.662985	2.050825	1.851284	1.717363
方差贡献率	0.175492	0	0.081052	0.062337	0.047686	0.043655	0.03362	0.030349	0.028153
累计方差贡献率	0.175492	0	0.396249	0.458585	0.506272	0.549927	0.583547	0.613896	0.64205
	F10	F11	F12	F13	F14	F15	F16	F17	F18
特征值	1.620825	2	1.38014	1.289736	1.170257	1.12384	1.055984	0.942425	0.913811
方差贡献率	0.026571	0	0.022625	0.021143	0.019185	0.018424	0.017311	0.01545	0.014981
累计方差贡献率	0.66862	1	0.716292	0.737435	0.75662	0.775043	0.792354	0.807804	0.822785

表 3 非在校退伍青年评价的主成分选取结果

	F1	F2	F3	F4	F5	F6	F7	F8	F9
特征值	8.017791	4.770206	3.787877	3.294859	3.115392	2.724189	2.08337	1.996735	1.821908
方差贡献率	0.127267	0.075718	0.060125	0.052299	0.049451	0.043241	0.033069	0.031694	0.028919
累计方差贡献率	0.127267	0.202984	0.263109	0.315408	0.364859	0.4081	0.44117	0.472864	0.501783
	F10	F11	F12	F13	F14	F15	F16	F17	F18
特征值	1.714864	1.667246	1.589139	1.431463	1.341026	1.321978	1.251444	1.189148	1.142671
方差贡献率	0.02722	0.026464	0.025224	0.022722	0.021286	0.020984	0.019864	0.018875	0.018138
累计方差贡献率	0.529003	0.555467	0.580692	0.603413	0.624699	0.645683	0.665547	0.684423	0.70256
	F19	F20	F21	F22	F23	F24	F25		
特征值	1.023773	0.985319	0.917114	0.894836	0.878977	0.845244	0.786808		
方差贡献率	0.01625	0.01564	0.014557	0.014204	0.013952	0.013417	0.012489		
累计方差贡献率	0.718811	0.734451	0.749008	0.763212	0.777164	0.79058	0.803069		

通过将得到的主成分按照方差贡献率进行降序排列，并依次计算累计方差贡献率，直至所选取的主成分足以反映原始变量的 80% 以上的信息。这时

可以认为，主成分的方差贡献率反映了各个主成分在评价体系中的权重。

第 i 个问卷个体在第 j 个主成分的得分：

$$F_{ij} = a_{j1} x_{i1} + a_{j2} x_{i2} + \cdots + a_{jp} x_{ip}$$

将各个主成分的得分加和得到总得分：

$$F_i = \sum_{j=1}^{K} F_{ij}$$，其中 K 为选取的主成分的个数

具体结果如图 1，图 2。

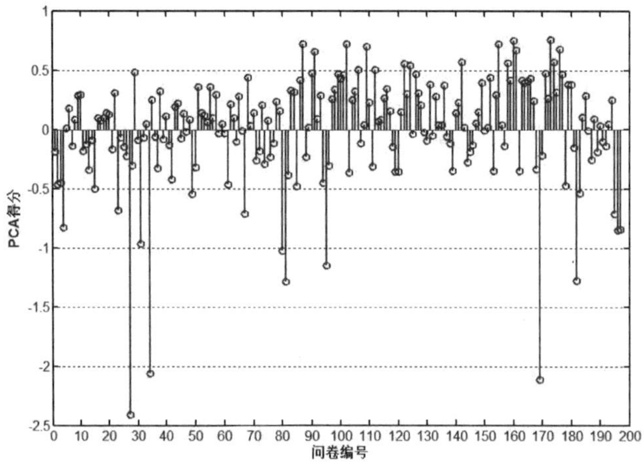

图 1　在校大学生退伍青年的主成分测评得分

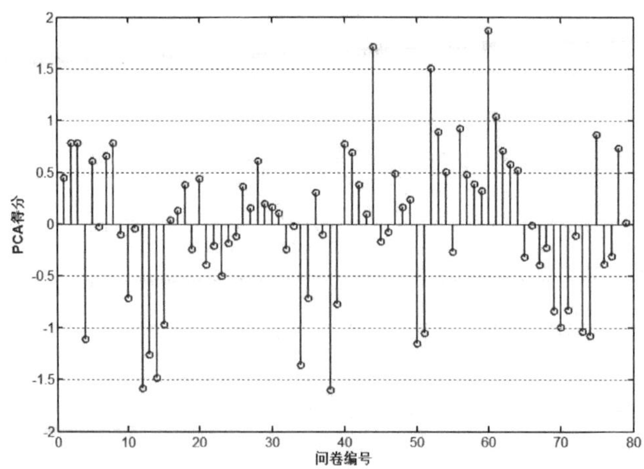

图 2　非在校退伍青年的主成分测评得分

图 1 和图 2 分别显示了接受问卷调查的 200 名在校大学生退伍青年样本以及 79 名非在校退伍青年样本在本综合测评体系下的得分，得分越高的个体预示着发展状况越佳。

接下来，对于本综合体系中各个二级指标的权重进行了分析，通过求解各原始变量对于各主成分的载荷矩阵，取元素绝对值与主成分的方差贡献率向量相乘得到原始变量的权重，通过分类加和得到二级指标权重，具体结果如图 3、图 4。

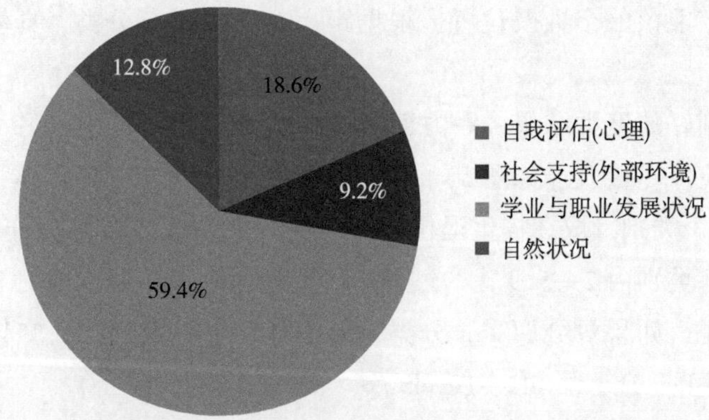

图 3　在校大学生退伍青年评价体系中各二级指标的权重

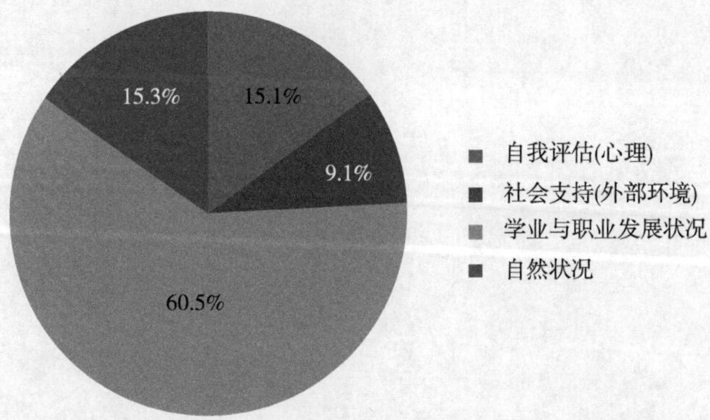

图 4　非在校大学生退伍青年评价体系中各二级指标的权重

由图 3 和图 4 可以看出，对于评价结果影响最大的为学生群体的学业与职业发展状况、非学生群体的就业状况。在两个群体的综合评价体系中，各二级指标的比重分配基本一致，在一定程度上体现了两者的统一性与本模型的适用性。

现在得到了选取样本的主成分得分，仅从单个个体的得分看，尚且无法给出其发展优或劣的结论，发展的优劣一定是就其所在的体系中比较而言的，接下来将整个体系中所有个体的得分作为出发点，评价个体的发展状况。

② 聚类分析

聚类分析是利用数据相似性进行分类的一种多元统计方法，本模型中采用的K-均值聚类，是通过不断地循环寻找聚核，计算其他元素到聚核的距离，最终确定聚核的个数及位置，根据距离对样本进行分类，具体方法不再赘述。

为了得到好的聚类结果，一方面所分的类别应该要适中，另一方面各类别的轮廓值应该尽量大（如图5）。常识告诉我们，对于一个群体，往往将其划分为2—5个类别。取在校生退伍青年所在样本空间进行聚类分析，由图6可以看出，在类别由2—5变化的过程中，平均轮廓值下降，但对于本文所讨论的问题来说，如果只分两类，分类效果不佳，于是我们将研究体系下的样本分为3类：Level1、Level2、Level3。

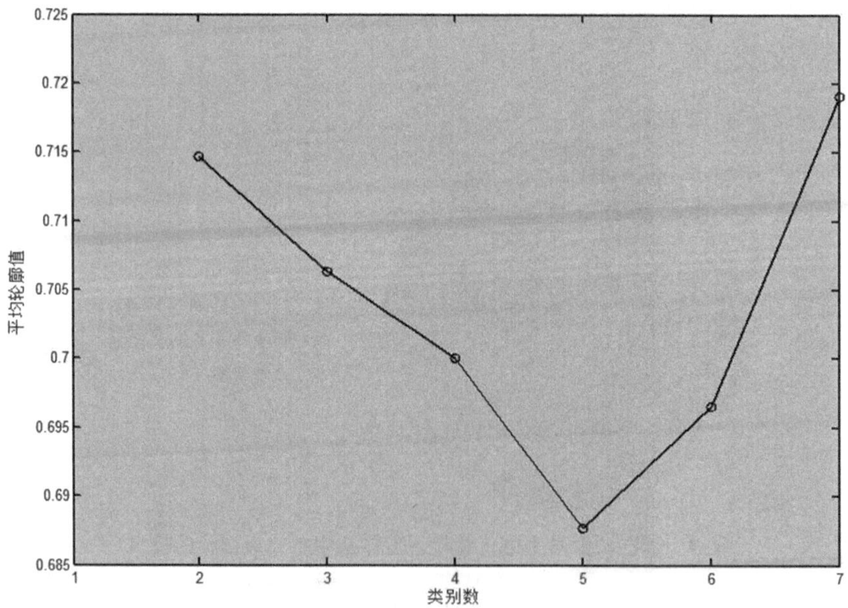

图5 平均轮廓值与聚类类别数的关系

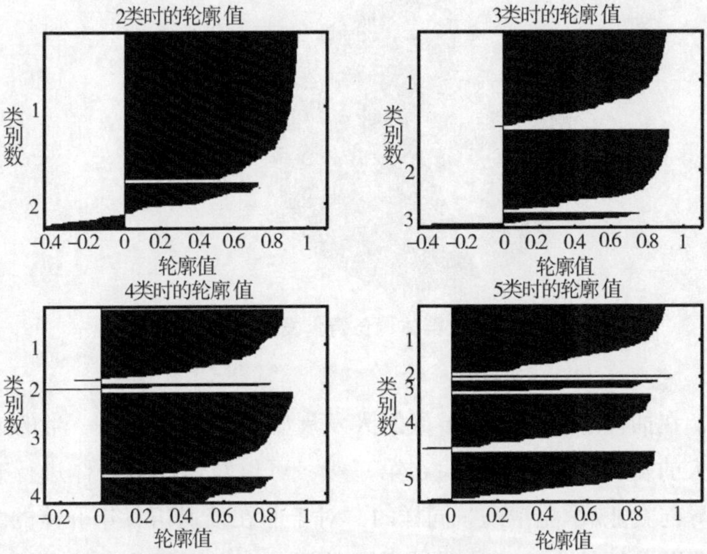

图 6　类别为 2~5 时每类的轮廓分布

通过聚类分析，我们可以清楚地看到不同问卷对应不同得分后被划分至不同的类别，通过统计不同类别的问卷个数所占比例，得到该研究群体中退伍青年的发展总体情况（如图 7 和图 8）。

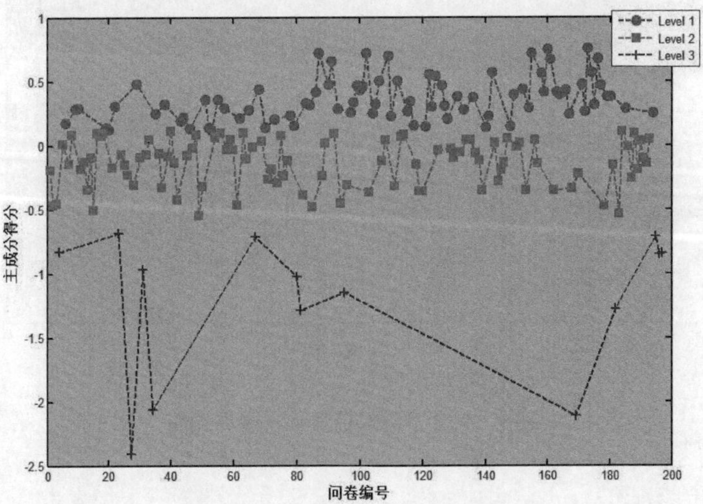

图 7　高校群体退伍青年发展聚类

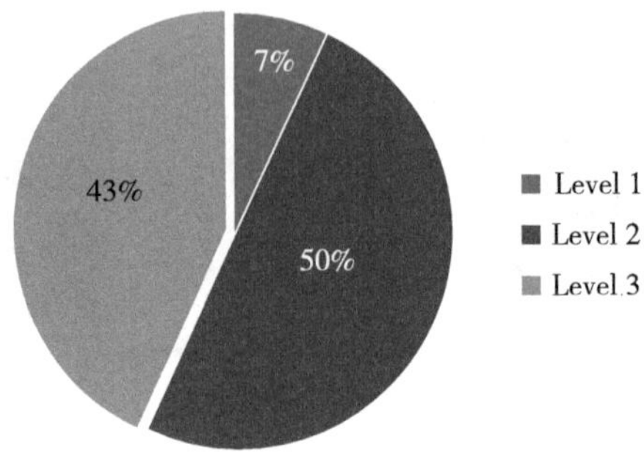

图8　高校群体退伍青年发展状况分级

可见，在抽样总体中，近半数的人发展状况符合期望，一半的人发展良好，少数人的发展状况评分停留在第三级，可以对这部分群体进行有针对性的心理辅导与就业/学业帮助。同样的，对于非在校退伍青年群体的分析，首先采取主成分分析的方法，然后进行聚类划分，得到了非在校退伍青年的个体发展情况及得分的总体分布情况（如图9和图10）。

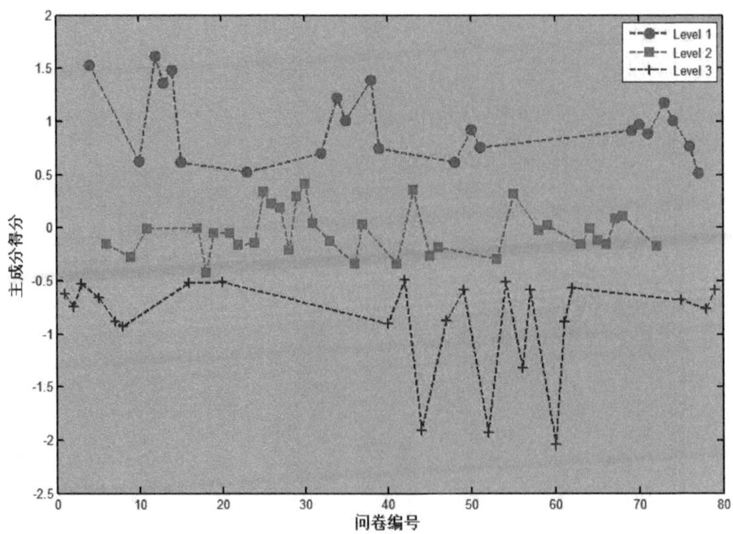

图9　社会群体退伍青年发展聚类图

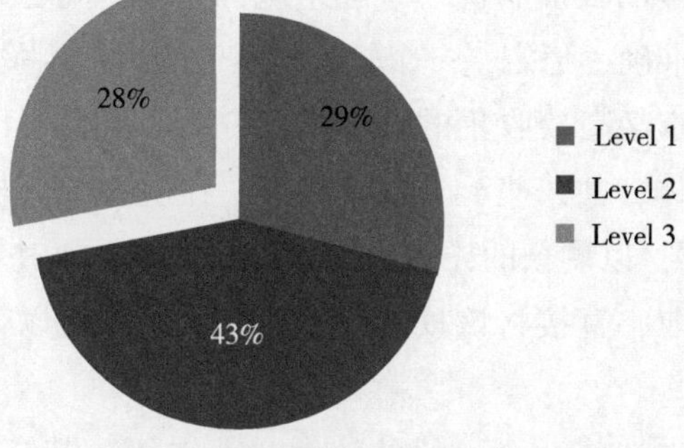

图 10 社会群体退伍青年发展状况分级

③ 群体发展评估

聚类分析实现了对单个群体内的个体发展等级的划分，在进行宏观决策时，简单地从饼形图比例分析无法量化给出该群体发展的优劣程度，引入群体的得分指标衡量该群体的总体发展水平至关重要。上文中，每一个群体内均被划分为三个等级，取每一等级的 PCA 得分期望值，衡量该等级中人员发展的平均水平。

为便于统计，在讨论每个群体时，将已有的得分转化为 10 分制，取第一等级的聚类中心点 PCA 得分 $C(1)$ 对应于为 10 分，第三等级的聚类中心点 PCA 得分 $C(3)$ 对应于 0 分，则第二等级综合得分为 $\frac{C(2)-C(3)}{C(1)-C(3)}\times 10$。将每个等级得分与该等级人数比例相乘，并求和，求和结果 S 衡量该群体的总体发展状况。

$$S=\sum_{i=1}^{3}p(i)\,s(i)$$

$$s(1)=10,\ s(2)=\frac{c(3)-c(2)}{c(1)-c(2)}\times 10,\ s(3)=0$$

注：$p(i)$ 为第 i 等级的人数占比，$s(i)$ 为该等级的聚类中心点的 10 分制得分

④ 模型的应用——以在京某高校为研究群体

在后续工作中可能只对某一个特定的群体感兴趣，而且对于个体而言，关心的往往是其在自身群体中的表现，比如学校类型的差异使两校的个体之间得分比较的意义不大。利用本方法进行测评分级时，可以直接借助上文分析得到的一些内部参数，包括选取的主成分个数、各主成分对应的特征向量

等，分析该目标群体的发展状况。一般来说，样本空间越大，那么基于它给出的指标间关系越准确、稳定，一个较小样本中的指标相关性可能并不理想。

接下来，以在京某高校收集的样本为例说明。需要指出的是，对于在校大学生退伍青年群体，共采集到 240 个样本，在上文的分析中，事先剔除该校的 43 个样本数据，以剩余的样本为依据建立模型。通过对于这 197 个样本的分析及主成分选取，直接将该校的样本代入，进而可以得到目标群体的测评结果及分级情况。

简单来说，首先选取一个可信的较大样本空间（其余三校 197 个样本）建立了一个“方法”，然后将目标群体数据（测试高校的 43 个样本）带入方法计算得分，这种处理问题的模式大大简化了后续工作。

通过对该校的问卷数据进行分析，首先得到了个体对应的 PCA 得分，然后进行聚类分析，得到各等级人数所占比例（如图 11 至图 13）。

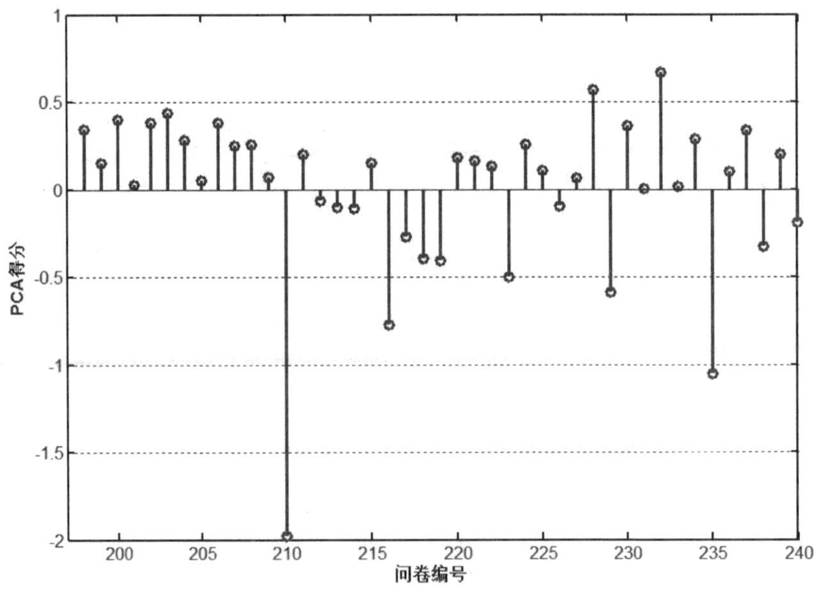

图 11　在京某高校样本分析计算得分

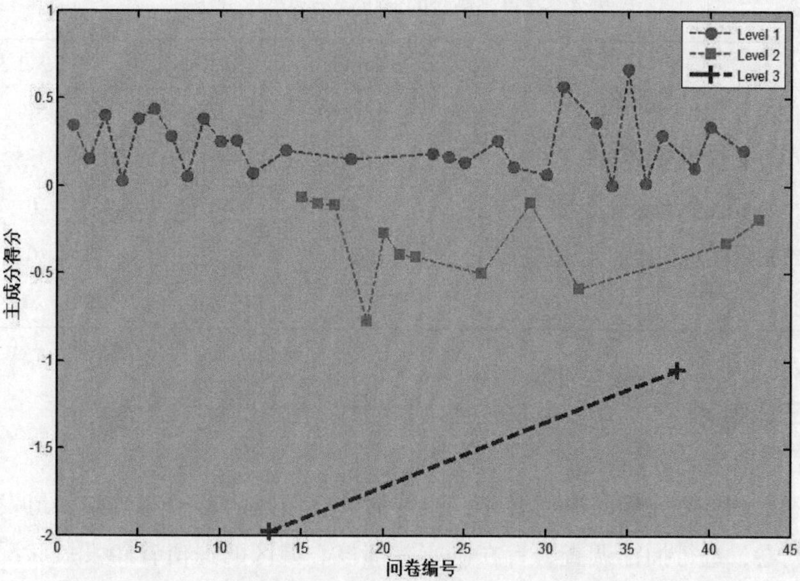

图 12　在京某高校样本聚类分级图

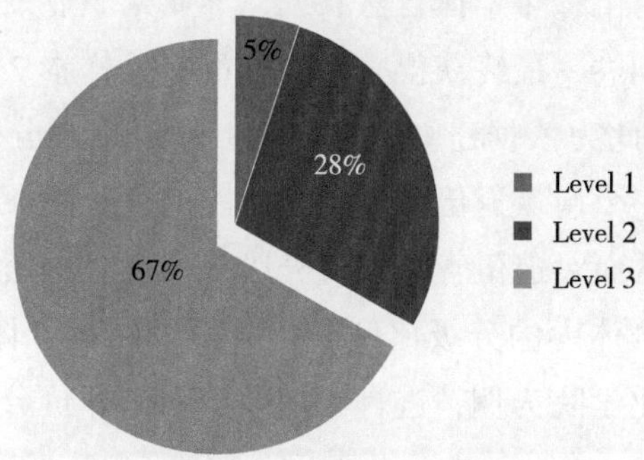

图 13　在京某高校样本聚类分级饼形图

这样，求得在在京某高校的退伍青年群体综合发展得分为 8.61，评价等级良好（如表 4）。同样的，其他群体也可仿照本法计算综合发展得分，从而为退伍青年安置工作提供指导。

表 4　在京某高校的退伍青年的群体分析

	Level 1	Level 2	Level 3
人数占比	67%	28%	5%
聚类中心 PCA 得分	0. 24	−0. 32	−1. 52
聚类中心 10 分制得分	10	6. 84	0
各等级贡献得分	6. 7	1. 91	0
群体得分		8. 61	

三、结语

本次调查研究面向退伍青年，向首都核心城区的若干高校与街道发放了调查问卷，进行抽样调查，旨在研究首都核心城区的退伍青年发展状况，一方面为征兵决策、人才培养提供指导性的手段，另一方面是通过对退伍青年这一特殊群体社会适应状况的关注，提供合理有效的政府支持。

通过发放涉及退伍青年个体自然状况、学业或职业发展状况、社会支持与自我心理测评的问卷，最终获得来自高校的有效样本 240 个，来自街道的有效样本 79 个，以此为依据建立数学模型。通过主成分分析等多元统计手段，最终可以给出一个衡量退伍青年发展状况的评分手段，通过对得到的分数进行聚类分析，从而对退伍青年进行分级，实现对退伍青年个体发展的评价，进一步地，对群体内的分级比例进行分析得到了群体发展的评价指标。本文以北京政法职业学院为例，进行了细致全面的评价分析，为后续工作提供了指导。

本文对于退伍青年问题的分析在既有工作基础上向前迈出了一大步，不再仅局限于问卷的表面数字特征，而是首次利用数学模型分析数据之间的内部联系，得到一个综合指标进行量化评价，是一次开创性的尝试。

参考文献

[1] 李靖华，郭耀煌. 主成分分析用于多指标评价的方法研究——主成分评价[J]. 管理工程学报，2002，16（1）：39-43.

[2] 张敏，李陶深，钟淑瑛. 基于 Matlab 的主成分分析方法（PCA）的实现［J］. 广西大学学报（自然科学版），2005（S2）：74-77.

[3] 李姝湲，董航，李高明. 基于主成分分析与星座图的军人心理研究［J］. 兰州交通大学学报，2015，34（6）：106-111.

[4] 张文霖. 主成分分析在 SPSS 中的操作应用［J］. 市场研究，2005（12）：31-34.

理工科大学生参与军工国防项目安全意识的培养路径研究

王一丹[①]　贡永帅[②]　张　建

21 世纪全球化迅速发展，国际竞争激烈，国际矛盾突出，导致国家安全问题日趋复杂。科学技术与国家的发展和社会的进步密切相关，因此科技安全成为国家安全的重要组成部分，也越来越被人们重视。随着高校与企业产学研合作的发展，高校已成为科学技术发展的重要基地之一，理工科大学生在校学习中难免会接触，甚至参与到军工、国防类项目中。又因互联网时代，信息传播迅速便捷，大学生思想不够成熟，价值观还在形成中，容易受到外界信息和环境的影响。基于这些情况，理工科大学生在参与军工国防项目时可能会泄露国家科研机密，因此，这也给理工科大学生参与军工国防项目安全意识的培养带来一定的挑战和压力，同时也带来了机遇。

一、理工科大学生的特点

1. 价值观尚未完全确立

当代理工科大学生多数是“95”后，处在一个多元文化激烈碰撞的时代。信息的广泛传播导致西方思想文化和价值观念的渗入，使社会环境复杂，舆

---

① 王一丹（1993—），女，北京化工大学材料科与工程学院思政辅导员，研究内容：大学生思想政治教育。

② 贡永帅（1992—），男，北京化工大学材料科与工程学院思政辅导员，研究内容：大学生思想政治教育。

本文系北京化工大学—北京市东城区人民武装部合作项目“高等院校国防教育工作实效性研究”（项目编号：Z16-06）阶段性成果。

论压力大。而当前，“95”后理工科大学生正处在成长的特殊时期，思想不够成熟和稳重，且具备一定的文化知识，有很强的学习能力和学习动力，思维活跃，容易受到外界环境的干扰。其次，理工科大学生更多关注理工学科知识的学习和应用，对思想政治理论学习不重视，且因年龄较小，人生阅历浅薄，社会经验缺乏，所以还处于世界观、人生观、价值观形成的过程中。

2. 技术应用能力强

学校是科学技术研发的重要基地，与综合性、人文类高校相比，理工科高校更重视科学技术的研发和科技产品的应用。随着网络时代的到来和信息技术的发展，理工科大学生自身对科技知识和软件技术的掌握比较感兴趣，同时学校环境也给学生提供了理论学习与实践应用的平台和机会。另外，理工科大学生工科功底深，逻辑思维活跃，学习能力强，易接受新鲜事物，创新意识和创新精神强。因此，在当今科技迅速发展的时代，理工科大学生技术应用的能力较突出。

3. 信息素养较低

信息素养是指使人能更有效地选择、查找及评估传统或网上资源的技巧，简单说是人们对信息的获取、辨别、筛选、应用、交流与保存的一种技能。随着信息时代的到来，信息素养的高低决定着一个人的竞争力强弱，高校肩负着培养祖国栋梁之材的任务，所以高校学生的信息素养高低影响着人才培养的质量和祖国未来的发展。当前，理工科高校学生擅长获取信息，但缺乏对信息的筛选、辨别、加工等能力，信息素养较低。

二、理工科大学生参与军工国防项目安全意识现状和挑战

互联网时代，QQ、微信、微博等新媒体平台的发展使信息的获取和扩散更加简便快速，高校对于学生参与军工国防项目安全意识的培养面临一定挑战。

1. 互联网时代存在信息安全隐患

互联网给信息传播提供了快速且便捷的方式。第一，它解决了传统信息传播存在的时间和空间上的限制性，真正实现了世界一体化。第二，信息传播速度快、效率高、多元化。用户只需通过一部手机或一台计算机在有网络的情况下就可以实现一键发送或接收。第三，信息容易呈现爆发式传播。以

一点为中心，以复杂的人际关系为依托，形成球形扩散，扩大了信息在人群中传播的广度。第四，网络的开放性、互动性和虚拟性导致信息传播存在一定的安全隐患。每一个使用者既是信息的接收者同时也是信息的传播者、发布者，容易造成碎片化信息、虚假和不良信息等的快速广泛传播，产生网络舆论。互联网时代信息传播方式使理工科高校学生不经意的行为而泄露国家机密或获取不正当信息损坏影响科技研究的风险增加，造成科技安全的隐患。

2. 高校安全教育的淡化

理工科大学生参与军工国防项目的安全归根结底属于国家安全范畴，而国家安全是国防教育内容之一，当今高校思想政治教育已实现对学生的国防教育，但仍然大多还只是停留在军事训练以及理论课阶段，容易忽略对高校学生国家安全意识的教育和培养。部分高校虽然开展国家安全相关教育，在学校教育教学中相应提出要求，但在操作中，老师的不重视和学校监管制度的松懈使教师失去了教育的动力使学生失去了学习的欲望，高校作为学生思想政治教育的主要阵地需要肩负起国家安全意识培养的责任。

3. 法律意识淡薄带来隐患

对于大部分理工科高校学生而言，法律知识较为薄弱，还存在对法律的不正确认识，在接触军工国防项目时，往往没有保密意识和法律知识，如存在随手拍照、传播或盗取科研项目的内容，被不法分子利用，导致机密泄露的情况。

三、理工科大学生参与军工国防项目安全意识的培养路径

1. 健全完善组织领导机构

学校应建立完善组织领导机构，负责军工国防项目安全意识教育，由专门校领导和部门负责相关教学、考核制度的制定，从学校领导、教学老师、实验室导师等全方位多层次地实现对学生的培养。将这种安全意识培养纳入学校人才培养规划中，奠定其在学校人才培养中的地位，从学校层面全力支持和指导。倡导重视参与军工国防项目的安全意识的校园氛围，充分利用新生入学教育活动；传达参与军工国防项目安全的思想，初步形成人人重视安全的校园风气；开展养成教育，在课程规划中逐步培养学生参与军工国防项目的安全意识；开展寓教于乐的校园文化活动，提升学生参与军工国防项目

安全意识。

发挥教师的引导和监督作用。教师是科技文化知识的传播者，一方面要给学生传授参与军工国防项目的安全知识，包括相关法律，另一方面要监督学生的行为，通过言传身教的引导方式培养学生的意识。另外，在理工科高校，以实验室为单位的科研平台，是培养参与军工国防项目安全意识的重要阵地，教师在指导学生开展科研工作的同时需要注重对学生安全意识的培养，既保障科研成果又保护国家科技安全不受侵害。

2. 完善奖励惩罚制度

奖励惩罚制度是最好的促进剂，并且对于参与军工国防项目安全问题来说，一旦出问题关系到国家的利益，所以学校对于为科学技术保密工作做出贡献、成绩显著的集体和个人，应当给予一定的奖励；对于违反国家保密规定的行为，应当给予严厉的批评和教育；对于情节严重者，甚至给国家安全和国家利益造成危害的，应当依照相关法律、法规给相关责任人以行政处分；如有触犯刑事法律的，应交由司法部门追究其刑事责任。

3. 以学生为主体实践“三自一保”

在参与军工国防安全问题方面，理工科高校学生首先要做到“自律”，不主动打听与国家安全密切相关的科研事项，在实验室中不该看的不看，不该问的不问，不该带的不带，不该记录的不记录。进入有机密科研任务的实验室不随便拍照录视频等，更不能将其上传至网络。其次，做到“自主”，调动学生的积极性，培养纯粹的科研理想，为实现理想而付出努力；走出校门组织开展宣传实践活动，可以实现学生对社会风气的影响和自我的培养。最后是“自查”，每天每星期每阶段都要对所涉及的机密科研项目做自查，例如，进出实验室要检查自身有没有安全隐患，如通信工具会不会成为泄密的帮凶，“一保”则指“保安全”，我们是中华儿女，保护自身和国家安全、维护民族利益是当代大学生应有的责任和担当，只有国家强大我们的生活才更有保障。

4. 利用新媒体创新教育方式

网络的迅速发展，成就了新媒体时代的到来，新媒体为思想政治教育提供了广阔的渠道，可利用QQ、微信、微博等网络平台有意识地表达并传递思想政治教育的内容，使学生能够随时随地、有兴趣地学习和接受。新媒体使思想政治教育变得更为便捷，不仅体现在学生得到和传播信息的快速性上，更体现在老师与学生沟通交流的时效性上，老师可通过网络平台及时发现并实时跟踪学生的表现和心理反应，选择合适时机，加强引导和教育。因此高校应拓展依托新媒体创新理工科大学生参与军工国防项目安全意识的培养和教育。

理工科的学科方向关系到国家经济发展的基础和长远的发展前景，因此，在科学技术快速发展的现在，对理工科大学生参与军工国防项目安全意识的培养显得尤为重要。高校需充分发挥学校、教师、学生三者的特点，做到顶层设计与基层实践相匹配，他人引导与自我教育相结合，让教育与责任同行，法律与义务同在，从而实现增强学生安全意识的目标，保障科技安全、个人安全，从而实现国家安全目标。

参考文献：

[1] 傅贵. 安全管理学. 安全文化定义，127.

[2] 舒建，吴誉兰. 江西理工科高校信息素养教育模式探析［J］. 2013（27）：20-21.

[3] 林聪榕，李自力. 科学学与科学技术管理［J］. 2007（12）：102-106.

第三章

实践探索

高校《军事理论》课教学面临的突出问题与对策研究

张　建　王文君　戚昊辰①

近年来，随着当代军事理论和信息时代的飞速发展，高校《军事理论》课在课程设计、授课水平、教学方法方面都取得了长足进步。党的“十八大”以来，我国加快了国防和军队现代化建设，对于高校《军事理论》课程教学提出了更高的要求，面对国防建设和军队建设的新形势和新情况，高校《军事理论》课的教学面临巨大的机遇与挑战。

一、高校《军事理论》课教学中面临的突出问题

当前，大学生正处于重大变革时期，他们获取军事知识的渠道广泛，信息和知识的更新速度已经远远超过了教材的更新速度，学生要求授课的模式和方法更加多元化和精细化，而高校《军事理论》课程的改革和创新相对迟缓，致使在课程教学中出现了诸多问题，如课程内容单调、枯燥，课程脱离学生生活实际，课程教学缺少互动，学生对课程兴趣不浓厚等[1]。

（一）对《军事理论》课的认识不到位、重视程度不够

《军事理论》课是国家规定的高等学校教学活动中的一门必修课，是开展国防教育的主渠道，更是高校开展思想政治教育工作的有效途径之一，学校

---

① 戚昊晨（1988—），男，北京化工大学生命科学与技术学院思想政治辅导员，研究方向：大学生思想政治教育，国防教育。

本文系北京化工大学—北京市东城区人民武装部“高等院校国防教育实效性工作研究”支持课题，项目编号：Z16-06。

必须高度重视。在实际工作中，一方面，由于多种原因，《军事理论》课的建设情况不容乐观：一些高校负责同志对国防教育工作以及《军事理论》课的重要性认识不足，甚至存在误区；有的高校缺乏相应的教育组织机构，有的虽有“军事教研室”，但作用发挥不多，形同虚设；课程安排受到“歧视”压缩，有些高校往往通过大讲座、大报告取代正常的班级教学；授课教师队伍建设停滞不前，教师待遇和教师发展严重滞后；缺乏相应的教学研究，教学创新十分不足。另一方面，《军事理论》课作为一门理论性较强的课程，涉及多方面知识，涵盖了古代、近代以及当代军事思想，国内、国际军事情况、武器装备和国防科技等内容，由于课程设置、教学手段和教师水平等多方面原因，学生学习课程之前，加之大多数学生较少接触军事知识，对《军事理论》课的了解不足，认识不深。

（二）课程教学手段单一，难以引发学生兴趣

网络时代使大学生获取国防相关知识更加便捷，学生获取信息和知识的手段日益丰富，学生的授课要求也相应提升。但是，由于国防信息本身的保密性和网络渠道的不准确性，大学生获得的军事相关内容往往具有片面性和不准确性，难以通过网络掌握完整的、准确的国防概念和军事理论思想。针对这些特点，高校只有进一步丰富教学手段和方法，才能满足学生对于课程的需求。

当前，高校《军事理论》课主要通过任课教师进行讲授，辅以幻灯片进行授课，由于教学人员、课程组织等原因，高校《军事理论》课不乏几百人上课的“大场面”，在授课技巧方面，教学手段单一严重影响了学生学习的积极性，互动少，提问少，一些扩展性问题也鲜有设置，难以形成讨论和互动，使整堂课程教学效果不佳。一些高校《军事理论》课实行主题授课制，即每一节课由不同的老师讲授不同主题，由多名教师共同完成整个课程的教学工作，难以形成统一的授课风格，对于学生学习效果有一定的影响。同时，在课程设置和教学内容方面，基本都是在课上完成所有的教学任务，课后的学习内容过少，很难在学生中形成比较强的课堂教育和课后学习的互补，尤其是针对课堂学习内容开展的活动十分缺乏，整体使课程学习效果较难达到预期。

（三）教师水平参差不齐，教学模式过于松散，难以满足学生需求

高校《军事理论》课授课教师构成有三种模式：一种是全部由现役军事教官授课；一种是由现役军事教官与学校自有教师共同授课；一种是全部由学校自有教师授课。学校自有教师又分为两种情况：一种是专门的只讲《军事理论》的教师，这些教师往往是退役军人，或是军事学专业教师；一种是由校内非军事专业的其他教师，如思想政治教师、体育课教师兼任。而后者占大多数。非军事专业的教师，尽管有浓厚的军事兴趣，但限于知识储备与自身经历，授课的水平和能力都有一定的局限性。

（四）课程理论教学与其他国防教育实践活动联系不紧密

目前，将《军事理论》课作为一门独立的课程开展教学，授课内容基本是在课堂上完成，学生没有课后相关的要求和内容。高校尚未将《军事理论》课学习与征兵、国防宣传、军事社团建设等实践活动有效结合或是结合不紧密，使《军事理论》课的教育教学仅限于理论层面，没有深入学生的生活中，难以提升教学效果。

二、提升高校《军事理论》课教学效果的途径

（一）高度重视《军事理论》课建设，健全完善课程教育教学体系

高校必须高度重视《军事理论》课建设，主要负责同志要认识到《军事理论》课的重要意义，要认识到《军事理论》课的特殊性，要将建设好《军事理论》课作为一项重要任务抓。一是要积极建设高校军事教研室，组建军事课教学团队；二是要提升课程教师的理论水平，特别是提升非军事专业的授课教师的理论水平，加强学习培训，强化知识积累，开展军事项目体验；三是在大纲基础上，进一步完善课程体系；四是深入开展调研，掌握学生需求；五是加强关于课程建设的相关理论研究；六是组织开展国防知识方面的讲座报告；七是通过征兵、国防教育类学生组织建设、军训等内容，在校园中营造国防氛围。

（二）结合学生专业，拓展学习方式方法，提高学生学习课程的积极性

《军事理论》课涉及多方面知识，很多内容与学生所学专业相关或相近，可以通过将军事方面的理论和专业知识结合，增加学生学习兴趣点。教师还可以结合学校背景，让学生结合自己的专业进行研讨，提升课程的精彩程度，改善学习效果。通过将军事知识与专业技术相结合的讲解，帮助学生对自己所学专业有更深刻的认识，对军事理论、国防科技有更多的了解。比如，对于理工科专业的学生，在讲授军事高技术和信息化战争时，可以增加相关专业和技术在国防中的用途；对于文科专业的学生，可以在军事思想和国际战略环境中进行侧重讲解，帮助学生掌握课程内容。

（三）深化课程改革，提升教学质量

推进课程教学模式改革，实行学生学习效果的过程评价，改变单纯依靠考试评价学生学习效果的模式，将“日常考勤、课堂作业、课程论文、课程考试”四部分进行结合，加强对学生平时学习情况的考察考核，综合评价学生的学习效果。

（四）统筹资源，丰富课程教学内容

军事理论课作为一门课程，是国防教育开展的重要内容，同时，也是综合其他国防教育资源，开展相应工作的重要纽带，通过对课程的讲解，可以加深学生对当代军队国防建设成果的了解促进征兵动员、军事社团活动等其他方面国防教育的开展，也促进学生对于军事理论课程的了解和认识，激发学生对于学习军事理论课程的兴趣。

积极利用网络资源，加深学生对于军事理论课程的认识和了解，尤其是在课后，通过各方面的网络资源，例如通过微信、微博等微媒体引导学生对于课程进行更全面、更广泛的认识，促进高校国防教育的整体推进[2]。以2015年底至2016年初我国军种和战区的变化为例，教材没有涉及相关内容，而相关网站和公众号都给予了介绍，可以让学生关注相关的网络资源，例如各大门户网站的军事版块，各个军事公众平台号，增进学生对于自己所学习内容的掌握，丰富学生的知识结构，促进学生学习的兴趣和效果。

参考文献

[1] 刘瑞. 内蒙古地区高校军事理论教育的困境及对策 [J]. 内蒙古统计, 2015 (5): 26-28.

[2] 张艺腾. 微媒体背景下的高校国防教育新探索 [J]. 长春教育学院学报, 2015, 31 (18): 23-25.

新媒体环境下《军事理论》课教育教学途径研究

张　力[①]　丁贞栋[②]

"国无防不立，民无兵不安"，高校设立《军事理论》课是开展大学生国防教育的主要途径和手段之一。《军事理论》课采取课堂教学的模式，使大学生了解军事知识，掌握国防动态。新媒体的出现，有利于增强教育主客体的交互，改变灌输式、说教式的教育，营造和谐的教育氛围，提高《军事理论》课教育教学质量。

一、当前《军事理论》课教学面临的问题

（一）教学方法简单，课堂吸引力不足

教学方法是教学体系的重要组成部分，运用适当的教学方法有利于实现课堂教学的目标和任务。具体来说，任何教学方法的目的都在于唤起学生做好学习准备的积极性，尽量增强因学习成就带来的满足感，保持良好的学习状态，所以采用良好的教学方法也是提升课堂教学魅力的有效途径。当前《军事理论》课教学过程中，仍存在"满堂灌"的"填鸭式"教学现象，不仅减少了课堂信息量，降低了课程吸引力，学生也提不起精神认真听讲，自

---

① 张　力（1992—），女，北京化工大学学生资助办公室教师，研究方向：高校国防教育，高校学生资助工作。

② 丁贞栋（1983—），男，北京化工大学学生工作办公室副主任，团委书记，研究方向：大学生思想政治教育。

本文在北京市学生军训30周年理论研究论文征集活动中获得二等奖。

然不能收到良好的教学效果。从学生对军事理论知识的接受程度来说，教学内容与学习生活脱节，学生的主动性和积极性被削弱，厌学情绪也会逐渐产生。因此，为激发学生学习军事理论知识的兴趣，提升教学质量，必须进行教学方法的改进。

创新《军事理论》课教学方法是社会进步、科技和时代发展的要求。《军事理论》课是对学生进行爱国主义教育的重要阵地，传统的“灌输”模式已不适应普遍的需求，应进行主体间性质的转向，即将教育者和受教育者均视为主体，充分尊重、理解学生，加强与学生的沟通交流。

（二）教学资源分散，互动优势不明显

一方面，我国各地区《军事理论》课教材版本不同。各个版本的教材质量参差不齐，知识更新也没有与现代军事发展相适应，缺乏统一、规范、权威性的通用教材，课堂教学材料主要依靠教师个人的经验积累。由于师资来源不同，授课水平不同，学生对知识的吸收程度差异很大。另一方面，《军事理论》课一般为大班授课，听课人数较多，教师不可能做到一一对应，无法和学生有良好的沟通机会和讨论平台。针对这种情况，高校《军事理论》课教育工作者可以依托新媒体平台与学生建立联系，实时跟进学生的思想动态变化，扮演好启迪者和引导者的角色，扩大高校《军事理论》课教育的影响，努力实现交互式教学，关注学生个体，有利于充分发挥课堂教学的作用，实现教学目标。

高校《军事理论》课的主管部门要有针对性、对教师进行系统培训，使其学到的信息技能迅速与真实的教学课堂相结合，提高师资队伍的整体素质，尽量避免依赖兼职人员、临时聘请人员、部队派遣军官的情况。与此同时，教师应尽快熟悉新媒体技术，帮助学生在复杂的新媒体环境中汲取有效信息，实现新媒体平台上的资源共享、多重交互。

（三）教育载体单一，不能满足学生需求

信息传播大师尼葛洛庞帝指出：“信息社会，最大的鸿沟横亘两代人之间，当孩子们霸占了全球的信息资源时，需要努力学习、迎头赶上的是成年人。对教育者来说，更是如此。”这就要求《军事理论》教育工作者要在做好高校《军事理论》课教育教学的基础上，努力提升自身素质，增强风险意识，积极主动地进行学习，更新教学理念，从传统的讲授式教育走向多元化的沟通式教育，搭建更为学生所喜爱的教育载体。目前，高校国防教育仅限于军事技能训练和《军事理论》课堂教学两部分内容。除此之外，军事类的公共选修课、专家讲座、学生社团、学生活动等辅助教学的作用尚未发挥，单一的教育载体不利于高校国防教育的全方位开展。

《军事理论》课作为一个与政治、经济密切相关的课程，特别是在国际战略环境、军事高新技术、信息化战争这三个方面，其知识的更新速度更是日新月异，因此该课程无论在内容上还是在方法上必须紧跟时代潮流。在新媒体环境下，就可以提供一个有别于现实生活的展示自我的平台，在开放与虚拟的空间里，学生能自由表达情感、抒发见解，并且可以采取不同的方式回复、评论信息源，及时、迅速地参与课堂信息的反馈与再创造，尽量满足各类学生的不同需求，具体问题具体分析，充分调动所有人的学习能动性。

二、新媒体的主要特点

在新媒体大面积推广的现在，高校《军事理论》课不应仅局限于对书本知识的学习和积累，学校不再是《军事理论》教育的主要阵地，施教者与受教者从传统的、较为疏离的交流应走向更为亲密的交互模式，打破传统《军事理论》课教育教学在时间和空间上的局限性。

（一）即时性

新媒体传播更新速度较快，在事件发生的同时就能进行传播活动，成为突发公共事件的第一信息来源。与广播、电视相比，只有新媒体才真正具备无时间、空间限制，随时加工发布，可以轻松地实现24小时在线。学生可以通过微博、微信等新媒体在任何时间、任何地点获取、分享最新的信息资源。

（二）互动性

新媒体使传播不再只是机构、媒体单位的事情，而是人人都可以参与传播过程中，并可以随时发表评论。新媒体交互性极强，独特的网络介质使信息传播者与接受者的关系得以平等，接受者不再被媒体影响，而是可以通过新媒体的互动，制造出更多的声音，影响信息传播者的主观思维。传统的高校《军事理论》教育工作大多以课堂教学为主，形式单一，内容枯燥，很难引起思想上的共鸣。

（三）分享性

新媒体具备影响特定时间内特定区域的人的视觉或听觉反应的因素，从而导致产生相应的结果。地域和空间对它的限制越来越小，只需要设备和传输信号，就可以发布信息。从技术层面上讲，在新媒体那里，人人都可以接受信息，也都可以充当信息发布者，还可以对信息进行检索。大众有更多的选择，可以自由阅读，可以放大信息。

三、新媒体环境下《军事理论》课教育教学途径分析

新媒体是当前重要的思想舆论阵地，它借助信息资源共享、交流互动等功能对难点、热点问题进行广泛宣传，并通过多种形式为大学生《军事理论》课教育提供更多素材。在此基础上，高校《军事理论》教育工作者要正确认识和把握新媒体时代的特点，充分发挥其独特优势，使之为大学生《军事理论》课教育教学服务，创新并不断改进新形势下大学生《军事理论》课教育工作的方法和策略。

（一）集中优质资源，加强课堂教学

利用新媒体加强《军事理论》课教学，有3个优势：一是实现学习内容分享，通过新媒体的传播，将学生感兴趣的内容进行及时共享，使学生保持积极能动性。新媒体开放的信息传播途径为大学生《军事理论》教育工作提供了新平台，高校《军事理论》课教育工作者可以发挥新媒体技术信息量大、资源丰富、传输便捷等优势，拓展《军事理论》教育工作的领域，有针对性地改善传统的《军事理论》课教育教学模式；二是实现学习方法分享，由于《军事理论》课包含较多的交叉学科，而每一个专业的学生又有自己的学科背景和知识储备，兴趣点不尽相同。因此，《军事理论》课教师必须要根据所带学生的专业背景，有的放矢，合理分配内容，使其既对所有内容都有大致了解，又能根据自身条件掌握相对重要的内容；三是实现学习问题分享，新媒体广阔的信息平台具有良好、包容的舆论氛围，对塑造大学生积极、主动学

习态度有着重要的影响。高校《军事理论》教育工作者要善于利用 QQ、E-mail、论坛等新载体的功能，最大限度地发挥网络优势，了解学生需求，及时发现问题，解决问题，注意培养学生的自主能动性。

（二）加大互动力度，提升教学效果

交互式教学法教学一般分为两个阶段：师生交互阶段和学生交互阶段。在师生交互阶段，教师处于主导位置。通过课堂提问，吸引学生参与对话、讨论，对示例进行分析、归纳，形成概念。当过渡到学生交互阶段时，学生在运用多种思维方法设计问答中，学会了发现不同和共有的规律，从而培养创新思维能力。在《军事理论》课教学的整个过程中，要始终保持轻松的课堂气氛，使教师与学生之间的关系处于平等状态，这样，学生的主动性和创造性才能得到充分发挥。新媒体环境下，《军事理论》课教育可以充分利用新媒体的技术支持，对各种信息资源进行整合和控制。这样，学生在接受教育时可以充分发挥创造性思维，而不再只是被动的接受者。除此之外，学生还可以创立自己的信息库，不断吸纳最新信息，通过分析转化，创作出自己的作品。在这种开放性的交互中，学生受教育的过程演化成一个创造性的过程。

（三）加强课外辅导，延伸教学空间

新媒体时代，微信、博客、论坛以其灵活、快捷的特点，为《军事理论》课教育教学架设起一座信息“高速公路”，以虚拟的信息传播环境提高大学生《军事理论》课学习的实效性。在虚拟环境下，学生可以自由地发表意见和见解，特别是对受到普遍关注的热点问题。《军事理论》课教育工作者可以通过这个平台，更及时地了解学生在思想、学习和生活中的一些问题和需求，切实提高《军事理论》教育工作的针对性和实效性，及时发现问题，解决问题，同时，加强对学生的正面教育和引导。大学生思想开放，求知欲较强，但他们的是非判断能力还有待提高，新媒体环境下错综复杂的信息很容易影响他们的世界观、人生观、价值观。因此，高校《军事理论》课教育工作者要引导大学生理智、科学地使用新媒体，有意识地培养和提升他们对新媒体信息的鉴别能力，让学生学会从质量参差不齐的信息资源中选择对自身发展、个人成长有利的部分，让新媒体为他们的思想进步、学习成长服务，并利用它实现对自身人格的塑造。

（四）创新课程内容，丰富教学体系

新媒体技术的飞速发展超出了人们的想象，因此高校《军事理论》教育工作者要主动研究与了解新媒体环境下的教育规律，在课堂教育、主题活动、社会实践、志愿服务等传统《军事理论》教育手段的基础上，充分利用新媒体技术丰富《军事理论》教育的内容和方法，以满足不同阶段、不同条件下开展《军事理论》课教学的需要。同时，要改变“居高临下”的教育理念，将其改变为平等的交流互动。借助新媒体，学生的学习兴趣和主动性都能得到很大提升，也可使《军事理论》教学收到最佳的效果。除此之外，新媒体技术的发展也对高校《军事理论》教育工作者提出了新的要求，包括理论水平的提高、思想观念的转变、信息技术的操控等。高校《军事理论》教学要适应新媒体时代的发展变化，利用新媒体及时把握学生思想动态，掌握网络交流的主动权和话语权进行舆论引导。另外，要善于把传统的工作教学和科研成果及时地移植到新媒体上，加大正面宣传的广度和深度，探索新的教育教学方式，将新媒体文化建设与校园文化建设紧密结合。当前《军事理论》教育也应“现实”与“虚拟”相结合，将新媒体的教育功能纳入《军事理论》教育教学的大系统中，不断改进和加强《军事理论》课教学的信息化、数字化、网络化和多渠道建设，促进《军事理论》教育与新媒体价值影响的相互协调。

高校开展《军事理论》课教学不仅是高校之责，还需要各方共同参与和支持。只有不断整合各种教育资源，及时转变教育观念，通过加强高校《军事理论》课教学队伍建设，进一步做好网络舆情监管工作，才能全面推进大学生《军事理论》课教育教学工作，更好地拓展大学生《军事理论》课教学的新阵地。

参考文献

［1］（美）尼葛洛庞帝著，胡泳等译. 数字化生存［M］. 海南出版社，1997：7-10.

［2］江铁，袁静，胡腾蛟.《军事理论》课教学创新研究述评［J］. 湘南学院学报，2013：118-119.

[3] 刘瑞. 对信息技术与课程整合的教学模式研究—以《军事理论》课为例[J]. 改革创新，2014：50-51.

[4] 夏侃. 交互式教学法在高校《军事理论》课中的应用 [J]. 南京航空航天大学学报（社会科学版），2006：83-84.

[5] 易扬. 论数字化时代新媒体文化的建构—以互联网和手机媒体为例 [D]. 湘潭：湘潭大学，2009.

挫折教育视角下的高校学生军训工作

弥志伟①

近年来，在面对学业、求职、情感、人际等问题时，有的大学生难以全面、客观地分析自己，并且愉快地接纳自我，出现精神不振、自暴自弃等问题，甚至引发自杀、伤害他人等极端情况。这让整个社会都在思考一个问题：大学生怎么了？研究表明，这些问题都与大学生在学习生活中的受挫教育、抗挫能力有着密切的关系。军训是大学生增强国防意识、学习基本军事技能的重要途径，更为大学生提高身心素质提供了有利契机。军训是特殊的集体生活，学生会面临更多的人际交往、生活习惯、意志磨炼、荣辱成败方面的挑战，是开展挫折教育的良好时机。

一、挫折教育与军训的关系

（一）大学生的挫折教育及其意义

挫折是人们在有目的的活动中，当遇到无法克服或自以为无法克服的阻碍时，其需要或动机不能得到满足的情况。挫折带来的挫败感会引发诸多心理和行为上的反应，比如抑郁、消极、愤怒，甚至产生伤害自己和别人的行为。

调查显示，北京市有 25.56%的大学生有强烈的挫折感，而且这个数字还在持续上升[1]。大学生受挫主要的原因可以分为 9 种，分别是学校环境、就

---

① 弥志伟（1982—），男，北京化工大学生命科学与技术学院思想政治辅导员，博士，副教授。研究方向：大学生思想政治教育。

本文在北京市学生军训 30 周年理论研究论文征集活动中获得二等奖。

业、情绪、学业、人际交往、感情、适应性、健康和家庭问题[2]。在家庭和社会看来大学生是优秀的青年群体，被寄予厚望，但是在强调大学生成绩和特长的同时，学校和家庭很容易忽略大学生的成长需求，造成大学生自信的同时又有盲目和自负的心态，他们在面对环境变化和日益激烈的竞争时，难免会产生强烈的挫败感。

但是，挫折又是锻炼大学生的意志品质不可缺少的经历，如果在大学生面对挫折时引导其正确理解困难，合理解决问题，提升抗挫折能力，就能更好地促进大学生的心理平衡和个性发展。

（二）军训中的挫折事件和作用

军训中挫折的主要来源有：身体因素、军训纪律和评比失利。军训的初期对学生的身体素质提出了挑战，大部分学生能够很快适应军训的体能要求，但部分学生因为平时忽视锻炼或因为某些疾病无法胜任一定强度的训练，或无法参加最后的训练成果展示，会让他们感到沮丧和无奈；军训纪律讲究“令行禁止”“严格服从”，一些学生是家里的独生子女，习惯较为宽松的管理环境，在军训期间受到军纪的要求难免产生情绪低落和叛逆等情绪；军训期间学生的集体荣誉感非常强烈，但是评比中总会有输有赢，输掉评比的连队或班级的士气会受到严重影响；当发生上述情况时，如果还遭遇言语刺激，会进一步加重学生的受挫感，甚至引发矛盾和冲突。

当上述挫折事件发生时，如果学生受到适当、适度、适时的引导和教育，就会产生挫折教育的效果。根据“挑战与支持”的教育原则，挫折教育本身包含着如何制定合理目标，如何应对失败，以及如何找到方法和重振信心的内涵，学生就像一棵棵成长中的树苗，偶尔遭受风吹雨打会促进其茁壮成长，但是频繁的遭受狂风暴雨就难以存活了。在军训中，引导学生个人和群体制定恰当的目标，及时指出挫折问题中个人的成绩和不足，调整自我期望水平，强化战胜挫折时的成功体验，能很好地激发学生面对挑战和挫折，永不言弃的信心和勇气[3]。

二、实现军训与挫折教育的有机结合

（一）军训前要做好思想预防工作

军训前，学生往往既兴奋又担心，他们希望能到军营中体验军人的生活，又担心军训环境差、纪律严和训练苦。因此做好军训前的思想教育工作非常重要。学校可以通过军训经验交流会、军旅文化宣传、军训动员会等多种形式让学生提前了解军训的基本情况、军训中的各项训练内容，以及军训对于个人学习人民军队优良作风，提升个人综合素质的重大意义，让学生充分做好吃苦锻炼和克服困难的心理准备，防范学生对于军训的理想主义和恐惧害怕的心理。军训前要做好各项突发事件的预案制定和宣传工作，将军训的安排、人员情况、活动预案发放至每名带队老师和每个班级，让学生做到对军训的安排心中有数。在军训动员会上要介绍学院往年的优良军训传统和优秀成绩，激发学生的集体荣誉感和使命感，为迎接困难，克服困难做好充分的思想准备。

（二）在军训中开展挫折教育的时机和方法

在军训中开展挫折教育，要抓住两个时机：一是成功战胜挫折的时机。实践证明，表扬不仅在学生获得荣誉时有意义，对于日常中的成功和进步也非常有必要，“罗森塔尔效应”指出教师的期望对于学生有着重要的感召和推动作用，当学生经过自身的努力和坚持，经受了严格的站军姿、踢正步和长途拉练的考验，教官和指导员要充分肯定学生的认真和努力，给予表扬，同时又要注意对不同层次的学生提出不同的要求，让学生充分体会努力后的成就感和价值感，这样能极大地激发学生的内在潜能；二是应对挫折失败的时机。学生在这时备感沮丧，教官和指导员要给予充分的理解和支持，指出学生主观的努力和客观情况的限制，进行恰当的归因能帮助学生重振信心，以理性和良好信念面对挫折，最终得以成长。

（三）军训后要巩固挫折教育的成果

军训中开展的挫折教育能有效地增强学生严于律己、乐于协作和迎难而上的良好品质，但是紧张的军训生活和严格的军事训练之后，回到熟悉的校园，学生又容易回到原来的生活轨迹中。高校要巩固军训中挫折教育的成果，一方面开展军训事迹的回顾和宣传活动，通过军训精神主题班会、军训照片展览等形式宣传军训中的事迹，将这些优良作风和精神继承到平时的学习生活中；另一方面，要加强学风和校风的营造，将军训中的积极因素引入平时的教育环节，在运动会、辩论赛等竞赛活动中调动学生争取集体荣誉的激情和动力，加强管理纪律，通过宿舍卫生评比，课间考查制度等督促学生养成良好的自我管理习惯，增强自省能力，增强对挫折的预判和应对能力。

参考文献

[1] 曲雪莲等. 大学生心理挫折感根源分析及解决途径调查研究［J］. 青年探索. 2006（09）：25.

[2] 李晓峰，许占权，张旭东. 大学生的挫折情境、挫折感现状分析［J］. 社会科学战线，2008（07）：201-203.

[3] 张骞. 当代大学生挫折教育及对策探析［J］. 思想理论教育导刊，2009（10）：101-103.

大学生军训中情感教育应用研究

张珊瑚① 刘 刚

一、情感教育在军训中的重要作用

情感，是“人之为人”的核心议题之一。情感教育，关注人的情感如何在教育的影响下发展，如何与生理、理性一起发挥作用，将人的正确认识转化为自觉行为[1][6]。甲午战争后，王国维、蔡元培就把培育革命精神的重任赋予了美育，而美育的最根本特征就是它的情感性。王国维曾说：“盖人心之动，无不束缚于一己之利害。独美之物，使人忘一己之利害，而入高尚纯粹之域。”就是说，情感教育能让人忘记个人利害，进而达到高尚纯粹的境界。

近代以来，学校教育教学以获得智力知识为目标，忽视师生的情感交流，进而被人们诟病，认为这种教育方式脱离了学生的生活体验，轻视了师生双方的生活体验，于是人们开始重新审视当前的教育模式。在这种情况下，由于更加在意人对生命价值的态度与体验，能帮助人作为特殊的生命存在达到心灵上的新的境界，情感教育逐渐被人们重视和研究。情感是教育的内容，也是教育的载体。情感教育通过情感实施，而情感又融合于教育生活中。教育生活无处不在，情感也就无处不在，情感教育便无处不在[2]。

按照教育部、总参谋部、总政治部联合下发的《关于高等学校高级中学进行军事训练试点问题的通知》（［85］教体字001号）要求，军事技能训练（以下称“军训”）要进入高等学校的教学计划，《通知》还明确了学时、学分和考核方式。军训作为一种特殊的教学生活，自然也全程贯穿着情感教育。

---

① 张珊瑚（1994—），女，北京化工大学人民武装部教师。研究方向：国防教育。
本文在北京市学生军训30周年理论研究论文征集活动中获得三等奖。

情感教育促使学生从心灵感悟的层面体验军训生活，认同这一特殊的生活情景所设定的对于国家、集体和自己的认知目标。这种认同深刻、坚定而持久。正是由于这种认同的深刻、坚定与持久，才会让学生在军训中形成的对国家、集体和自己的认知质变为价值观念。

军训工作开展30多年以来，我们强调了技能训练本身，缺少对训练过程中人的情感问题的关注；我们以思想政治教育代替了情感教育，认为思想政治教育等同于情感教育。军训中的情感教育本身还没有出现在近现代教育的视野，尚未被作为一种特殊的教育内容和形式被人们研究、应用，尽管它已经在事实上发挥作用了。

二、军训中情感教育的两种作用机制

军训是一种特殊的教学生活，与一般的教学生活相比，军训生活相对封闭、以军事技能训练为主要教学内容、教官和指导老师构成了共同的教育者、各类活动都体现了军营文化。环境体验与情感认同是军训中情感教育的两种基本实践形式。

（一）环境体验机制

环境体验机制通过教育者的创设相关环境，促使教育者通过环境氛围促进受教育者的认知和行为发生改变。军训的重要目的，就是希望学生能够了解军营文化、学习军人的优良作风和为国奉献的精神。军训基地和军营是学校开展军训工作的重要场所。军训基地和军营相对封闭，以部队制度管理，部队元素丰富，这就为学生创建了真实、生动和鲜明的军营体验环境。这种环境包括自然环境，例如营房、训练场、检阅台、集体餐厅等；文化氛围，例如以“军事”为主题的板报、广播、征文等；师生关系，用部队称谓的“连队”“教官”“指导员”代替学校称谓的“院系”“军人”“老师”。这种环境更体现了军训管理者和实施者的人为性，体现了教育者的教育意图。需要注意的是，近年来，部分高校将军训地点放在了学校。尽管这样做能为军训管理提供便利，但是必须承认，这种做法却失去了军训中学生体验军营的重要氛围，失去了开展军训情感教育的重要途径。

人的情感总是在一定的教育环境中产生的。良好的教育环境能给教育者和受教育者提供一个互信互爱的教育氛围。学生对于军营、军人的认知在教育者所创建的军训自然环境、文化氛围和师生关系中得到体验、感染和激发。有学者认为，体验是情感的成分，是对情感的认知。军训重视学生的军营情感体验，就是重视学生的主体性。这种体验越深刻，学生在军训中的情感就越能受到激发，在军训中建立的情感世界就越丰富，对于教育者所设定的国家、集体和个人认知目标就越认同。在军训环境体验的过程中，需要认识到两个显著特点：一是学生的环境体验不可重复。即使进行了同样的训练内容、军营活动、师生交流，学生得到的情感体验也是不同的；二是教官和教师积极的情感会对学生的认知有积极作用，而消极情感的作用则相反。教官和教师首先要有对国家、集体和个人积极的认识，才能对学生有积极的情感影响。

（二）情感认同机制

情感来自于人对事物的了解认知。同时，当情感形成后又会影响认知，成为调节和控制认知的内因[3]。学生只有对军训内容有了深刻而全面的认知，才能从感情上肯定军训目标。学生一旦从感情上肯定了训练目标，才能调控自己的训练行为。教学内容本身、教育者的素质、教育者和受教育者的关系都会影响感情认同。

从军训教学内容方面，2001 年，教育部、总参谋部、总政治部联合发布了《普通高等学校军事课教学大纲》（教体艺〔2007〕1 号），规定了军事技能训练的主要内容，包括解放军《内务条令》《纪律条令》和《队列条令》的教育与训练，轻武器射击、战术、军事地形学、行军等四项内容。这些教学内容经过部队训练和军事教学的实践，既反映了最基本最简单的军事技能，又易于普通学生学习，符合学习规律，得到了绝大部分师生的情感认同。同时，必须注意到，军训内容还需与时俱进，不断丰富与完善，使其更加符合现代战争对军事人才的要求。

从教育者素质方面，教官、教师组成了军训的共同教育者。军训开展 30 多年来，教官和教师的人格品质、教学能力，以及对训练内容、目标的深刻理解是军训教学活动顺利、高效完成的根本保障。特别是进入 21 世纪以来，国防建设和高校育人对军训提出了更高的要求，要求教官和教师更全面地把握中央对国防建设和高校育人的方针政策，更深刻地理解当代参训学生的知识结构与性格特点，更熟练地掌握倾听表达与人际沟通的方法，更严格地要求教官和教师自身能够忠于国家、奉献国防、热爱集体、崇尚荣誉、严于律己、敢于吃苦。教官和教师的行为举止、言语表达深刻地影响着参训学生对军训的情感认同。

从教育者和受教育者的关系方面，教官、教师与学生是教育者和受教育者的师生关系，但他们之间首先是生命个体和生命个体的关系。教官、教师需要尊重学生的生命个体存在，理解他们的成长教育经历，理解他们的长处与不足，理解他们的行为表达，理解他们的价值诉求。平等的关系才是推动教官、老师和学生之间良性互动的持久动力；民主与感性更能促使教育、教师与学生之间形成和谐、融洽的关系，更能有助于学生高度认同军训的内容和目标。

三、对军训中情感教育应用的错误认知

（一）情感教育等同于思想政治教育

情感教育与思想政治教育之间没有隶属关系。情感教育是一种特殊的价值引导，它把人的内在情感动员起来，使它融汇到学校教育的各个方面[4]。思想政治教育可以从情感开始，两者也确有交织，但情感绝对不等同于思想政治。军训中的情感教育离不开思想政治教育的载体，例如创建军营文化，使学生体验军营氛围。但思想政治教育的载体只是实现情感教育的一部分措施。思想政治教育的政治性更加突出，但情感教育更注重学生的内心感悟。军训最根本的目的，是希望强化学生对于国家的意识，理解个人与国家间的关系，从内心深处认同国家发展选择的道路，认同所选择的社会制度。而要达到这样的目的，就必须形成教官、教师与学生之间的情感共鸣、认知共振，而要形成这样的共鸣与共振，也只有通过情感教育才能实现内心。

（二）情感教育的实践是理性规划的结果

有的研究者认为情感教育要成功实现，必须通过理性规划。军训中情感教育要成功实现，必须通过军训前教官、教师对情感教育的精心布局完成。事实上，“理性和感性恰好具有相反的特性：前者侧重于客观与普遍，后者侧重于主观和个体[5]”。如果通过精心布局实施情感教育，必然会出现以理性规

划的方式分割情感的情况，使军训当中的情感表面化和世俗化。我们传达的是怎样的情感，学生作为生命个体，就会感受到怎样的情感。我们的军训，就只能称为有情感色彩的教学生活。表面化、世俗化的情感必然会让军训育人工作大打折扣。军训教学生活在哪里，情感教育就在哪里。情感教育需要教官、学生有真实的，对国家、集体和个人的情感。

（三）情感教育的狭隘化应用

军训教学生活不同于一般的课堂教学，它创建的是艰苦的训练环境：教学内容重复固化，教学形式简单直接，教学环境封闭简陋，学生在这种环境中，既会有战胜困难与挑战，收获肯定和荣誉时的快乐，也会有经历失败的悲伤苦恼、遭受纪律约束的叛逆反感。人们往往认为，实现情感教育目标的重要原则就是要使受教育者愉悦、快乐。但这种纯粹快乐主义的情感教育，是对情感教育的浅薄理解[2]。快乐是情感教育，失落也是情感教育，感官快乐是情感教育，精神愉悦更是情感教育。从这个角度看，在军训教学生活中学生既有获得荣誉褒赞的快乐，也会经历失败的悲伤和约束的不悦，军训中情感教育可能会更加深刻，会对学生有更加深远的影响。

结 语

德国教育家第斯多惠曾说：“教学的艺术不在于传授的本领，而在于激励、唤醒和鼓舞。”军训作为一种特殊的教学生活，技能训练是其主要内容，但是促使学生爱国拥军、认同国家道路和社会制度、认同个人与国家间的情感纽带，才是根本目的。军训的实施者和管理者需要把军训教学生活变成心灵沟通、情感互动和思想共鸣的重要场所。开展军训中的情感教育，就需要以情为本，使情感成为军训实施的出发点和落脚点，从军训目的、军训内容、军训管理和师生关系等各方面构架全方位的情感教育体系，引导学生从心灵感悟的层面认同军训生活情景所设定的对国家、集体与个人的认知目标，形成更加坚定的价值观念。

参考文献

[1] 李润兰，石健壮. 反思与超越：全球化时代的情感教育，教育探索［J］，2012，4（250）：17.

[2] 谢延龙，任楠. 情感教育的误区与出路，德育与心理［J］，2014，10：37.

[3] 徐志远，龙宇. 现代思想政治教育中情感教育的机制和规律，思想教育研究，2011，4（193）：12.

[4] 杨韶刚. 英国的 PSHE 情感教育模式评析［J］，教育科学，2002（1）：56.

[5] 强以华. 道德：理性与情感［J］，哲学动态，2010（7）：79.

[6] 朱小蔓. 情感教育论纲［M］，南京：南京出版社，1993：6.

高校军事技能训练对大学生参军入伍行为影响因素的研究

戚昊辰　张　建　崔　玉[①]

一、研究背景

目前，高校国防教育是校大学生培养计划中的必修课程，教育开展主要以集中军事技能训练与军事理论课教学相结合的方式进行。作为法定必修课程，通过立法说明的方式，分别在《兵役法》《教育法》《国防法》和《国防教育法》中，对高校国防教育进行了直观的表述、明确的规定。由此可见，大学生参与国防教育不仅是国家全民国防教育的重要组成部分，而且是全面贯彻党的教育方针、培养落实“人格、知识、能力”三位一体育人目标的重要实践环节。作为高校国防教育过程中主要实践环节，集中军事技能训练的开展形式、内容与成效直接关系到国家层面的维稳安全，是全面培养大学生必要军政素质和良好生活习惯的重要保障和措施。由于不同时期社会环境的转变与意识形态的革新，高校集中军事技能训练的方式、方法也在因时而进，以达到满足、适应国际变化与学生育人目标并举、为我国社会主义建设事业培养合格人才的目的。

通过对北京化工大学1100名普通学生及50名退伍大学生两个样本群体开展调研，两套问卷分别发放1100份、50份，回收1083、50份，回收率为98.45%及100%，被调研学生均在北京化工大学参与过国防教育（集中军事技能训练与军事理论课教学）。通过对调研数据的分析，对高校集中军事技能

---

① 崔玉（1982—），女，硕士，北京化工大学理学院党委副书记，研究方向：大学生思想政治教育。

本文系北京化工大学—北京市东城区人民武装部合作项目“高等学校国防教育实效性研究”（Z16—06）阶段性成果。

训练有了更加全面的了解与成效评估。

二、高校军事技能训练工作现状分析

在对普通学生的调研结果中，只有 3.69%拒绝参与国防教育，而超过95%的学生对国防教育并不反感，并且认为通过国防教育，可以进一步增加自己的爱国情怀、集体精神及社会认同感（如表 1）。国防教育在当今阶段作为高校德育教育的主体实践环节之一，确实在大学德育教育中承担着不可或缺的作用。

表 1　参加国防教育的主观愿望

很想	比较想	一般	不想
21.59%	39.76%	34.96%	3.69%

当前，我国非国防、军事类院校所开展的国防教育内容大致相同，但在集中军事技能训练开展的内容和周期方面，因学校所在区域、类型等客观条件因素不同，呈现出两种不同特点和现状：（1）文史、艺术类院校，集中军事技能训练相对管理宽松，主要以讲座和校园内军政素质训练为主，周期在 10 天左右居多；（2）理工科类院校以北京化工大学为例，对集中军事技能训练工作要求非常严格，不仅进行军事理论教学和集中军事技能训练，同时还开展包括徒步拉练、防灾减灾演练等具体科目训练，集中军事技能训练完成后还进一步在校园内开展分散式训练，内容包括国防类社团活动、全校集体晨跑等，内容贴近学生生活，国防思想政治教育引导成效显著。

普通学生调研结果显示，超过一半的学生参与国防教育后，对其学习生活有积极促进效果，进一步说明国防教育在高校育人过程中具有显著的协同育人成效（如表 2）。

表 2　参与学校国防教育对学习、生活的影响

很有帮助	太累了，作用不明显	不想参加军训
57.43%	36.34%	6.23%

1. 军事技能训练是大学生获取军事知识的重要来源

高等学校开展的国防教育工作，是党和国家在新时期做出的具有发展战略意义的重大决策。国防教育是大学生在校学习期间履行的法律义务，也是高校深化教育改革路径，实施素质教育过程，提高育人质量效果，实现“全员育人、全程育人、全方位育人”的有效着力点。调研结果显示，学校开展的集中军事技能训练及军事理论课程，是学生接受、获取国防知识的主要途径。因此在人才培养过程中，只有进一步提升对国防教育工作的重视度，并通过丰富的国防教育形式和载体加以实现，才能在大学生成长成才的关键节点，树立良好的国防意识（如表3）。

表3 国防知识获取途径

国家宣传	学校教育	他人讲述	影视电视节目	其他
23.78%	37.79%	7.10%	24.61%	6.73%

2. 军事技能训练能有效增强大学生参与国防建设的主观意愿

高校集中军事技能训练既是大学生国防理论知识的普及教育过程，更是国防教育、实践教育的主要平台和载体。通过丰富的技能训练科目内容，使学生在形成人生价值观的关键节点接受考验、接受洗礼，将自己的未来与国家的命运紧密相连，进一步提升了大学生国防教育理论与实践水平。调研结果显示，参与集中军事技能训练后，学生参与国防建设的主观意愿提升了22.7%，更多学生在国防实践教学过程中清晰了国防建设中个人的责任与义务（如表4）。

表4 参加国防建设的主观愿望

参与军事技能训练状态	会	不清楚	不会
参与前	41.23%	30.99%	27.78%
参与后	63.93%	14.15%	21.92%

三、大学生征兵工作情况概述

随着我国生产力水平的提高，经济的快速发展，科学技术水平的加速提升，促进综合国力不断增强，推动国防建设现代化进入了全新的战略发展机遇期。随着国防建设的不断推进，现役国防人员编制与人才结构越来越不能满足当前发展速度，国家战略性地提出全新国防人员改革需求。从2009年起，国家通过制定颁布一系列鼓励、宣传政策条例，率先从应届大学毕业生中选拔优秀兵员入伍，据统计，仅2009年就有13万大学生投身军营，报效国防。2013年，国家通过修订《兵役法》，将征兵时间从冬季调整为秋季。相关时间节点的重大调整，进一步贴合高校就业、毕业周期，进一步促进高校大学生参军入伍，投身报国。在良好的征兵环境与政策背景下，看到兵役制度逐渐向大学生群体倾斜，也深刻意识到国家对于鼓励高学历、高素质青年参军的战略考虑。

通过多次的战略性征兵政策调整，我国国防兵源范围已覆盖高校大学生，即高校在读生与应届毕业生，政策的调整一方面为了满足现代化、信息化军队结构的迫切需求，另一方面也反映了当前“征兵难”的现状。从我国现有兵源结构看，大学生士兵占比依然很低，但近几年大学生报名参军入伍人数逐渐增加，出现大学生参军入伍增加的主要原因是社会工作岗位的吸引力降低、高等院校持续扩招等。因此，高校通过有效开展以集中军事技能训练为实践平台，以军事理论课程为知识载体的高校国防教育体系，将进一步提高青年学生群体对我国国防的认知，提高高校国防教育对征兵工作的贡献度。

四、高校军事技能训练对大学生征兵工作的影响分析

高校集中军事技能训练是绝大多数人成年后接受的第一次系统的军事化训练过程。理清高校集中军事技能训练对征兵工作的影响，将为高校大学生参军入伍工作及国防建设提供更加科学的引导支撑，助力国防建设现代化的推进。

1. 集中军事技能训练对大学生征兵入伍有显著促进作用

通过对北京化工大学退伍大学生群体开展调研，结果显示86.05%的退伍学生认为集中军事技能训练对于征兵入伍行为有促进作用，且65.12%的学生认为促进作用显著。高校开展集中军事技能训练时间刚好处于大学生人生观、世界观、价值观形成确立的关键节点，陌生环境中的集体生活，使处于适应期的大学新生对于实践教育敏感度和教育效果的持续性更加显著。高校集中军事技能训练对于帮助学生树立参军入伍信念、明确参军入伍目标有着显著的促进推动作用（如表5）。

表 5　高校集中军事技能训练对征兵入伍行为的促进作用

作用显著	作用较强	作用一般	作用不大	完全没作用
41.86%	23.26%	20.93%	11.63%	2.33%

2. 军事训练基地开展集中军事技能训练效果显著

当前高校开展集中军事技能训练所用场地主要分为两种：（1）主要用于高校集中军事技能训练的校外专业化封闭军事训练基地；（2）校内开放场地。调查研究结果显示，有 82.61%的学生认为在校外封闭军事训练基地参与军训效果更佳。相比于校内开放场地军训，校外封闭军事训练基地环境及管理模式更加接近于军营管理模式，更能让大学生感受军队文化与氛围。在环境氛围体验与实践教育育人的双重作用下，更能提高高校国防教育工作的实效性。

表 6　集中军事技能训练场地选择对比

校外封闭军事训练基地	校内开放场地
82.61%	17.39%

3. 不同军事技能训练科目对学生参军入伍影响的对比分析

通过在高校集中军事技能训练中开设不同的训练、教学科目，可以帮助学生系统地参与并完成高校军事技能训练，提升实践育人的效果与目的性，帮助更好地培育当代大学生国防理念。通过在退伍大学生群体中开展集中军事技能训练不同科目对参加入伍行为的影响调研，结果显示共有六种训练科目影响力超过 30%，其中含有常规军事技能训练科目三项，此外还包括模拟军事演习、长距离拉练等两项贴近军营生活及氛围的训练科目。综上所述，训练科目与军营训练、生活的匹配度，是影响大学生参军入伍动机主要影响因素。此外，我们发现户外定向越野在高校集中军事技能训练中独立为一个训练科目，在提高学生户外生存等能力的同时，更加贴近学生生活，对学生入伍行为起到了意想不到的促进作用（如表 7）。

表 7　不同训练科目对大学生参军入伍动机的影响力

队列训练	战术动作训练	射击动作训练	模拟军事演习	长距离拉练	定向越野
86.96%	43.48%	47.83%	34.78%	52.17%	32.61%

五、强化集中军事技能训练是促进征兵工作开展的有效途径

高校集中军事技能训练作为高校国防教育实践育人的主要平台，是全面提升学生国防观念，增强综合素质的有效途径。通过在北京化工大学校内开展调研工作，进一步为理清高校集中军事技能训练与征兵工作的内在联系提供了实证数据基础，为我国国防建设工作及高校国防教育工作的开展提供了借鉴和参考。

1. 在集中军事技能训练中提升国防教育成效，清晰征兵入伍意愿

高校集中军事技能训练的开展，可以在实践全过程中利用先进的军事思想和科学理论武装学生的头脑，为正确的人生观、世界观和价值观的形成奠定基础；通过讲形势、听报告、看视频，使大学生建立全局意识、关心国家安全和发展，增强社会责任感和使命感；通过战争英雄和军旅楷模事迹报告会，净化大学生思想，使其树立正确的人生价值取向和标杆；通过聘任退役大学生士兵担任教官，可以使实践教学环节更加贴近军旅生活，帮助大学生清晰自己参军入伍的意愿，突出朋辈引领示范效果。

2. 在军事技能训练中磨炼身心意质，做好征兵基础工作

高校开展集中军事技能训练，为处于成长阶段关键节点的大学新生营造了一个在特定环境下开展以理想信念、遵守纪律、热爱集体、自立自强等为主的紧张、严格的军事化训练。通过“知行合一”的实践训练过程，帮助学生看到集体的力量，体会到纪律的重要性，增强团结协作的意识，磨砺个人身体素质，为参与征兵工作提前打好基础做好铺垫。

此外，通过营造良好的准军事化管理体系，可以进一步帮助学生感受军营氛围。在提升主观感受的基础上，配合科学的客观训练要素，增强学生国防意识与参与能动性。

3. 增强军事技能训练长效育人效应，建立国防终身教育理念

充分发挥集中军事技能训练的育人功能，提高长效育人效应与影响，需要在不断总结发酵集中军事技能训练工作成效的基础上，辅以营造校园文化（国防教育月系列活动）、课程内容渗透（军事理论课程、国防教育选修课等）、社团工作巩固（国旗护卫队、定向越野社团等）等具体工作，结合良好持续的国防教育基础与制度，才能将国防教育事业转变为终生教育。

参考文献

[1] “90后”大学生军训思想政治教育工作模式探究[J]. 思想教育研究，2014.

[2] 新时期大学生征兵制度的问题分析[J]. 研究生法学，2015.

[3] 国防教育与军训育人初探[J]. 安顺师范高等专科学校学报（综合版），2006.

高校入伍大学生全程化培养探索

丛迪　孙世光[①]　刘刚　张睿[②]

从在校大学生中征集兵员，优化兵员结构，提高兵员质量，是现代战争对军队建设的迫切要求，也是高校培养、塑造人才的重要途径。国家面向普通高等学校征集兵员以来，出台了一系列相关文件规定，为入伍学生安心服役提供了切实保障。国务院、教育部、公安部、民政部、总参谋部、总政治部等单位自 2001 年来连续联合出台《从全日制高等学校在校学生中征集新兵有关问题通知》等多个文件；2011 年又相继出台《关于进一步做好征集大学生入伍工作的通知》；2012 年，《关于普通高等学校毕业生应征入伍服义务兵役办理就业手续相关问题的通知》；2013 年，《高等学校学生应征入伍服义务兵役国家资助办法》和《应征入伍普通高等学校录取新生保留入学资格及退役后入学办法（试行）》。北京市也出台多项相关政策，如《进一步做好北京地区普通高等学校在校生和应届毕业生入伍征集工作的通知》《关于做好专科学生退役后免试专升本工作的通知》等。

近年来，随着面向在校大学生服义务兵役的法规制度不断完善，有力地推动了征兵工作的开展，一大批有志青年光荣入伍。2001 年，中国高校仅有两千余名在校大学生入伍，而到了 2014 年，这个数字达到了十几万人，总量翻了数十倍。北京地区高校集中，每年参军的大学生人数多，比例在全国高居首位，2014 年入伍大学生比例已经达到 61.5%，大多数大学生在义务兵役

---

① 孙世光（1970—），男，北京市教育委员会学生处副处级调研员，分管大学生参军入伍工作。研究方向：大学生参军入伍、高校国防教育。

② 张　睿（1983—），男，北京化工大学信息科学与技术学院教师，硕士，讲师。研究方向：大学生思想政治教育。

本文发表在《北京教育（德育）》2015（4）：51—52。

结束后，选择返校复学。自2003年以来，北京市退伍复学大学生已达到上万人。退伍大学生身兼退伍士兵和在校学生两种角色，做好退伍大学生复学培养工作，事关社会稳定，事关学校人才培养和征兵工作的可持续发展。

一、当前高校大学生退伍复学工作中的一些问题

目前，征兵宣传动员、送兵入伍和退伍返校事务办理工作的法规制度日趋完善，工作流程日趋合理。但需要看到的是，我们关注的重点仍是征兵事务本身，而从学生个人发展角度出发，从教育文化哲学对学生生命个体尊重和关怀的角度出发，对入伍学生的人格培养工作的关注度是不够的，退伍学生成长发展还存在一些问题，主要表现在：

（一）角色转换

从高度集中统一的军队管理环境回到相对自由宽松的校园环境，从一名光荣的人民子弟兵转变为一名普通的在校大学生，在两种角色和环境的转化中，无论是军营还是地方大学，均缺少及时的教育和疏导，缺乏相对合适的过渡。尽管退伍学生或早或晚地都能实现角色转换，但在退伍初期，退伍学生普遍存在无所适从的感觉。

（二）社会交流

从军营到校园，融入一个新的相对封闭的集体，退伍学生往往感受到的是来自阅历、思想和年龄等各方面的压力。调查显示[1]，92.6%的人认为新的班级同学很幼稚，不够成熟；72.3%的人认为和新班级同学没有共同语言；有的人认为自己作为一个“新人”被边缘化。值得注意的是，退伍返校之后，这些退伍学生之间的交流最为显著，而和新班级同学之间的交流明显不多，在与新同学的交流中，会呈现明显的压力或者紧张关系。

（三）学业发展

两年服役，一定程度上造成了退伍学生对学业知识的生疏和遗忘。退伍学生在学业发展上面临着群体性的问题和困难。退伍学生的英语四、六级通过率明显低于其他在校学生，在专业学习过程中所感受到的困难度显著高于

其他在校学生，有进一步学习深造意愿的比例也显著低于其他在校学生。“怎么学、往哪学”是摆在退伍学生学业发展中的突出问题。

（四）职业发展

退伍学生和普通学生在就业时相比，突出的问题有四个：年龄压力、没有特别突出的在校学习与社会工作成绩、就业能力不足、职业生涯发展没有规划，这些导致了退伍学生的就业竞争力明显弱于普通的在校学生，职业发展方向模糊。“如何就业，往哪就业”，是退伍学生在职业发展中面临的核心问题。

二、对入伍大学生全程化培养的思考

（一）征兵工作要体现对学生生命存在的尊重与关怀

高校征兵既是一项事务工作，更是一项校园军旅文化建设工作。李鹏程曾指出，文化的本质就是人的自我生命存在及其活动，文化世界的本体就是人的自为的生命存在。高等教育者应当尊重和关怀作为人的生命存在，而具体到征兵工作中，就是对学生生命存在的尊重与关怀。

高校征兵工作的对象是大学生，因此，首先，要尊重学生生命存在的延续性、融合性，充分考虑他们所经历的生活、学习和服役环境，要将“现实关怀”和“满足学生需要”深入到学生入伍服役、退伍返校、在校学习等各个环节之中；其次，要关怀学生生命存在的价值。入伍服役，是学生价值观念形成的重要过程。高等教育工作者要充分考虑这一过程，要充分考虑学生价值与国家利益的统一，要在工作的细节中体现出这种对学生生命存在的尊重和关怀。

（二）征兵工作要实现对校园国防教育工作的回归

教育具有指引学生发展成人的本性与功能。军营和校园都是教育的重要场所，处于青春年华的学生将在这两个重要场所中优化其生命存在。在这个过程中，参与到整个征兵工作、退伍复学工作中的每一个管理者、实施者都要自觉抵制实用主义，抵制常态思想，在充分考虑国防和军队需要的同时，把对入伍学生和其他在校学生的国防教育放在重要位置，去触碰和挖掘征兵工作的更深层次理论，要在征兵工作中推动国防教育，在国防教育中解放学生对军事、对国防的思想，使学生能够欣赏军事，热爱国防，使其生命存在与国防需要相互融合。

（三）校园军旅文化哲学是高校征兵工作发展的基本理论走向

征兵工作归根结底是人的工作。而现代文化哲学关于人的文化的实证研究同关于人的形而上的理性思考结合起来，形成了关于人和文化的总体性理论[2]。文化哲学把对生命的理解规定为人的生理和心理活动状态及其客观化，揭示了生命关联的机制，这一机制包含着自我与他人、个人与群体、现实与历史、生理与心理以及心理的知性意等全方面和全层次之间的生命关联。这种新的方法论，为我们开展关于征兵工作研究打开了一扇窗。高校征兵工作是一类特殊的教育教学内容，也是一种重要的校园军旅文化，其中也包含着征兵入伍与学生个体学习生命的关联，产生学生与同学、教师、学校、军营、战友的相关关系，学生要在“军营服役这一特殊的教育教学内容”里的“校园—部队—集体—个人—集体—部队—校园—社会—个人”中去对自己的生命进行理解和优化，而这又恰恰是文化哲学的研究范畴。因此，高校征兵工作发展的一个很重要的理论研究方向便是校园军旅文化哲学。

三、入伍大学生全程化培养的实践探索

高校征兵工作要在服务国防建设的同时，更加尊重和关怀学生个体成长发展的需求，更加理解和重视参军服役对学生价值观念、言行举止的深远影响，更加努力实现征兵工作从事务管理型向服务引导型的转变。

从培养人才的角度出发，从学生成长的完整性和发展性的需求出发，对入伍大学生这一特殊学生群体的关注，应该做到以下几点：首先，将关注的阶段从入伍动员阶段拓展到入伍动员阶段之前、参军服役之中和退伍复学之后；其次，将关注的内容从思想动员，拓展到对学生的学业职业能力、公民道德素养、创新创造能力的培养；最后，将由上往下的工作视角，转变为从下至上的工作视角，使征兵工作更具发展性，能够与学生个体发展规律更加契合，而这样的转变，体现的是教育工作者对学生个体的尊重和关怀，对学

校人才培养要求的适应与落实，对国防和军队现代化建设工作长远发展的使命与责任。

以北京化工大学为例，面对高校征兵工作新的形势和人才培养工作新的要求，学校制定了旨在解决退伍学生角色转变问题、人际交流问题、专业学习问题和职业发展问题的“入伍大学生全程化培养计划”，并通过“建立两个平台，实施六项工作”来实现对入伍大学生进行全程化培养的目标。

（一）建立两个平台

“建立两个平台”是指建立“入伍大学生发展研究中心”和建立“入伍大学生之家”。

建立“入伍大学生发展研究中心”旨在掌握入伍大学生发展需求，开展以学生需求为导向的服务和研究工作，解决入伍大学生成长发展的现实和理论问题。主要研究内容包括：（1）入伍大学生环境适应、学业发展能力拓展、就业能力培养、人文素养培养、科学研究能力的培养；（2）入伍大学生培养与校园军旅成才文化建设、学校人才培养目标的关系；（3）大学生参军入伍与国防和军队现代化建设的关系；（4）高等学校国防教育学生骨干培养。

建立“入伍大学生之家”旨在实现入伍大学生群体的自我管理和自我教育，成为入伍大学生和学校主管部门之间的纽带，辅助相关部门开展工作。其主要工作内容包括：（1）组织退伍学生开展素质拓展及团队建设活动；（2）承办相关理论和实践培训课程；（3）协助主管部门开展征兵工作；（4）组织开展校园军旅文化建设活动。

（二）实施六项工程

“实施六项工程”是指在征兵工作开始前实施“星火工程”、在学生入伍前实施“启航工程”、在学生服役中实施“暖心工程”、在学生退伍后实施“111 成长工程”和“艾斯课程建设工程”，在学生毕业后实施“筑巢工程”。

“星火工程”关注对潜在入伍学生群体的宣传动员和思想引领，对重点入伍对象的重点培养。

“启航工程”关注对即将入伍大学生的思想教育和动员，帮助学生做好从学校到部队，在学习和生活方面的过渡工作。

“暖心工程”关注服役期间的大学生，通过联系部队、走访慰问、调查研究，掌握学生服役现状，了解部队、学生对成长发展和学校征兵工作的要求。

“111 成长工程”关注学生退伍复学后的环境适应问题，旨在通过 1 名退伍学生与 1 名热心公益的优秀学生进行朋辈互助结对，同时为该退伍学生配备 1 名成长导师，帮助学生更好、更快地适应校园环境，及时解决人际交往、环境适应、学业发展中遇到的问题。

“艾斯课程建设工程”（全称是 Assist Courses for Ex Students，退伍大学生培养辅助课程），旨在通过设置学业职业能力、人文社科素养和创新创业能力的专项培养课程，为退伍复学大学生提升综合能力搭建平台。

“筑巢工程”关注退伍复学大学生群体在毕业后的发展情况，用好退伍复学毕业生资源，建立长效沟通机制，服务在校退伍复学大学生的发展。

开展高校入伍学生的全程化培养，既是高校征兵工作的现实需要，也是高校育人工作发展的要求，同时也是摆在征兵工作者和高等教育工作者面前的一项重要课题。从目前高校入伍学生培养工作所面临的问题和发展趋势来看，重点还是要实现理念的转变，这种理念的转变包括对工作认识的转变，对学生作为自然人的认识的转变，要把对学生生命个体的尊重、理解、关怀放在与宣传、动员同等甚至更重要的位置来对待，而这种转变，恰恰是国家国防动员潜力的储备与积蓄，是国家战时兵力提升的根本保证。

参考文献

[1] 朱标积. 退伍返校大学生现状探索［J］，学术交流，2012（7）：171.

[2] 李小娟. 近年来文化哲学研究述评［J］，教学与研究，2000（6）：63.

高校征兵宣传工作的立体化机制构建

李雪光[①]　许利民[②]　吴　星[③]

一、高校征兵宣传工作的必要性

1. 高校征兵宣传工作是高校征兵工作的必然要求

中共中央、国务院在《关于进一步加强和改进大学生思想政治教育的意见》中指出：应积极探索新形势下大学生思想政治教育的新途径、新办法，努力体现时代性，把握规律性，富于创造性，增强实效性。自2011年《兵役法》中将大学生服兵役从“缓征”改成“应征”以后，高校征兵工作越来越受到国家、地方和高校的重视，很多高校都将征兵入伍工作同大学生思想政治教育工作相结合，切实推进征兵工作的有效开展。

高校征兵工作既是新形势下加强国防和军队现代化建设、依托国民教育为部队培养、输送高素质人才的必然要求，也是发挥军队资源优势促进青年学生成长成才的重要举措。征兵宣传是征兵工作中重要的一环，宣传工作的落实质量是影响征兵工作成效的重要因素，通过找准宣传工作的创新点和切入点，构建立体化的宣传机制，关注宣传意见反馈，保证宣传效果，探索推动征兵宣传工作发展的有效路径。

---

① 李雪光（1985—），女，北京化工大学北校区办公室教师，博士。研究方向：大学生思想政治教育。

② 许利民（1979—），男，北京化工大学北校区办公室副主任，博士。研究方向：大学生思想政治教育。

③ 吴　星（1988—），男，北京化工大学化学工程学院思想政治辅导员，硕士。研究方向：大学生思想政治教育。

本文发表在《教育教学论坛》2017年第5期，系北京化工大学—北京市东城区人民武装部合作项目“高等院校国防教育工作实效性研究”支持课题成果，项目编号：Z16-06。

2. 高校征兵宣传工作对高校征兵工作的积极促进作用

征兵宣传工作是运用各种媒介和符号传播关于征兵工作的所有信息，让高校学生对征兵工作有全面的认知和了解。征兵宣传工作不仅包括对征兵相关的政策、流程、注意事项的普及和宣传，更是对学生进行理念指导、思想指引、舆论导向的有效途径，对引导学生树立携笔从戎、报效国家的爱国意识，不断强化当代大学生的国防意识和国家安全意识等方面有非常重要的意义。

二、我国高校征兵宣传工作的现实困境

1. 宣传工作人员的流动性导致工作传承性差

目前，高等院校武装部设置不统一、功能弱化，有的院校武装部设置尚属空白，这势必影响兵役工作的落实。同时，由于征兵工作的阶段性属性，专门设置征兵工作专职人员的院校相对较少，在专职人员中挑选具备一定宣传工作功底的人专职从事征兵宣传工作的院校就更不多见了。多数院校都采用专兼职人员结合的方法开展征兵宣传工作，这势必会导致因兼职人员流动产生工作方法、工作经验传承差的问题。

2. 宣传工作时间的周期性导致工作效果间歇性

2013 年开始，高校征兵工作时间修改，工作时间从四月份到九月底，集中在六个月的时间里。征兵宣传工作主要围绕征兵工作的整体安排展开，包括前期动员、政策宣讲，中期的答疑解惑、发布阶段性工作通知和进展，后期公布人员名单、做好入伍人员的欢送工作等，宣传工作随着征兵工作结束而结束，整体呈现“轰轰烈烈一阵子、冷冷清清大半年”的周期性景象。工作的周期性导致宣传效果整体性不强，教育辐射效果不持续。

3. 宣传工作方式的传统性导致工作创新性局限

当前的征兵宣传工作方式具有一定的传统性，主要以文件传达为主，配合平面文字宣传开展，不仅在整体性宣传氛围营造和宣传体系设计上有一定欠缺，而且在宣传形式、宣传范围、作用实效、受益群体上都有一定的局限性，这种局限性导致征兵宣传常处于被动状态，不能获得良好的宣传效果。现代媒体具有覆盖面广、时效性强、可信度高以及不受时空限制等特点，其在征兵宣传中的有效应用，会使当前的征兵宣传需求得到充分的满足。

三、高校征兵宣传工作的立体化机制构建

1. 征兵宣传工作模块周期性机制

创建征兵宣传工作时间立体化机制，要明确征兵工作在大学生思想政治教育工作中的重要地位，将征兵工作进行模块周期性任务分解，结合征兵工作的开展时间设定模块和周期目标，从而实现征兵宣传的常态化发展。(1) 征兵工作开始前。进行征兵预热模块宣传，将国家对征兵工作的重视、青年学子的责任和我国国防对大学生队伍的需求传递给广大同学，营造征兵入伍的氛围；(2) 征兵工作开展期间。全力发挥宣传工作的优势作用，多种媒体途径共同发力开展宣传工作，形成征兵宣传处处见、征兵工作疑问有人答、预征对象有人管、组织活动有人搞的局面；(3) 征兵工作结束后。及时开展征兵工作总结活动，定期开展对服役学子的跟踪报道和退伍学生的榜样宣传，使整个宣传工作呈现连续性的特点。

2. 征兵宣传工作平台协同性机制

征兵宣传工作不能局限于征兵宣传本身，要扩宽宣传思路，协同学生常规的思想政治教育工作一起开展，形成平台协同性的放射性效果。结合国防教育课、军训等第一课堂开展国防意识教育，从课程实践中培养学生的意志品质和报效祖国的情怀；结合入学教育中爱国爱党教育工作，通过介绍中国共产党领导下的军队发展历程，引导学生将自己的发展同祖国的前途命运相结合；结合主题教育活动，例如五四学生运动、九一八纪念日、一二·九纪念日和汶川地震纪念日等重大纪念日，通过升旗、演讲等活动形式将爱国教育和国防教育有机结合，潜移默化地提升全校学生的政治素养和国防意识，无形中推进征兵宣传工作的发展。

3. 征兵宣传工作主客体培养机制

宣传工作的人员立体化主要包括宣传人员主客体培养机制的创建，主体是从事征兵宣传工作的工作人员，客体则是所有应征对象。对宣传主体而言，要全面认识征兵工作的重要性，了解高校征兵工作的发展现状、优抚政策和常见问题，对宣传工作的框架、宣传主题有前期的设计和规划；定期进行专业技能培训和学习，比如 PS 技术、新媒体平台使用技能、网络语言的培训工作，掌握从事宣传工作的基本技能并学会加以应用。对于受众学生而言，要

对学生成长背景、从兵意愿、自身发展进行全面的摸查，建立针对不同学生群体的征兵入伍网上测评系统和档案记录，通过发送针对性的宣传作品，提升宣传工作的针对性和有效性。

4. 征兵宣传工作推广多元化机制

征兵宣传工作推广管理制度不仅包括征兵宣传人员自身对各种媒体宣传推广的管理，还包括公众及其他媒体对征兵宣传工作的转发以及建议的收集。(1) 推广方式的多元化。通过公众互动形式进行宣传推广，例如举办征文、专题栏目等，提升学生对宣传平台的关注度，鼓励学生参与宣传平台的建设工作。(2) 推广主体多元化。建立“跑口”记者登记制度，通过新闻媒体管理机构、报刊订阅等方法，寻找相关的媒体平台，积极向他们提供有价值的宣传线索，使宣传推广效果最大化。(3) 推广平台多元化。和学校有关的媒体平台合作，利用官方网站、学生会微信平台、微博等学生关注度高的平台，进行信息共享和转发，提高宣传的受众面。

5. 征兵宣传工作保障全面性机制

保障立体化机制是衡量征兵宣传工作质量和促进工作效果提高的必要途径。保障反馈机制主要包括反馈意见收集、反馈信息分析、工作方法总结和工作体系完善四个方面。意见反馈收集要分别针对普通同学、有参军意愿尚未实现、已参军入伍、退伍返校四类人群分别开展，通过宣传平台留言、平台粉丝数、文章阅读量、座谈会等形式收集不同群体的接收感受；对收集信息进行分类整理，开展全面深入的分析工作，对学生提出的问题在第一时间予以反馈和回应；对宣传工作中的好做法给予保留，对妨碍宣传工作有效开展的思路、平台和活动及时修正和二次意见征集；完善宣传工作的整体框架，在新媒体时代的大背景下，利用网络平台的即时性和网络用语的感召力的优势，及时调整工作思路和方法，做出顺应时代发展的征兵宣传作品。

半军事化学生组织人才培养模式研究

——以北京化工大学大学生国旗护卫队为例

赵金明①

一、大学生国旗护卫队建设理念

大学生国旗护卫队的使命是：推动以国旗教育为引领，以历史观、民族观、国家观、文化观为主要内容的，面向全体师生和社会公众的爱国主义教育，不断增强全体师生、社会公众的民族归属感、认同感、尊严感和荣誉感，提高国民教育的质量和水平。

二、大学生国旗护卫队建设与管理模式

建立“一纵一横”的队伍建设与管理模式。（1）“一纵”指纵向管理体系。目前，大学生国旗护卫队建立了从学校主管部门，到指导教师，再到主要学生干部的管理体系。建立并严格落实《北京化工大学国旗护卫队章程》，包括人员管理、队列训练、纪律检查、装备管理等，是队伍建设与管理的根本依据。(2) “一横”指横向文化符号体系。目前，大学生国旗护卫队建立了包括 VI 视觉识别系统，以及包括“旗手讲堂”等具有鲜明特征的文化符号体系。

---

① 赵金明（1990—），男，北京化工大学人民武装部教师，硕士。研究方向：大学生思想政治教育、国防教育。

本文系北京化工大学—北京市东城区人民武装部“高等院校国防教育实效性工作研究”支持课题，项目编号：Z16-06。本文刊发在 2016 年 12 月的《课程教育研究》。

三、以爱国主义教育为载体的半军事化学生组织人才培养途径与成效

1. 与校园文化建设融合，培育和凝练队伍文化内核，丰富教育内容，提升大学生国旗护卫队的文化软实力。

队伍文化集中体现为队员的共同价值观，即“责任、忠诚、荣誉”的“国护精神”，还体现在队歌、入队誓词、VI视觉识别系统、军事服饰装备，以及《章程》、品牌活动在内的具有鲜明特征的文化符号当中。

2. 军民融合，提高队伍技术水平，塑造队伍的精气神，增强大学生国旗护卫队的核心竞争力。

一是邀请天安门国旗护卫队退役队员、解放军三军仪仗队退役队员担任教官；定期组织学生参观、学习。二是广泛吸纳优秀退伍大学生士兵加入国旗护卫队。三是组织前往我校大学生入伍服役基层部队慰问。四是邀请现役部队首长、教官为队员授课，拓展大学生国旗护卫队的爱国主义教育资源。

3. 与社会资源融合，拓展教育平台，拓展队员视野，不断增强队伍在教育学习活动中的影响力。

近年来，队员分赴全国各地开展社会实践，倾听历史的伟大声音。与南京大屠杀遇难同胞纪念馆、宋庆龄故居、刘少奇故居等多个爱国主义教育基地签署共建协议。

4. 与党团建设深度融合，提高队伍组织建设的水平，将大学生国旗护卫队建设成为一支具有坚定政治信仰的传播爱国主义精神的可靠队伍。

“国旗班党支部”建立后，国旗护卫队开设了“旗手讲堂”。一是邀请名师大家为队员讲时事、讲素养、讲价值观、讲方法论；另一个是指由队员自己讲国旗、讲时事、讲学业。目前，“旗手讲堂”已开讲100余次。

5. 与互联网技术深度融合，推动爱国主义精神的线上线下互动传播，助力大学生国旗护卫队爱国主义教育旗帜品牌建设。

大学生国旗护卫队实施了“多媒体线上宣传计划”。目前已开设网站，建立了新浪微博和“北化国护”微信平台，使活动的报道更及时、更灵活，更接地气。目前“北化国护”微信平台，推送新闻383期，整体转发量19200次，微信平台已成为爱国主义文化观、历史观、国家观和民族观的重要传播途径。

四、大学生国旗护卫队育人成效

队伍建设硕果累累。大学生国旗护卫队获得了包括“全国五四团支部”“全国校园文化建设成果一等奖”在内的国家级荣誉2项，包括“北京高校国旗仪仗队检阅式一等奖”“北京市先锋团支部”在内的省部级以上荣誉45项。执行各类升旗任务1000余次，组织各类学习教育活动100余场，年参与人数达到10000人次；四年来，队伍社会实践覆盖山东、江苏、江西等10余省市，建立校外爱国主义教育基地12个，社会实践总行程超过10000公里。

队员得到历练成长。队员的保研比例超过25%，党员比例达到70%，队员中获得奖学金的比例达到100%。在国旗护卫队已经毕业的260名国旗护卫队队员中，有78人获得硕士博士学位，有103人已成为了企业的中流砥柱。同时，国旗护卫队的育人成果还得到全校师生、社会公众的高度认可。

五、大学生国旗护卫队发展趋势

当前，大学生国旗护卫队建设正面临新的挑战与机遇。大学生国旗护卫队的建设与发展呈现出以下发展态势：一是需要把握时代特点，拓展更宽广的认知视野，建立更宏观的工作格局。二是需要建立“大融合”教育理念。三是要落实到具体工作，提高思想政治教育工作的精细化水平，推动爱国主义教育在广大师生、社会公众的心里扎根、开花结果。

高校军事体育类学生组织发展模式研究

乔　宁[①]　曲书豪[②]

高校学生社团在学校第二课堂育人过程中发挥着重要作用，在各类学生社团蓬勃发展的同时，活动特色鲜明、军旅氛围浓厚的国防军事类社团逐渐受到学生们的青睐。国防军事类社团主要涵盖军事爱好者协会、国旗护卫队、与某项军事技能相关的组织（如定向越野协会、兵棋推演协会，还有由高校退伍士兵组成的学生社团等）。高校社团的发展模式一直是社团管理工作者青睐的研究方向，而国防军事类社团由于其特殊的国防教育性质，使其在发展过程中也同样具有特殊性，本文将以北京化工大学定向越野协会为例，探究高校国防军事类学生社团的发展模式。

一、国防军事类社团在高校中的重要意义

1. 传播国防文化，提升大学生国防意识

在我国，除了国防类学校以外，大学生很少能够全面地接受国防教育。虽然处于和平年代，但在当前的国际形势下，中国对外仍存在多种隐患，我们必须要紧固国防观念这根弦。大学生是国家的希望，他们的国防观念会影

① 乔宁（1991—），女，北京化工大学化学工程学院思想政治辅导员，硕士。研究方向：大学生思想政治教育。

② 曲书豪（1992—），男，北京化工大学化学工程学院思想政治辅导员，硕士。研究方向：大学生思想政治教育。

本文系北京化工大学—北京市东城区人民武装部“高等院校国防教育实效性工作研究”支持课题，项目编号：Z16-06。

响到国家未来的安全与稳定，所以从长远来看，培养大学生的国防意识意义重大。国防军事类社团将国防教育融入至各项社团活动与交流中，潜移默化地培育学生养成国防观念，是高校传播国防文化的重要推手。

2. 营造军旅氛围，激励大学生参军入伍

不少学生初入大学时都有一个“军旅梦”，大学生参军入伍也是国家的号召。但多数有意向参军的学生在真正面临征兵时却因家庭、学业或者个人因素开始退缩。国防军事类社团作为高校中与“军旅”最贴切的组织，以其丰富的军事技能活动、军旅文化体验吸引学生加入，让学生持续感受军旅氛围，潜移默化地引导学生接受爱国主义熏陶，树立家国抱负，从而激励大学生参军入伍。

二、创新课堂形式，优化军事理论课程教学

军事理论课是普通大学生接受国防教育的第一课堂，但是，由于军事理论课专业性与理论性过强，授课方式过于教条化，学生掌握起来往往较为困难，教学效果不太理想。国防军事类社团作为国防教育培育的第二课堂，可以有效弥补第一课堂的不足，通过开展形式多样的军事活动、交流会、调研实践等来丰富第一课堂，引导学生以自主学习代替机械的课堂记忆，使学生加深学习效果，促进理论教学。[1]

三、目前国防军事类社团存在的问题

1. 管理乏力，缺乏长远规划，发展随意性强

国防军事类社团成立之初，往往是几个社团成员因共同的兴趣爱好组建起来，社员进入或退出都比较随意，社团活动也以几个人的决定为主导。当社团逐渐壮大，社团成员越来越多时，这种以几个人的意见为主，随意、无规划性的开展活动便不再适应社团发展。加之社团人员流动性强，学生自主管理能力有限，往往导致社团缺乏长期的目标和规划，发展随意性很强，不利于社团的长期发展。

2. 活动创新性不足，缺乏吸引力，影响力小

许多国防军事类社团在活动开展形式上有局限性，活动仅仅限制在自己熟知的项目范围内，缺少多元化探索；加之校内各社团间缺乏交流以及与校

外同类型社团的联系、互动较少，使得国防军事类社团的活动形式较为单调，活动内容缺乏吸引力，社团在校内的影响力小。

3. 主管部门重视程度不够

高校国防军事类社团与其他社团不同，其主管部门除团委外，也包括学校武装部。相较于其他社团，国防军事类社团往往需要较多的经费支持与人员支持。比如，国旗护卫队需要购买统一的制服、马靴；定向越野队需要购买定向设备，参与校外定向技能培训；许多国防军事类社团还需要配备专业的军事技能指导员。因此，社团的发展壮大离不开主管部门的大力支持，但有些主管部门却并不愿意在社团建设上投入过多精力，往往以经费紧张、人员有限等为由进行限制，久而久之，导致社团发展停步不前。

四、国防军事类社团发展模式探究

1. 组织管理模式

（1）疏通社团纵向管理体制

一般情况下，高校国防军事类社团除受学校团委领导之外，也归属于学校武装部。由于此类社团所具有的特殊性，他们比一般社团更需要上层主管部门的支持。所以，国防军事类社团在发展中有必要疏通纵向管理体制，明确从属关系，并与主管部门保持密切沟通，完成上级交代的任务，在长期发展目标上与之保持一致，争取获得足够的平台支持、技术支持与资金支持，实现双方共赢。

（2）建立科学的横向组织架构

国防军事类社团承担着丰富校园文化、普及国防意识的任务，而一切对外活动都离不开健全的组织架构。要完善组织架构，首先，要把团队的发展目标与学校第二课堂教育目标相结合。其次，结合社团自身特点，科学设置各个部门机构。最后，各部门分工明确，密切联系，加强协作。学生社团中的部门就像一个个齿轮，只有各部门之间相互配合，才能使齿轮完美契合，形成合力，推动团队向前发展。

（3）完善规章制度，开展半军事化管理

半军事化管理是非军事单位借鉴军事单位的管理方式进行自我管理，其实质是追求一种纪律严明、令行禁止的工作境界。在国防军事类社团中实行半军事化管理，符合国防军事类社团基本定位，也有利于统一思想，严明纪律，从而形成积极向上的风气。社团内部完善的规章制度是实行半军事化管理的前提，各类工作管理条例为社团发展奠定了基础，评奖评优条例可以激励社员奋进，惩罚淘汰机制则使社员明确纪律性。

我校定向越野协会注重“纵横”双向发展，纵向形成“主管部门→指导教师→协会”的三级管理体制。协会紧密团结武装部、团委两个主管部门，定期汇报工作进展，并聘任“双指导教师”。其中，“训练导师”负责日常训练及赛事指导，“生活导师”负责协会管理及文化建设；协会内部横向设置5个职能部门，各部门各司其职，共同推进协会发展；协会规章制度齐全，设有严格的训练制、请销假制及体能考核制等。“训练导师”在每学期初制定系统的训练计划，将训练方案细致到每个星期，要求学生定时、定点集体开展定向体能训练，学期末对全体成员进行体能考核。协会以会建队，设立《定向越野队队员选拔机制》《队员流动考核机制》，从协会选拔优秀队员入队，为定向运动发展储备有生力量。“生活导师”在完善协会基本职能部署的基础上，指导协会在各个管理环节制定规范标准和要求，严明纪律，规范流程，按照社团半军事化管理模式要求，制定了《北京化工大学定向越野协会章程》《定向越野协会器材使用规范》《定向越野协会财务报销说明》《定向越野协会人员考核机制》等一系列规章制度。

2. 文化培育模式

(1) 培育社团“软文化”

如果把社团比作一个人，那么组织构架便是一个人的骨骼，规章制度是一个人的血脉，而社团文化则是一个人的灵魂。社团的发展离不开社团文化，由于国防军事类社团带有特殊的军事化色彩，其社团文化也显得更加立体、明确。社团要树立以协会章程、社徽、社旗、社训、核心理念等构成的文化体系，以使社员在思想上统一战线。通过定期组织内部活动、联谊、交流会等方式构建稳定的“家文化”，营造社团归属感。社团“软文化”培育促进了社团凝聚力，使社团变成一个有温度的集体，激励着社员不断为共同目标而努力。

(2) 多方位开展素质教育

国防军事类社团肩负着传播国防文化的重要使命，也是大学生参军入伍的有效宣传途径及后备力量，所以，加强对社团成员国防意识的培养是一项重要工作。同时，从社团文化建设及人才培养的角度出发，社团需要提供一个开放的、多元化的平台，多方面开展素质教育，以满足学生个人成长需求，提升学生的个人能力水平。

北京化工大学定向越野协会以“爱定向、越人生”为社团精神，注重培养社团成员的归属感，为会员送去生日祝福，为参军入伍会员举办欢送会，从细微处凝聚集体力量。同时，协会注重多方面开展素质教育，培养会员全面发展。开展爱国主义教育：定期组织会员开展爱国爱校教育，观看升旗仪式、走访红色基地，开展“聚焦两会”“我为核心价值观代言”等主题学习活动，组织学生学习国防知识，举办国防知识竞赛，多方面培养学生的国防意识；开展集体意识教育：协会通过日常活动锻炼学生集体意识，组织素质拓展活动，利用社会实践、志愿服务等平台积极开展定向知识普及与赛事体验服务，积极协助学校组织的“12.9长跑”“荧光夜跑活动”，参与星级社团评比，在活动过程中加强学生集体归属感；开展个人素质提升教育：协会重视学生个体发展，针对不同学生的需求，协会各部门定期开展如新闻撰写培训、看图识路培训、摄影PS培训等活动，满足学生的兴趣需求。

3. 活动开展模式

（1）协同多方资源开展活动

国防军事类社团目前在高校众多社团中仍属“小众团体”，在活动开展过程中受限于场地、设备、宣传等因素，活动受众面较窄，影响力小。想要突破这种僵局，社团需要有长远的发展目光，协同校内外社团共同发展。一是组建高校国防军事类社团联盟，交流发展经验，共同促进；二是联合开展大型活动，聚成合力，从而增加学生参与度，扩大活动影响力。以定向越野活动为例，定向越野设备昂贵，以单个社团的设备储量很难开展大型定向活动，如果多校联合开展活动，则可以弥补这一缺陷，并能扩大活动影响力，一举多得。

（2）活动开展层次化、多元化

社团开展活动不必局限于一成不变的活动形式与内容，在符合社团发展目标的基础上，针对不同层次的学生开展不同类型的活动。比如，对某国防军事社团来说，对一些军事技能掌握较好的学生可以开展专业性强的活动，对部分感兴趣的学生可以开展培训类、引导带入式的活动，对于完全没有定向经验的学生，开展体验式活动以培养兴趣则更为重要。同时，活动类型也不必拘泥于现有种类，可以在现有的基础上发掘学生们喜闻乐见的活动，丰富活动体系，让学生在体验兴趣的过程中感受军事魅力。

（3）创建品牌化活动

从军事活动的普及和社团的长足发展考虑，国防军事类社团在面向学生开展活动时，需要考虑活动质量及影响力，打造长期固定的品牌活动。品牌化活动就是在校园内打造参与率高、知名度广、好评率高的活动，并将活动固化、传承，成为校园第二课堂教育中不可或缺的一环。

我校定向越野协会成立之初，还是一个人少、没有活动经验的小社团。为了扩大协会的规模，增强协会在学校以及在北京市的影响力，协会致力于拓宽校际联络渠道，积极与各兄弟院校相同性质加强沟通交流。2016 年 3 月，我协会联合政法大学、石油大学的定向协会举办昌平三校定向邀请赛，并在 5 月主动联系北京市各高校举办了北京市高校定向联赛，共同传播军事定向文化。协会针对不同层次学生开展不同类型活动，针对定向越野水平较高的学生，组建“定向越野队”，开展专业的定向实战训练，并带领学生参与市级、国家级大型比赛；针对一般兴趣类学生，开展各类型的校园训练赛；针对无定向经验类学生，协会提供无偿赛事体验服务。“新生军训定向赛”和“校运会百米定向赛”是长期固化下来的两项品牌活动，学生耳熟能详，活动受到学校的高度重视，每年有 1000 人次参与。协会还积极校园举办日常赛事，“北京化工大学八院杯”“新生会员体验赛”等，将军事定向活动普及给每一个学生，以赛聚心，丰富校园文化，传播国防意识。2016 年，协会收获“北京市国防教育类优秀社团”及我校首个“校园青春榜样”团体奖项。

综上所述，在构建国防军事类社团发展模式的过程中，要注重组织管理模式构建，对内要严明纪律，规范制度建设，疏通纵向管理体制，建立科学的横向组织机构；注重文化培育模式构建，发展社团“软文化”，加强对社团成员国防意识及素质教育的培养；注重活动开展模式构建，积极争取外部资源，开展多层次、多元化活动，创建品牌化活动。在三方面发展模式的共同作用下，使协会不断发展壮大，为高校国防教育普及、人才培养及校园文化建设添砖加瓦。

参考文献

[1] 游博. 论高校国防类社团推进国防教育的有效路径［J］. 创新与创业教育，2015（06）：138-140.

高校国防教育类微信公众平台发展趋势研究

张珊瑚①

高校国防教育作为素质教育的重要组成部分，担负着增强学生国防意识、培养国防观念和国防技能、提高身体素质的重要任务。因此，做好高校国防教育是培养高素质综合人才和加强国防后备力量的必然要求。当前正是互联网发展最迅猛的时代，人和人之间、人和物之间、物和物之间的交流形态与方式发生了革命性变革。

一、微信公众平台建设在高校国防教育工作中的重要意义

传统的国防教育形式较为枯燥单一，难以适应当今国防快速发展的客观现实，微信的产生顺应了时代变革的需求，实现了信息传播的同步、即时、覆盖，促成了“人人都是媒体，实时参与传播”的新媒体传播新格局。以微信公众平台为代表的新媒体能展现最新最全面的国防武器装备、战略战术及国际国内热点时事等国防教育相关内容。资料显示，截至 2014 年 12 月，我国网民规模达 6 亿多人，其中手机网民规模达 5.57 亿人，在整体网民中占比 86%。网民中学生群体的占比最高，为 23.8%，高校的学生受新媒体的影响最大。根据腾讯官方公布的信息显示，微信用户群年轻化特征十分明显，年龄在 20 至 30 岁之间的微信用户占了 74%，拥有大量碎片时间的大学生是主体。

---

① 本文系北京化工大学—北京市东城区人民武装部合作项目“高等院校国防教育实效性研究（项目编号：Z16-06）阶段性成果。

当今高校大学生的世界观、人生观、价值观正处在形成阶段，一定程度上存在理论功底薄弱、认识能力不足的问题，再加上意识形态领域斗争复杂性，缺少对各种社会思想进行甄别的政治鉴别力和政治敏锐性，容易受到错误思潮和观点的迷惑。所以，要积极从全局战略的高度出版，充分利用好新媒体，认识到高校宣传国防意识工作的重要性，积极抢占微信宣传思想工作的新阵地，虽然国防教育的严肃性和教育性不能弱化，但需要充分考虑新时代新媒体环境下关注者的心理接受需求，根据受教育者的想法、需求、行为和社会时事的改变，与时俱进地进行高校内的国防宣传教育，创新教育形式，改善教育环境，使主流爱国主义话题与以微信公众平台为代表的新媒体相适应，更加接地气。

二、高校国防教育类微信公众平台存在的问题

1. 栏目设置随意

微信公众平台需要打造独特的品牌，设定较为固定的栏目是非常有助于引导、吸引关注者阅读，也有助于帮助大家养成阅读习惯。在对比调查中发现，虽然内容设置有明确分类，但日常推送中基本处于随意设置栏目或者不设栏目的状态，由此引发推送微信阅读量的失衡，不利于受众养成定期阅读的习惯，影响了用户的阅读体验，导致用户忽略微信公众平台的存在；“北化国防教育”微信平台在军训期间形成固定的栏目，包括每日天气预报、每日基地图集等栏目，阅读量稳定在1000人次，但在军训结束后的日常学习生活中没有形成良好的栏目体系。设置相对固定的栏目对形成特色、吸引用户有一定的作用，有利于形成品牌和特色，而栏目要保持一定的稳定性，但并不意味着要一成不变，也需根据具体的情况适时做出相应的调整。

2. 整合服务不够

国防类微信公众平台的生命力还在于其对关注者的服务，关注者有一分的需求就该提供十分的高质量服务。高校要将国防类微信公众平台打造成为学生服务的平台，而不仅仅是发布信息或新闻的平台。公众平台的运营人员服务意识不强，微信服务性较差，无论是内容的选择，还是报道的角度，都缺少受众意识、服务意识，不能实时更新，仅保留了最原始的征兵相关政策信息，不能完全满足关注者的需求。

3. 互动体验不佳

公众平台的优势在于能够与关注者进行良好互动，其互动效果如何，会直接影响到关注者对微信公众平台的依赖性，对传播的效果有非常直接的影响。“北化国防教育”单篇推文阅读量突破 7000 人次，但是这样的场景并没有得到延续，原因是缺少互动思维，依旧像办传统媒体单纯推送信息一样办微信公众平台，有时候对关注者提出的问题不能及时解答，或者不解答，或者解答不清楚，缺少激励和引导关注者的线上或线下活动，很难调动广大用户关注浏览平台的积极性。

4. 推广力度不足

关注者的多少及活跃度是直接决定微信公众平台传播力的重要因素。微信内容的阅读量和关注者的多少有直接的关系。关注者数量的增加或减少与推送的内容质量有直接的关系，也与推广和营销的方式、力度有直接关系。我们将工作重心多放在采编、发布信息上，对推广营销缺少必要的、应有的重视，处于被动的地位。许多师生对国防类微信公众平台了解不多，缺少迅速关注的途径。如今高校内微信公众平台数量很多，令人应接不暇，如果缺少必要的、有效的推广，很难扩大关注者的规模。

5. 管理制度滞后

国防类微信公众平台的完善离不开科学的管理制度、强有力的团队和必要的经费。但目前来看，高校国防教育类微信在这些方面或多或少存在着一些问题。我们没有建立相应的管理制度，没有设置专门的微信运营和管理机构，在日常工作中处于松散的管理状态。我们虽然有优秀的运营人员，但是却没有完善的制度来明确指出在公众平台运营上的系列问题，管理处于失控状态。目前我们的微信运营团队构成多为武装部教师带领学生维护运营，专职人员不够，难以满足工作需要。大多数日常维护和运营的主要工作交由学生承担，学生队伍流动性强、约束力不够、学业负担重、时间和精力有限，尤其在考试阶段、假期等更是无暇顾及，使得微信更新的频率和内容质量难以保证。与此同时，没有专项经费也是一个现实问题，缺少必要的经费投入。很多发表微信原创文章的人不能获得稿费或者报酬低，很难调动原创作者们的积极性，所以很多平台想征集高质量的稿件十分困难。

三、“北化国防教育”微信公众平台建设实践探索

自北京化工大学“北化国防教育”微信公众平台成立以来，不断进行调整改革，初见成效。为将国防教育和微信公众平台更好地结合，我们做出了如下探索：

1. 不断完善内容体系，增强学生对军旅文化的了解

从2013年建设“北化国防教育”微信公众平台工作以来，我校根据新媒体所具有的特点，结合青年学生思想状况和自身需要，充分利用重大历史事件纪念活动，如建党95周年、抗战胜利70周年、红军长征胜利80周年、国家公祭日等制作简洁明了，纪念意义性强的推送。同时对大学生参军入伍政策、报考军校政策、军队改革要点等学生们关注的焦点进行宣传，相匹配地推出“征兵背后的故事”“赴云南边防调研系列”“赴基层部队慰问调研系列”等系列性报道，引导青年学生关注身边入伍大学生群体，增强他们对军队的了解，普及军旅文化。在军训期间，每天推送日总结和简讯，帮助学生家长了解军训情况，也方便了同学们获取所需信息，并为军训留下了美好回忆。对我校半军事化社团的各项活动进行宣传报道，为各半军事化社团活动开展起到推动作用，提升了校园影响力。

2. 创新话语体系，扩大国防教育的校园影响力

我校在国防教育内容中重新建设话语体系，适应新时代媒体传播的需求，生产口语化、生动化、形象化的推送内容，同时融入时尚文化、传统文化和校园文化，形成正能量导向，提供学生群体喜闻乐见，充满正能量，便于学习工作生活的内容。例如用“关注国护不迷路，开启缘分第一步”“不关注两会你就OUT了”等生动活泼的网络化语言，结合网络热点事件和校园国防大事件来吸引学生关注，并充分引导，加强网络素养教育，使校园新媒体成为传播健康有益信息和文明理性表达意见的新平台。特别是注重网上网下的有机一体化融合，将微信推送内容与线下活动相结合，如“退伍不褪色”系列与同学们互动评选出“最美军被”，提高了大家的参与热情，不仅扩大了国防教育内容的覆盖面和影响力，还引导学生用实际行动参与到校园军旅文化建设中来。

3. 不断健全运营体系，为同学们提供更好的后台服务

指导教师具有较高的新媒体素养和知识体系，将新媒体理论知识运用于具体实践中，在指导学生中发现新媒体工作的薄弱环节，不断查缺补漏，把握新媒体的可控性。与此同时，选拔出一批熟练掌握微信公众平台技术、政治素质较高的学生干部组成微信公众平台运营团队，对他们进行培训。还要聘请有关职能部门的负责人，微信公众平台运营专家，传播学、心理学教授等成立校园新媒体顾问团队，对工作中出现的问题进行及时把脉，不断创新工作模式。

四、高校国防教育类微信公众平台发展趋势探究

1. 建设更加专业化的运营团队

高校国防教育类微信公众平台的发展前景是专业化发展。在现今语境下，专业化运作已经成为每个行业都推崇的定局。对高校国防教育类微信公众平台而言，这样的趋势更加明显。微信公众平台的运营人员一般都是在校学生，尤其许多微信平台的主要工作人员都具有较高新闻素养和新媒体技术功底，这些学生虽然没有经过新媒体方向的专业学习，但他们一般也具有比较强的审美能力、文字能力以及信息接受能力和素材处理能力。所以从选题定位、文案编辑、图片处理，到后台回复、活动策划、行政后勤，都能有适合职务分工的人员专门负责，并有所侧重。对高校国防教育类微信公众平台健康发展而言，专业化的人员构成和平台运营有利于向学生提供更加专业和更富传播价值的国防教育内容，也更容易将高校国防教育理念推广出去，并使影响效力达到最大化。

2. 打造更具社群化的内容品牌

此外，高校国防教育类微信公众平台还具有社群化发展的趋势。对网络传播而言，它的本质特征是社群化。社群化的基点在于相关性，高校国防教育类微信公众平台社群化发展的基础在于受众群体具有共同的兴趣，相似的目的以及对信息相同的口味。针对高校国防教育类微信公众平台，举一个最简单的例子：如果一名我校学生在浏览微信朋友圈时，发现自己的一位朋友分享了南方某高校的有关信息，浏览的可能性自然极低，但如果他看到的是我校的有关消息，他就有非常大的可能去点击阅读——因为这个文案内容很

可能与自身利益相关。这种心理程式，自然而然地构成了高校国防教育类微信公众平台社群化的基础。无论传播信息的来源和内容，微信朋友圈的本质本来就是一个以人际传播为基础的社群化传播媒介，高校国防教育类微信公众平台的社群化发展会促成特定人际关系网下对这个平台的适应性和归属感，促使这个高校国防教育类微信公众平台成为同一高校平台下的人际维系和信息传递的桥梁。由此，高校国防教育类微信公众平台可以通过一定的方式，增加粉丝依附性，提高受众群体的心理归属感。在这样的链条下，高校国防教育类微信公众平台会容易形成一个良性循环，并在固定受众中获得良好的声誉。

3. 增强推送内容的服务性

综观高校国防教育类微信公众平台，提供具有服务性的文案或信息，是一个适合公众平台发展的良好方向。微信公众平台的主要价值就在于让微信公众平台的运营者的服务意识得到提升。在微信公众平台上，公众平台的运营者可以为订阅者更好地提供服务，并通过服务的提供获取一定的精神收益或经济收益。并且，高校国防教育类微信公众平台的服务化是易于操作的，小到每日升旗，军训期间展示基地风景、播报天气预报；大到国家对大学生征兵政策的解读，高校国防教育大政方针，等等，都可以通过微信公众平台呈现出来。再到推出具有军旅特色的系列报道、图集展示，使公众平台直接构成并影响校园军旅成才文化氛围，这些都是高校国防教育类微信公众平台可以着手的方面。一言以蔽之，高校微信平台最终的发展方向依旧是以内容取胜，所以，提高文案的服务效力，一方面可以吸引受众关注，另一方面可以塑造公众平台的良好口碑。

4. 提高后台运营的互动性

高校国防教育类微信公众平台还可以通过互动性的发展，形成和学生的良好互动。微信公众平台本来就是依靠互动获得关注的。从内容上，公众平台依靠群发推送向用户推送活动通知或国防知识，可以增加互动形式，形成良好线上线下交流。从消息的互动上，高校国防教育类微信公众平台可以依靠自动回复使用户根据关键字从公众号获取常规消息，获得以文字、图片、视频等形式为载体的内容；也可以通过后台工作人员对订阅者问题的解答实现公众平台和用户的一对一交流，将微信公众平台建构为内闭式、互动性显著的客户服务应用。实现公众平台的互动性发展是非常人性化的，也是易于维护公众平台用户体验的。高校国防教育类微信公众平台一个可尝试的发展趋势是营造后台虚拟人形象。举一个并非归属于高校公众平台，但比较成功的案例：壹读（yiduiread）微信公众平台每周日上午 10 点都会固定推送“壹读君有后台”，就是根据公众平台订阅者的后台提问而设置的一个常设栏目。高校公众平台后台的处理上，也可以适度借鉴这个模式，以形成和粉丝的良好互动。

参考文献

[1] 张冬胜，陈雄军. 新媒体视阈下高校国防教育创新研究——基于某高校的思考 [J]. 河北工程大学学报（社会科学版），2016（03）：67-69.

[2] 张艺腾. 全媒体背景下高校国防教育宣传的创新研究 [J]. 创新与创业教育，2016（01）：140-142.

[3] 彭丽娟. 关于高校官方微信公众平台的现状与思考 [J]. 新闻知识，2015（07）：84-86.

[4] 郭源阳. 新媒体视角下高校国防教育途径研究 [J]. 继续教育究，2014（07）：112-113.

[5] 李扬建. 高校国防教育：以新媒体构筑新阵地 [J]. 传媒观察，2015（12）：47-48.

第四章

媒体关注

“勋章”

——北京化工大学退伍大学生曹洋的人物事迹

（《北京日报》2016 年 5 月 23 日第 9 版）

曹洋哭了。

泪水混着雨水，打湿了她的脸。

眼前的一切，刻骨铭心，虽然已不再属于她。

最后一排右二为曹洋

这是三军仪仗队的军营，曹洋是刚刚结束服役，重返校园的女大学生。她曾是这里的一员——三军仪仗队首批女队员。

曹洋向国旗敬礼

望着军营，曹洋哭得很伤心，就像是离家多年的孩子终于又回到家，宣泄着压抑许久的思念。

1995 年，曹洋出生在内蒙古。这个从小练体育的姑娘，性格像男孩一样爽利，从不轻易服输。

高中时，她主攻中长跑。800 米的成绩总是上不去，小曹洋一度心理压力过大，甚至一听“800 米”，眼圈就会发红，肠胃一阵阵痉挛。不过害怕归害怕，小曹洋哭完了，抹干眼泪，还是坚持训练，每天加练，成绩一点一点提高。

曹洋不仅性格像男孩，就连梦想都和男孩一样——当兵。

2013 年 9 月，已是北京化工大学文法学院社会体育专业学生的曹洋，应征入伍，圆了参军梦。

曹洋最想当特种兵，身怀绝技，孤胆英雄，多刺激。可命运就好像故意考验她一样，没让她当特种兵，而是把她送到了偏远的连队里，当话务兵。

军人首先是服从，曹洋明白这个道理，虽然心中有些失落，但还是接受了现实。“当不了特种兵，我就当个好话务员。”曹洋向身上的军装承诺。

从小练体育，又是大学生，曹洋在新兵中有点“文武双全”的意思。不仅号码背得快，体能训练也很突出，第一次跑三公里越野，她就及格了，教官甚至拿她来“刺激”男兵：“看看人家小姑娘都比你们跑得快!”

就在曹洋准备咬牙完成新兵训练的时候，命运又想起了她。

军区要挑选仪仗女兵，身高 171 厘米的曹洋被选中了。2014 年 2 月，她被选调到中国人民解放军陆海空三军仪仗队，成为我国首批仪仗女兵。

“其实，仪仗队选人的时候，我还没搞清楚‘仪仗兵’和‘国旗护卫队’有什么区别呢!”曹洋不好意思地笑了。

第一次看三军仪仗队操练，曹洋完全被震住了，“这太整齐了，这怎么可能?”曹洋正寻思着，军官训话又在耳边炸响——“平时睡觉不能枕枕头、练军姿时，要别大头针……

军官并不是吓唬她们，那些“魔鬼训练”曹洋一一经历。训练的艰苦，使曹洋又想起来了“800 米噩梦”，不过这次她没有哭，咬牙坚持下来。

终于，曹洋成为合格的仪仗兵，先后完成了上海亚信峰会、海南博鳌论坛、北京 APEC 会议等 20 余次仪仗司礼任务。

最让曹洋难忘的，还是 2015 年 9 月 3 日。那天，纪念中国人民抗日战争暨世界反法西斯战争胜利 70 周年阅兵在天安门举行。中国人民解放军三军仪仗队的 54 名女兵首次亮相。最后一排，从右往左数第二名女兵，就是曹洋。

短短 98 米，128 步，曹洋整整练了 3 个月。

每天训练 12 个小时，正步丈量，慢步、齐步、连贯正步、踩乐、分列式……1823 米的 2 号跑道，曹洋已数不清走了多少个来回。

训练中，女兵最大的挑战是身高。171 厘米的曹洋，步幅和节奏要跟平均身高超过 185 厘米的男兵保持一致。这怎么练?曹洋有办法，她找来尺子，量好男兵的步幅，每天训练结束后加练……

功夫不负有心人，曹洋很快达到标准，并为其他女兵做起示范。“加练苦不苦?”面对这样的问题，曹洋总是轻松地笑笑，“无非就是打几个血泡，人人都有。”

阅兵，是曹洋退伍前的最后一次任务。如今，她已回到校园继续学业。军营的淬炼，使曹洋的身姿更加挺拔，遇事更加专注、刻苦。别看两年没学文化课，曹洋很快就跟上了教学进度，没用一个学期，成绩就排到了年级前 10 名。

今年，同曹洋一起考上大学的同学就要毕业了，曹洋则还要再学两年，“值吗?”有同学问，“当然值，军营教会我吃苦，给了我战友情，让我懂得关心帮助别人……”在曹洋眼中，军营给予她的是一生的财富，“年轻人，有机会都应该去军营锻炼锻炼。”

夏天了，女孩子们都穿起了漂亮的裙子。曹洋不敢穿，“腿上有黑印，部队训练留下的，不好看。”曹洋说。其实，穿不穿漂亮的衣服，曹洋并不在乎，在她眼中，军装就是最美的服装，训练留下的黑印，就是她军旅生涯的“勋章”。

曹洋：萌妹子曾是个仪仗兵

——北京化工大学退伍大学生曹洋的人物事迹

（《中国科学报》2016 年 5 月 26 日第 8 版）

2016 年的大学生征兵工作已经开始，曹洋为学弟学妹写下自己的感受：“别人说‘当兵后悔两年’，可我想说：‘当兵我从来没有后悔过’。”

8

校园
CAMPUS

中国科学报

曹洋：萌妹子曾是个仪仗兵

轻房子·小景匣

初次见到北京化工大学社会体育专业本科生曹洋，只觉得她是一个高个子的萌妹子。高挑的身材，圆圆的脸庞上嵌着一双水汪汪的大眼睛，校园女生气息扑面而来。

然而，在接下来近一个小时的交谈中，她用自己特殊的经历，成功地将记者对她的印象从“萌妹子”转向“女汉子”。

“女汉子”并非贬义词，在曹洋身上更有一层特殊的含义，那种感觉就像阳光照在镶着“八一”两字的军帽章上，军帽下，一位坚毅的女兵扛着枪正步走在阅兵场上。

来听一听曹洋的故事吧！

机缘巧合下进入仪仗队

当新同学欢天喜地地来到大学报到，幻想着将来成为公务员、工程师、银行职员的时候，这位来自内蒙古、从小练体育的姑娘却一心想要成为一名军人。

“从小就特别向往特种女兵，喜欢她们高强度训练、执行各种任务时的帅劲儿。”曹洋笑着说。

由于未到当兵的年龄，她的这一梦想被暂时搁置。而她想要成为一名军人的心却有增无减，尤其是大一时她报名参加了学校的国旗护卫队，“参军的心更强烈了”。

当兵的举动，得到了家人的无条件支持。2013 年 9 月，曹洋大二开学初，她如愿以偿地成为一名军人。

她被分到位于石家庄的 27 军防空旅做话务女兵。每天的工作是负责电话转接，“在新兵连，每周要背 300 个电话号码，通信话务时常要进行‘比武’，正着背、倒着背不能出错；还要学会辨别首长们的声音，遇到各种方言很考验人，看到某个号码要第一时间叫出是某某首长”。

这似乎与曹洋所向往的特种女兵相去甚远，但这姑娘心眼实，坚信“干一行爱一行”，直到某一天，她“被”报名参加“解放军三军仪仗队在北京军区挑选共和国首批仪仗女兵”的甄选——由于仪仗队身高要求一米七以上，当时整个连符合这一条件的只有包括她在内的两个人，连长就直接把她的名字报上去了。

“一开始，我不知道仪仗队是干吗的，以为是国旗护卫。加上，班长还说仪仗队管理‘老严老严’了，我听了心里直打鼓。”曹洋说，“可是，我喜欢挑战。如果一直待在话务连，我可能就只是一名普普通通的话务员。我更愿意尝试不一样的军旅生活。”说话间，曹洋坚定地点了点头。

仪仗队，一个充满荣誉的地方

来到仪仗队，曹洋才真正了解到仪仗队执行的任务叫仪仗司礼，比如迎接外宾、出国访问、重大活动都需要有一个由海陆空三军组成，或某一军种组成的执行礼仪任务的分队。

在仪仗队的一年多的时间里，曹洋先后参与仪仗司礼任务20余起，包括上海亚信峰会、海南博鳌论坛、北京APEC会议，以及众多外交仪仗司礼任务。

谈到见到大国元首，执行任务中“极为淡定”的曹洋止不住内心的兴奋，“我看到了奥巴马、普京等几乎所有大国的元首，奥巴马比电视上看到的更高更瘦；还看到了一些服装上很有特点的元首，他们穿着拖鞋、大袍子或大裙子，与习近平主席握手言谈。”

还有一些外国来访者，身上会喷很浓的古龙水，这个时候不管仪仗队员多想打喷嚏，都必须忍着。“我们在任务场上一点儿差错都不能有，否则影响的可是国家形象。”曹洋说。

别看仪仗队出场只有短短的十几分钟，但是“台上一分钟，台下十年功”。曹洋告诉记者，通常20分钟的任务，她们需要提前一天做2个多小时的队列训练。而她们的日常训练也极为枯燥，大量重复的踢正步训练，从上午8点到11点半，下午两点到五点半，中间仅各休息一次。训练中，她们的衣领别着大头针；休息时，不睡枕头训练脖颈。

如此艰辛，在队员入营的1个月体验时间过后，30人的小集体就有4人因为一些原因选择了退出。但也正是因为如此披沙拣金，她们创造了“100天上场”的纪录，这在三军仪仗队中尚属首次，通常新兵连需要训练5个月上场，男兵的训练更是长达一年。

“每次执行任务都会心跳加速。”曹洋坦言，相比肢体动作的枯燥训练，她们还需要强大的心理素质，不能怯场，不能做慢任何的动作。

“强大的心理素质又是如何练成呢？”记者问。

曹洋说，不仅来自于每次执行任务的锻炼，还来自于日常点滴。比如，每天开饭前，她们都要集合站队，大家轮流上台演讲；不时有慰问团前来参观，她们常要面对上百人进行表演，日子久了，心理素质、动作熟练程度也越来越好。

当兵我从来没有后悔过

有一句话说，荣誉是军人的第二生命。被领导表扬“表现不错，加分一次”，可以开心一整天；被队长点名，答“到”的声音都比平时更响亮。为了争取一个表扬，“那种精神头放在平常难以想象。”曹洋说。

当然，也有一不小心使过劲儿的时候。曹洋笑着说，自己第一次被选拔为正式队员，上午的训练特别使劲，加上自己曾患贫血，最后竟然虚脱晕倒在地。“第一场任务因此没有上，那次之后，我心里挺不舒服，生怕给人留下不好的印象。”

于是，她就更加努力，努力让大家认可自己。“我属于默默付出型，在队长面前可能不是表现最积极的，但在战友眼中比较受认可。”曹洋说。

仪仗队的马靴坏得勤，通常坏了都拿去请男兵帮忙修理，但男女兵不让进出宿舍，这给战友们带来不小麻烦。曹洋就从外头买来工具，自己琢磨修鞋原理，主动给战友们修马靴。当时已是副班长的她，还号召战友一起加入修鞋队伍。修起鞋来声音“叮叮当当”，她们的修鞋队伍从走廊被赶到厕所，但彼此也结下了深厚的友谊。

曹洋的付出被周围人看在眼里。2014 年她被仪仗队评为“优秀士兵”，2015 年 4 月被推荐加入中国共产党。

纪念抗日战争暨世界反法西斯战争胜利 70 周年阅兵，是她临退伍前最后一次大型任务。120 人的仪仗队只有 60 人能取得参加阅兵的“入场券”，虽然她是第一批队员，但 1. 71 米的身高在队里却是最矮的，可是大队长还是选了她。

为了不辜负大队长的选择，曹洋也是拼了。矮只能垫高，原本 5 厘米的鞋跟，她又垫高了 2 厘米，垫高了重心不稳，“没办法，我只能硬着头皮强迫自己练”。盛夏三个多月的集训，她咬着牙一次都没有请假，“就是因为心中有一份坚持”。

退伍后的曹洋，依然在奉献着她的热忱。退伍在家没待半个月，就返回北化参与新生军训指导，并成为该校国旗护卫队的技术指导。

2016 年的大学生征兵工作已经开始，一群学弟学妹们围在她身边咨询，曹洋为他们写下自己的感受：“别人说‘当兵后悔两年’，可我想说：‘当兵我从来没有后悔过’。”

（本报记者　温才妃）

“95 后”女孩曹洋的“迷彩青春”

（《昌平报》2016 年 5 月 6 日第 10 版）

2013 年入伍，2014 年成为三军仪仗队首批女兵，2015 年退伍重返校园。

18 岁成为一名大学生新兵，19 岁入选中国人民解放军陆海空三军仪仗队首批女兵，完成仪仗司礼任务 20 余起，还曾光荣参加纪念中国人民抗日战争暨世界反法西斯战争胜利 70 周年阅兵式，北京化工大学大二学生曹洋，如今已重返校园，续写自己的“迷彩青春”。

10版 社会

昌平报 2016年5月6日

2013年入伍，2014年成为三军仪仗队首批女兵，2015年退伍重返校园——

“95后”女孩曹洋的“迷彩青春”

坚持锻炼强健体魄

实现梦想走进军营

英挺，是记者见到曹洋的第一印象。挺拔的身姿，稳健的步伐，眼前这个个子高、“颜值”高的姑娘身上有着一股军人的气质。

来自内蒙古通辽的曹洋，从小就梦想着能够成为一名军人。“爸爸常跟我说，女孩要有女孩的样子，当兵太苦。”一向乖巧的曹洋在这件事情上和父母唱起了“反调”，中学时就参加了学校运动队，锻炼体魄。但后来由于高考的压力，再加上训练强度大，饮食也不规律，她患上了严重的贫血。

“当时去看了医生，医生建议我不要再练体育了，爸妈也特别担心，但是我的身体我清楚。”曹洋说，她没有放弃，休息两天后就继续“奔赴战场”了。

2012 年，曹洋考入北京化工大学，但一直没有忘记自己心心念念的“军人梦”，看到征兵通知时，第一时间跑去报名，却因为未满 18 周岁而与军营擦肩而过。“唉，还得等一年！”在等待的一年时间里，曹洋为入伍积极准备着，坚持锻炼身体，按照征兵标准严格要求自己。

升入大学第二年，凭借着良好的身体素质，曹洋顺利通过了入伍体检，终于拿到了期待已久的入伍通知书，“10 年的梦想，终于实现了！”

成为首批仪仗女兵

每天训练 12 个小时

2013 年 9 月，曹洋成为 27 军防空旅的一名话务女兵。在新兵连训练的 3 个月时间里，每天都要进行高强度的队列、擒敌、战术、体能训练，但曹洋却觉得一点儿都不累，“这就是我梦想中的军营生活，充满了挑战性。”

本来以为自己会在小小的机房中度过两年的军旅生涯，一次重大的转折却出现在曹洋面前。新兵训练结束两个月后，曹洋所在的部队收到了军区要挑选仪仗女兵的通知，“这是三军仪仗队首次招收女兵，我一定要参加！”曹洋告诉记者，三军仪仗队的首批女兵身高要求 170 厘米以上，她身高是 171 厘米，刚好达标，“我基本上是报名的女兵里面最矮的。”

不过，个头并没有成为阻碍，由于训练认真，动作标准，她得到了这个机会，从 300 多名女兵中脱颖而出，被选调到了中国人民解放军海陆空三军仪仗队，成为一名光荣的仪仗女兵。

“仪仗队就是一个训练的部队。”曹洋说，平时除了训练还是训练，每天从早上6点练到下午6点，有任务时，晚上还会加练到很晚，“不过我是一名军人啊，这点儿苦算什么！”

进入仪仗队后，曹洋先后完成仪仗司礼任务20余起，包括上海亚信峰会、海南博鳌论坛、北京APEC会议等，其中，最让她骄傲的就是参加了纪念中国人民抗日战争暨世界反法西斯战争胜利70周年阅兵式。

入选阅兵方阵

训练冲锋枪重达七斤半

2015年6月，经过层层选拔，曹洋入选到阅兵方阵中，此时距离纪念中国人民抗日战争暨世界反法西斯战争胜利70周年阅兵式仅有3个月的时间，时间紧，任务重。

北京的盛夏，酷热难耐，仪仗队女兵每天都会在阅兵村进行队列训练，与日常训练不同的是，她们要挂上重达七斤半的冲锋枪，步幅和节奏还要跟男兵保持一个标准。“一开始，这七斤半的冲锋枪，拿一会儿胳膊就酸了，更别说还要带着它训练。”

此外，每天晚上队员们还要到天安门做现场演习，晚上8点从阅兵村出发，10点左右到达天安门广场，练到凌晨5点才能回到阅兵村，休息几个小时之后，又开始新一天的训练。日复一日的艰苦训练，让曹洋逐渐适应了这样的节奏，手中的冲锋枪也完全“hold”得住了。

整整3个月，每天12个小时，慢步、齐步、连贯正步、踩乐、分列式……阅兵村队列训练从南到北1823米的2号跑道，不知被仪仗队走过几千几万个来回，只为这天安门前短短的92米，128步。

2015年9月3日，在雄壮的国歌声中，中国人民解放军海陆空三军仪仗队的54名女兵正式亮相，接受了党和国家领导人的检阅，成为我国历史上首批在大阅兵上亮相的仪仗女兵。“当时的心情真是紧张又激动，这是我退伍前的最后一次任务，觉得特别光荣！”曹洋说。

离开军营重回校园

学习成绩不落伍

“戎马三秋暖，抵御一世寒。”2015年9月10日，曹洋脱下军装，离开生活了两年的军营，重新回到北京化工大学的校园中，作为一名大二学生重新出发。

与曹洋同时入学的同学们已经大四，即将毕业，身边的新同学都是陌生的面孔。“刚回来的时候，感觉落差很大，谁都不认识，以前的好朋友都忙着毕业找工作，联系也不多。”幸运的是，经过军队打磨的“硬朗”性格，让曹洋受到了很多新同学的欢迎，经过一个学期的相处，她已经和大家“打成一片”，又交到了很多好朋友。

现在，走在校园里，还会有很多同年级的同学冲她叫上一声“学姐”。“我不让他们叫我学姐，显得我太老了。”曹洋笑道，但同学们觉得她“辈分”大，坚决不改口，“学姐”这个称呼也就这么延续了下来。

值得一提的是，两年没摸过课本的曹洋，在学习上也毫不吃力，不仅进度完全能跟上，上学期还考到了全年级前 10 名的好成绩。

曹洋虽已退伍，但她退伍不褪色的精神，仍然感染着身边的人。两年的军旅生涯打造了一个全新的她，让她对未来的学习、工作和生活充满了信心。“雄关漫道真如铁，而今迈步从头越。”曹洋说，她会从零开始，高标准、高质量完成学业，为报效祖国积累更大的能量。

（本报实习记者　向凌潇）

携笔从戎守边防

——北京化工大学入伍大学生王禄鄰同学人物事迹

（《北京日报》2016 年 7 月 27 日第 8 版）

一步一滑地钻出密密匝匝的玉米地，王禄鄰沾满了泥的靴子已经看不出本色。他整理了一下身上十斤沉的防弹背心，抹了把脸上的雨水，握紧手中的枪，纵身越过一个小河沟，紧跟在副站长孙玥身后，沿着坑洼不平的山路艰难地走向 91 号界碑。

他的右手边，是因连日下雨变得浑浊湍急的中缅界河——畹町河。

王禄鄰已记不清半年多来这段边境线自己究竟巡过多少趟了。而就在一年前，他还是北京化工大学文法学院英语系的大二学生，没想过有一天自己会成为云南省瑞丽市畹町镇芒棒边境检查站的一名武警战士。按部就班的人生路让他多少有些迷惘，报名参军，最初只是为了让青春多些颜色。

新兵连里，手机上交，精心设计的发型被剃成板寸，在烈日下负重 5 公里跑……三个月他咬牙坚持了下来，还被评为“优秀新战士”。他自信地将座右铭别在床头：“让优秀成为一种习惯”。

直到被分到芒棒边检站，他才知道，真正的考验刚刚开始。

这个边检站不大，负责 90 至 92 号界碑之间 14. 03 公里的边境线安全。这里与缅甸山水相依，鸡犬相闻，无天然屏障，是贩毒、走私、非法越境的主要通道。

第一次参与公开查缉就遭遇险情。远远地来了一辆摩托车，王禄鄰刚要上前盘查，车上的“马仔”慌了，骑着摩托便要强行闯卡逃跑。就在王禄鄰一打愣的工夫，说时迟那时快，经验丰富的站长飞起一脚，将摩托踹翻在地。“马仔”一骨碌爬起来，朝着旁边的灌木丛里逃窜，王禄鄰和几名战友追上去一把将其按倒在地。后来，他们从这个“马仔”身上搜出了几十克海洛因。

王禄粼没觉得害怕，只是发现自己要学的东西还很多。他向教导员、站长虚心讨教公开查缉和设伏时“望闻问切”的技巧，记在日记中，实战时不断揣摩。山中的蚊虫凶猛，被叮上一口整个小腿要肿上一个星期；一年中5个月都是雨季，警服洗了干不了，每天沤在身上……王禄粼从未抱怨过这里环境的艰苦，只是怕远在海南老家的奶奶和妈妈担心，每周和家人通电话时只报喜不报忧。

上周，学校武装部的老师带着班上同学们的问候视频来警营看望王禄粼，当听到辅导员和同学们亲切地称他为“禄粼（绿林）好汉”时，他微微别过头，用手背抹了一下眼角……

但他无悔当初的选择。“如果我能活80岁的话，只不过是为别人站了四十分之一的岗，而另外的三十九分都是别人在为我站岗，在保卫我的安全。”

刚刚20岁的他脸上稚气未脱，内心却不再迷惘，他正加紧复习功课，准备明年报考军校。军旅生活，让他找到了新的人生坐标，也见证着他的成长。

每年，在北京化工大学，都会有五六十名像王禄粼一样的大学生携笔从戎，在北京高校参军人数中名列前茅。

每年，在北京，都会有数千名像王禄粼一样的天之骄子奔赴祖国的大江南北，手握钢枪，用青春书写忠诚！

芒棒边检站担负着中缅边境90至92号界碑之间14.03公里的巡查任务，王禄粼（右一）和他的战友们穿行在边境茂密的丛林中，时刻注意着边境线上的风吹草动，随时准备打击运毒、走私和非法越境等破坏边境安全的不法行为。　　本报记者　邓伟 摄

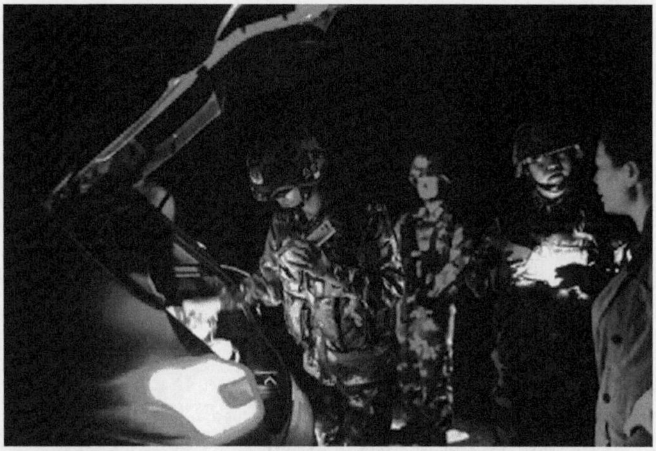

深夜 12 点的边境公路上，王禄粼（左一）和战友在芒棒边检站副站长孙玥（右二）带领下设卡查车。每当有车辆经过，守候在旁的战士们就会上前检查证件，搜查可疑车辆，对可疑人员进行盘问和尿检。正是这种不定时、不定地点的突击检查，对边境走私和贩毒起到了震慑作用。　　本报记者　邓伟 摄

芒棒边检站所在的云南省德宏州是傣族景颇族自治州，芒棒村也是傣族聚居的村寨，为了更好地维护边境安全稳定，官兵们要经常到附近村寨走访，在节日里也会邀请村民到站里联谊，军民关系融洽。见到王禄粼的时候，傣族大姐发现他长得很像傣族小伙，特意取来节日的包头为他戴上。

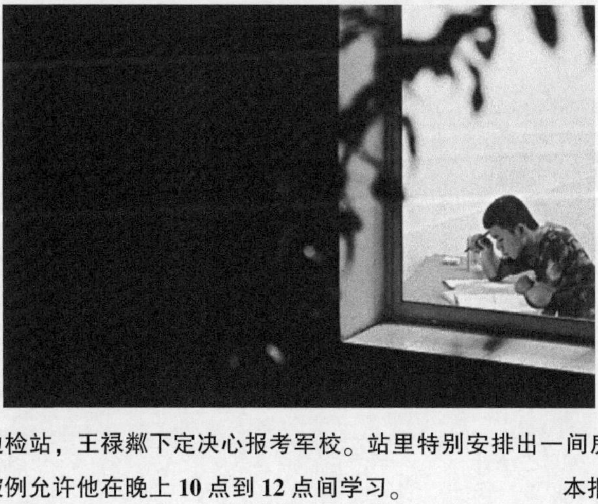

来到芒棒边检站，王禄粼下定决心报考军校。站里特别安排出一间房供他在休息时复习备考，还破例允许他在晚上 10 点到 12 点间学习。　　本报记者　邓伟 摄

完成任务之外，芒棒边检站的生活也多姿多彩，官兵们种了火龙果、波罗蜜、西番莲等多种热带水果，还养了猪、狗、鸭。在王禄鄰和战友们的悉心照料下，火龙果长势喜人，成为大家最常吃的水果。

入伍以来，王禄鄰的不少同学都通过书信和电话的形式关心他在边疆警营的生活。2016 年 7 月 19 日，北京化工大学的老师来到芒棒边检站看望王禄鄰，看到老师带来的同学们录制的问候视频，王禄鄰兴奋不已。　　本报记者　邓伟 摄

芒棒边检站规模较小，每个战士都要轮班站哨。站哨的时间里无人为伴，站里的大狗“赛虎”成了王禄鄰和战友们的好助手，陪着他们一起守卫门岗。

（本报记者　李学梅）

北京化工大学连续第五年获得“北京高校征兵工作先进单位”称号

（中国高校网，2016 年 8 月 9 日）

8 月 4 日上午，北京市 2016 年夏秋季征兵工作动员大会在北京市委礼堂隆重召开。北京市委副书记、市长王安顺，卫戍区政委姜勇中将等领导出席大会。大会对 2016 年北京市夏秋季征兵工作进行了部署，并对在 2015 年征兵工作中表现突出的高校进行了表彰。

北京化工大学荣获北京市“二〇一五年度高校征兵工作先进单位”荣誉称号，并作为高校代表上台接受表彰，这也是北京化工大学连续第五年获得该项殊荣。王安顺市长向北京化工大学校长助理宋来新老师颁发了荣誉奖牌。

近年来，北京化工大学大学生征兵工作获得中央及北京市领导的高度评价与肯定。卫戍区张宏副司令员在动员讲话中指出：北京化工大学在大学生征兵工作中能够不断完善工作机制，切实增强了工作的主动性和实效性。2016年，北京化工大学在接到征兵命令后，积极行动，成立学校征兵工作领导小组，对征兵各项工作进行总体部署；通过建立全方位、立体式的宣传动员网络，宣传形势，讲解政策，树立典范；鼓励学生将个人成长与军队建设、国家发展紧密结合起来，携笔从戎，报效祖国；将大学生征兵和高校育人紧密结合，加强与基层部队合作，推进军民融合，初步建立了“入伍大学生全程化培养体系”。

北京化工大学获高校国旗仪仗队检阅式比赛特等奖

（中国军网 2016 年 9 月 25 日）

9 月 24 日，由北京市教委、北京高校国防教育协会举办的第七届北京高校国旗仪仗队检阅式比赛在中国农业大学举行。清华大学、北京化工大学、北京航空航天大学等 32 所在京高校的国旗仪仗队参加了此次比赛。

北京化工大学获高校国旗仪仗队检阅式比赛特等奖

经过激烈角逐，北京化工大学国旗仪仗队斩获特等奖。据了解，这是北京化工大学国旗仪仗队连续四年在该项比赛中获得最高荣誉。北京化工大学国旗仪仗队擎旗手王胜利获得唯一“最佳旗手”称号。

大会宣读了《北京高校国防教育协会国旗教育分会关于成立北京高校国

北京化工大学国旗仪仗队比赛风采

旗仪仗队联盟的决定》。由北京化工大学校长助理、北京高校国防教育协会国旗教育分会理事长宋来新老师为北京高校国旗仪仗队联盟首届主席团常驻主席、我校国旗仪仗队教官赵金明授旗。联盟现有成员 35 家。联盟会员代表大会已于 2016 年 7 月 6 日在北京化工大学召开，该校是联盟首届主席团成员之一。

此次大会还宣读了《北京高校国防教育协会关于授予 2016 年北京高校国旗仪仗队暑期社会实践优秀成果的表彰决定》，并为获奖队伍颁奖。北京化工大学国旗仪仗队获得一等奖。

宋来新理事长发表了总结讲话并对在比赛中取得优异成绩的各高校国旗仪仗队表示热烈的祝贺。宋来新指出，近年来，大学生国旗仪仗队在校园文化建设中的影响力显著提升，国旗教育在高校育人中的作用得到不断增强，北京高校的国旗教育事业进入到了一个全新的发展阶段。大学生国旗仪仗队，是信仰的传播者和理想的追求者，是青年大学生中倡导爱党爱国、无私奉献、追求卓越的排头兵。大学生国旗仪仗队要紧紧围绕高校“立德树人”的根本任务，全面推动以国旗教育为引领，以历史观、民族观、国家观、文化观为主要内容的，面向高校师生和社会公众的国家意识教育，不断增强大家的民族归属感、认同感、尊严感和荣誉感，为提高国民教育的质量和水平贡献力量。

北京化工大学国旗仪仗队擎旗手王胜利获得本届比赛“最佳旗手”称号

据悉，为了积极备战本次比赛，北京化工大学国旗仪仗队队员主动放弃暑假休息时间，在军训基地进行封闭式训练。队员们迎战酷暑、克服疲劳，经历了高强度、高压力的队列训练。集训期间，宋来新老师亲赴基地开展慰问动员，学校武装部认真做好安全监管、装备维护和后勤保障工作。

北京市教委、北京高校国防教育协会、国防大学、中国农业大学领导出席本届比赛。

北京化工大学国旗仪仗队队员暑期集训风采

北京高校国旗仪仗队同场竞技

（《北京日报》2016 年 9 月 25 日第 2 版）

9 月 24 日上午，在中国农业大学东校区操场，中国人民大学国旗护卫队正在进行升旗展示。当日，第七届北京高校国旗仪仗队检阅式比赛在中国农业大学举行，来自首都高校的队伍参赛，北京化工大学和北京航空航天大学的队伍获得检阅式特等奖。

本报讯（记者　金可）整齐的队伍、有力的动作，昨日，32 支来自在京高校的国旗仪仗队齐聚中国农业大学，参加第七届北京高校国旗仪仗队检阅式比赛。

据介绍，比赛由市教委、北京高校国防教育协会共同举办。北京高校国防教育协会及国旗教育分会理事长宋来新介绍，2010 年首届比赛 20 支队伍参赛，此次比赛共 32 支队伍参赛，北京高校国旗仪仗队的队伍逐步壮大。

目前，北京共有 35 所高校建立了大学生国旗仪仗队，成员由国防生或普通在校大学生组成，是准军事化的学生组织。大学生国旗仪仗队以天安门国旗仪仗队为标尺，结合大学生特点，开展训练与管理。

昨天，北京高校国旗仪仗队联盟正式成立，旨在给各高校国旗仪仗队学习、交流搭建更优质的平台，为国旗仪仗队队员的成长提供更丰富的资源，更好地传播国旗文化，弘扬爱国主义精神，不断增强当代大学生的国旗、国防和国家意识。

比赛中，北京化工大学、北京航空航天大学国旗仪仗队获得检阅式特等奖，北京化工大学擎旗手王胜利荣获最佳旗手。

北化工助力退伍大学生士兵成长成才

（《法制晚报》2016年9月26日）

本报讯（记者 张丽　通讯员 刘刚）近日，2016年退伍大学生士兵表彰大会在北京化工大学举行。48名退伍返校复学的大学生士兵在会上受到表彰，他们被授予了“军旅先锋”和“军旅标兵”荣誉称号。多名表现突出的退伍大学生士兵在会上作交流发言。

据介绍，从2005年担负兵员征集任务以来，北京化工大学已有348人光荣入伍，其中考入军校42人，229人获得“优秀士兵”称号。退伍的大学生士兵有194人，其中就业105人，仍在校就读的有89人。

每年，北京化工大学都会为退伍返校复学的大学生士兵举办表彰大会，对这些年轻战士在部队中的优秀表现给予肯定。退伍表彰大会，与征兵动员大会、入伍出征大会共同构成了该校大学生征兵工作重要的“三大典礼”。

法晚记者了解到，今年，该校与北京市东城区武装部统筹资源、合力育人，共同建立了退伍大学生士兵旌旗中队，并针对适龄青年的参军入伍问题联合开展课题立项。

在北化工，有200多位复转军人和军属成为了在教育教学科研一线的人民教师，他们以曾经军人的特殊身份向学生讲述他们的“军旅故事”，并且关心、关怀大学生士兵的成长发展，受聘为大学生士兵返校复学后的成长导师。

从军事课教学，到学生组织建设，从复转军人“成长导师”，再到军民融合深度研究，“国防情节”在北化工人身上得到体现。而这种“国防情节”成为潜移默化、荡涤人心的教育感召力量，引导了青年学生从内心深处认同国家安全观念、认同自身责任担当，自觉地去热爱军营、崇军尚武，这既是学校开展征兵工作的方法，也是学校大学生征兵工作得以扎实推进、持续发展的活水源头。

北化工全程化培养助力大学生士兵成才

（《北京青年报》2016年11月2日）

本报讯 近日，48名退伍返校复学的大学生士兵在北京化工大学受到表彰。据了解，为了助力大学生士兵成长成才，北化工实行“全程化培养计划”，为大学生士兵提供发展平台。

据介绍，北京化工大学从2014年起建立起“参军入伍大学生发展研究中心”及“退伍大学生士兵旌旗中队”两个平台，关注大学生士兵学习、生活等多方面，为其成长发展搭建优质平台。据悉，从2005年担负兵员征集任务以来，北京化工大学已有348人光荣入伍。

（本报记者 王晓芸）

北京高校举办首届国防教育类学生社团评比

（新华网 2016 年 11 月 26 日电）

新华网 北京 11 月 26 日电 北京高校首届国防教育类学生社团评比活动 26 日在北京化工大学举行。来自清华大学、北京航空航天大学、北京化工大学等 31 所高校的 46 支国防教育类学生社团参加了评比。

这次评比涵盖了高校主要的四大类国防教育类学生社团：大学生国旗仪仗队、退伍大学生士兵组织、国防（军事）体育组织和国防和军事爱好者协会。

最终，北京化工大学国旗护卫队、北京航空航天大学国旗班、中国石油大学（北京）国旗仪仗队分别获得大学生国旗仪仗队奖项前三名。退伍大学生士兵组织奖项前三名分别由北京科技大学戎程研究会、北京化工大学退伍学生旌旗中队、中国石油大学（北京）国防教育协会获得。北京科技大学国防体育协会、北京化工大学“绿野仙踪”军事定向越野协会、清华大学定向协会分获军事体育类奖项前三名。

据悉，本次高校国防教育类学生社团评比旨在将国家意识、国防观念深深扎根于青年学生中，是不断探索在高校中开展国防教育的一次新尝试。

（本报记者　孙　琪）

北京高校首评国防教育类学生社团

（《北京考试报》2016 年 12 月 14 日）

本报讯　首届北京高校国防教育类学生社团评比活动今日结束。来自北京化工大学、北京航空航天大学、北京科技大学的 5 个社团获得赛事一等奖。

北京高校首评国防教育类学生社团

5社团获一等奖

本报讯（记者 邓蕾） 首届北京高校国防教育类学生社团评比活动近日结束。来自北京化工大学、北京航空航天大学、北京科技大学的 5 个社团获得赛事一等奖。

这次评比根据学生社团的人员构成和功能定位，将参评社团分为国旗类、国防(军事)体育类、退伍大学生士兵类和国防军事爱好者类等四大类别。今年共有来自清华大学、中国农业大学等 31 所高校的 43 个学生社团参加评比。在纸质材料申报和现场答辩两个环节后，最终产生一等奖 5 个、二等奖 8 个、三等奖 13 个以及多个优秀奖。

北京高校国防教育协会副理事长、北京化工大学党委副书记兼副校长任新钢表示，国防教育类学生社团肩负着服务高校育人、服务国家安全与国防军队现代化发展的重要使命。这类社团学生既是校园文化的建设者、繁荣者，更应成为联接高校与国防的特殊纽带，成为青年学生中的先进力量，成为共产主义远大理想和中国特色社会主义共同理想的信仰者、实践者、追随者和传播者。

据悉，此次评比结束后，北京高校国防教育协会将各社团的申报材料进行整理，编辑成《筑我国防礼赞青春——北京高校国防教育类学生社团建设成果汇编》。该汇编将成为北京高校国防教育工作的一项重要成果。

北京化工大学国旗护卫队团支书齐洺羽做展示。

陈嘉仪 摄

相关链接：　一等奖名单

社团名称	类别
北京化工大学国旗护卫队	国旗类
北京航空航天大学国旗护卫队	国旗类
北京科技大学国防体育协会	军事体育类
北京科技大学戎程研究会	退伍学生士兵类
北京科技大学国防知识爱好者协会	军事爱好者类

这次评比根据学生社团的人员构成和功能定位，将参评社团分为国旗类、国防（军事）体育类、退伍大学生士兵类和国防军事爱好者类等四大类别。今年共有来自清华大学、中国农业大学等 31 所高校的 43 个学生社团参加评比。在纸质材料申报和现场答辩两个环节后，最终产生一等奖 5 个、二等奖 8

个、三等奖 13 个以及多个优秀奖。

北京高校国防教育协会副理事长、北京化工大学党委副书记兼副校长任新钢表示，国防教育类学生社团肩负着服务高校育人、服务国家安全与国防军队现代化发展的重要使命。这类社团学生既是校园文化的建设者、繁荣者，更应成为连接高校与国防的特殊纽带，成为共产主义远大理想和中国特色社会主义共同理想的信仰者、实践者、追随者和传播者。

据悉，此次评比结束后，北京高校国防教育协会将各社团的申报材料进行整理，编辑成《筑我国防礼赞青春——北京高校国防教育类学生社团建设成果汇编》。该汇编将成为北京高校国防教育工作的一项重要成果。

（本报记者　邓　菡）

北京高校首届国防教育类学生社团评比活动圆满闭幕

（《中国军网》2016 年 11 月 30 日）

11 月 26 日，北京高校首届国防教育类学生社团评比活动圆满闭幕，北京化工大学国旗护卫队以绝对优势获得国旗类社团第一名。他们用威武严整的身姿、铿锵有力的步伐和规范标准的动作，充分展现了新一代大学生的风采。

北京化工大学国旗护卫队是一个崇尚荣誉的集体。自 2012 年以来，北京化工大学国旗护卫队连续四年获得“北京高校国旗仪仗队检阅式一等奖”，成功当选北京高校国旗仪仗队联盟主席团驻会主席并受到了中央领导的接见。2014 年，天安门国旗护卫队将曾经在天安门升起的一面五星红旗赠予了这支队伍。

一分耕耘，一分收获，荣誉光环背后离不开千万次的苦练。今年 8 月，为了备战 2016 年“第七届北京高校国旗仪仗队检阅式比赛”，北京化工大学国旗护卫队所有队员自觉放弃了暑假，在军训基地进行 14 天全封闭训练，他们邀请到了解放军三军仪仗队的老班长来指导训练，40 摄氏度的炙烤，队员们额头上的汗像水滴一样划过他们的脸颊，打湿了领带、衬衣、外套，穿着皮靴的双脚早已磨起了水泡。然而，76 名在训队员没有一个人叫苦，没有一个人喊疼。

既要有军形，还要有军魂。自 2003 年北京化工大学国旗护卫队创立以来，队员们仅训练用的负重沙袋就踢坏了 50 多个，齐膝长靴磨透了 53 双，修鞋用的钉子就用掉了 1000 多根。从头顶小板凳，到手夹扑克牌，从背负十字架塑体型，再到绑着沙袋练力量，北京化工大学国旗护卫队向天安门国旗护卫队、解放军三军仪仗队看齐，以军人的高标准严格要求自己。

艰苦的训练磨砺了队员们坚忍不拔的意志品质和敢为人先的血性担当，使他们在其他方面同样出类拔萃。据悉，从护卫队创立至今，这支队伍的保研比例超过 25%，党员比例达到 58%，队员中获得奖学金的比例达到 100%。在已经毕业的 329 名国旗护卫队队员中，有 119 人获得硕士博士学位。

致敬青春：卫国戍边！

——我校赴云南边防服役大学生士兵服役情况纪实

（《北化纪实》2016 年 8 月 1 日）

曾经以为，边境线离我们很遥远，遥远到让人没有任何具体的概念；但当边境线距离你只有三五米远的时候，你似乎刹那间明白了“家国”的沉重。曾经以为，大学生士兵有“大学生”的光环，在部队里大多也就是从事一些写写记记等文职行政文秘性工作，“一线稽查”“生死抉择”与他们怎会相干？但当亲眼看到他们雄赳赳、气昂昂坚守在边境线，无畏艰险、无畏生死时，带给我们的不仅仅是震撼，更是七尺男儿顶天立地的豪迈与铮铮铁骨的霸气。

今年的 7 月 18 日至 29 日，学校武装部两位老师再次深入云南边防一线，探望我校 10 位服役大学生士兵，了解他们在部队服役和生活的情况。同行的还有学校宣传部老师，以及《北京日报》新闻中心主任李学梅、摄影记者邓小虎等。在近 10 天的行程里，我们的足迹遍及芒市畹町、陇川县，瑞丽、临沧，景谷县、普洱市、江城县，勐海县、西双版纳、景洪市、昆明等十几个县市，省内行程 2000 余公里。今天是“八一”建军节，在这个特殊的日子，让我们向我们的人民子弟兵致敬的同时，也向他们——坚守在祖国边防的大学生士兵，表达我们的敬意！下面，跟着我们的视角，一起走近他们，在这同样的暑假、同样的年华，去看看他们不一样的青春与岁月。

王禄鄰：我的边防 你的世界

王禄鄰，海南人，我校文法学院英语 1301 班学生，2015 年 9 月开始在云南边防服役。

群山环绕、道路险峻、灌木茂盛、雨水丰沛，河的对面是缅甸，而公路的这边是我们的领土。这是我们跟随王禄粼和他的战友们巡逻中缅边境 90 号至 92 号界碑时，对中缅边境芒棒段的第一印象。然而，越是这样条件恶劣、地形险要的地方，越是为贩毒走私提供了便利。

设点查缉，是边检站打击贩毒走私的一个非常重要的方法，而同时，这也是他们工作内容中非常危险的一部分，特别是遭遇负隅顽抗的毒贩时，有的边检战士甚至献出了自己宝贵的生命。问王禄粼："你参加这种伏击，直面危险，会害怕吗？"王禄粼说："不怕。随着实战经验的增加，也越来越了解遭遇这种紧急情况时该如何进行处置。而我们能力的增加，对犯罪分子，也是一种震慑。"

"如果我们的平均寿命是 80 岁的话，我只不过是为别人站了四十分之一的岗，而另外的三十九分都是别人在为我们站岗，在保卫我们的安全。"王禄粼的话让我们很惊讶，惊讶于这句话是出自于一个刚刚 20 岁，脸上还略带稚气的小伙子的口中，惊讶于军旅生活竟给他带来如此巨大的影响。

王聪：19 岁的担当

陇川，傣语称为"勐宛"，意为太阳照耀的地方。而在太阳光辉之下，仍有吸毒贩毒的阴暗挥之不去。2016 年，陇川被国家禁毒委列为"毒品滥用危害严重地区重点关注县（市）。"我校信息科学与技术学院 2015 级学生王聪便在位于陇川的德宏州机动大队二中队服役。

"生死"对于很多人来说都是一个沉重的话题，而"生死抉择"却是这些边防战士必须经常面对的一件事情。机动中队的任务之一就是及时处置重大突发事件。而在云南边防，每每处置这种重大突发事件，都很有可能涉毒涉枪。对于这些边防战士来说，每一次处置重大突发事件，都要做好直面"死亡"的准备。王聪身边就有战友在执行任务中牺牲。

我们问王聪："在执行这种重大特殊任务时，其实都有可能要面临'生死抉择'，你不怕吗？"王聪告诉我们："在最危险的时刻，在国家利益受到损害的时刻，我们必须冲在最前面！在那个节骨眼的时候，根本不允许我们考虑个人安危。我们是军人，我们必须上。如果真的有一天，让我在国家利益和个人生死之间做选择，我会毫不犹豫地选择前者。"这便是一个仅有 19 岁的青年战士对于"生死抉择"的考量。

赵猛：守卫没有界碑的边防“线”

“我负责维护的水电线路，就是我所守卫的边防线，只是没有界碑而已。”正在云南边防普洱支队勤务中队服役的我校2013级继续教育学院学生赵猛这样向我们介绍他所执行的边防任务。

“执行这个在我们看起来特别普通，不够轰轰烈烈的水电维护任务。你会觉得失落和后悔吗？”

“不后悔。入伍前，我就学水电维护。现在当兵了，能把自己的技术很好地用起来，我觉得挺值的。”

“甘做螺丝钉？”

“老师，咱们的部队需要您所说的‘轰轰烈烈’的岗位，但其实需要更多那种‘默默无闻’的岗位，而且更多的人也是在‘螺丝钉’一样的岗位上奉献着。水电维护虽然普通，但对于我们的部队、对于我们的国家安全同样重要。水电线路就是我的‘边防线’，只是一条没有界碑的‘边防线’而已。”

吕清维：从实验班“学霸”到机动部队“全能兵”

“现在的你，跟刚入伍那会儿相比，是满满的精气神啊！”我们指着吕清维刚入伍时的照片，跟他聊起了入伍这两年的生活。吕清维，我校生命学院2011级工程实验班学生，2015年9月，吕清维报名参军，成为云南边防机动中队的一名武警战士。

吕清维告诉我们：“机动部队属于全训单位。所谓全训单位，就是一周六天，天天高强度训练，做好充分的应战准备。”400米一圈的跑道，吕清维需要带着头盔，穿着防弹衣、作战靴，持枪，打上背包，负重20多公斤，从一次跑20圈，逐步增加到一次跑40圈，总共要跑16公里。教导员告诉我们：“别看吕清维身材不是最魁梧的，但是他的体能训练、作战技术训练绝对是走在前面的，成绩很好。”在队部办公室里，吕清维自豪地向我们介绍了由他设计、制作的中队宣传海报，以及由他拍摄、制作的摄影作品。

2015年2月，缅甸北部爆发战乱，已经危及到了我们国家人民的生命财产安全。吕清维和他的战友奉命前往边境地区维护边境安全稳定。吕清维告诉我们，在那个时候，他目睹了战乱给边境人民生命财产安全带来的破坏，让很多人失去了生命、失去了亲人、失去了家庭，战争是离他们如此之近。想一想，我们能远离战争，能有和平的生活环境，是多么的来之不易。我们真的要好好珍惜今天的幸福生活……

陈勇均："辣白菜"的军旅人生

见到陈勇均的第一件事情，就是帮他接通与学校理学院孟庆云老师的电话。早在来看望陈勇均之前，孟老师就叮嘱，一定要代他向陈勇均问好，鼓励他在部队好好服役。陈勇均，男，我校理学院 2013 级学生，辽宁抚顺人。因为爱吃"辣白菜"，所以在部队里就有了"辣白菜"的绰号。

"刚刚入伍的时候，我是被分配到勐宋口岸，执行查缉任务的。我还清晰地记得，那是 2015 年的 9 月 18 日，我在晚上查缉。晚上 9、10 点的时候，有 3 个人驾驶 2 辆摩托车朝我迎面开来。我将他们拦下来询问，才发现原来是 3 名缅甸人。在其中一个人的摩托车上发现了一个塑料袋，打开一看，10 块毒品。""前面这个骑摩托车的不说话，后面的那个就要跑。我跟战友三步并作两步，一脚把他踹了下去。""很惊险啊！""当时没有觉得什么，后来想想，还是有点儿后怕，因为也不知道他们是否携带有武器。后来，我获得了个人三等功。"

"后来，我被调到了机动中队，机动中队就以训练为主，在紧急情况下，执行反恐维稳任务，职责也不同了。我的边防军旅人生还是比别人更丰富的。"

"退伍后，你有什么打算？""8 月底，我就要退伍了。退伍后回学校，我得赶紧把落下的课程补起来。回去后就大四了，要面临就业了。""你是会三种语言吧？""恩，我是朝鲜族。所以，除了汉语，还有英语、朝鲜语。""得抓住优势呢！""我想着回去后还是得找找孟老师，让老师为我指导指导。"

王冠、王泽晨：兄弟"狙击手"

我们见到王冠、王泽晨的时候，他们正趴在地上，端着狙击步枪进行射击练习。得到批准之后，我们才可以在训练间隙的十几分钟和他们聊一聊，为他们带来学校老师和同学们的问候。王冠、王泽晨，我校文法学院学生。2015 年 9 月，两人一起在云南边防西双版纳机动一中队服役。今年 6 月，两人又一起被选调参加集训，主攻狙击，成为集训队伍中的兄弟“狙击手”。

王冠告诉我们：“狙击是实施震慑、近距离歼灭敌人的重要手段。狙击实施一旦失败，将会造成暴露，很有可能对敌我双方形势造成巨大影响。因此，成为一名合格的、优秀的狙击手，除了要求有高超的技术之外，还要求有过硬的心理素质。”

狙击手要练身体，他们时常的拉练负重30公斤，从景洪市走到勐海县（大约50公里），一走就是一个白天。其他战士可能在下大雨的时候就不用训练了，狙击手们反而是要在这样的天气趴在泥水里，一个小时、两个小时，一动不动。狙击手还要练心理，他们有一项“捡石子”的训练项目：一共200个小石子，班长随意一把捡走一些，剩下的，每个战士在规定时间里数，数错一个石子，跑一圈。在数石子的时候，还会有人在旁边打扰你，敲锣打鼓放鞭炮。我们问王泽晨：“那你跑了几圈”，王泽晨很不好意思地告诉我们“两圈”。

王冠向我们骄傲地展示了他们的训练成果：两枚打穿了的瓶盖。100米，静态打穿瓶盖，是狙击训练中比较高的水平了。这几个瓶盖，他们格外珍惜，他们说，他们目前的技术还不稳定，还需要更刻苦的训练才能让技术稳定，才能成为合格的狙击手。

写在最后

我们的行程有限，没能看望到每一位驻守边防的大学生士兵；我们的笔墨亦有限，没能详细记录看望的每一位大学生士兵的事迹。无论是我们探望途中偶遇的道路塌方、泥石流等危险，还是凌晨半夜跟随边防战士在边境线设点稽查，对我们来说这些只是一次体验、一次经历，而对于我们的每一位大学生士兵来说，他们所面对的情况不知要比这些凶险多少倍。他们身上所展现出的不畏艰险、不惧生死的气概，让人敬佩、甚至是敬畏。我们很难想象，这些十八九岁的“娃子”，昨天还是校园里的“嫩苗”，今天却已成长为矗立边防的大树。在“八一”建军节这个特殊的日子里，无论你是在享受假期旅游的惬意、还是在教室里挥汗如雨备战考研，无论你是在绕膝父母享受天伦之乐，还是奔走在大街小巷兼职打工，让我们一起向他们的青春致敬！向他们卫国戍边的青春致敬！

那一刻，他们流泪了……

（《北化纪实》2016 年 7 月 5 日）

“没想到第一次上学校新闻，竟然是因为哭相。哎，好丢人啊！”国旗护卫队队员胡凤燕这样调侃她在退队仪式上流泪被抓拍到的样子，而且因为这她还上了学校主页新闻。“其实，‘国护’给人的印象，都是很严肃、很‘高大上’的。作为这样一个组织的成员，怎么可以轻易就掉眼泪呢？可是，仔细想想，我在这个组织竟然已经掉过好多次眼泪了。”胡凤燕一边笑着说，一边抹去眼角的小泪滴。

魔鬼训练走出来的护旗手

“集训真的很‘魔鬼’，背十字架挺腰板、绑上沙袋踢正步、夹着扑克练身型，一天下来除了吃饭、睡觉，就是训练。对于刚到大学的我来说，真的是没有吃过这种苦。”胡凤燕说，“没有状态，跟不上节奏，就是那个时候的我，最真实的状态。每次训练，我都会被二哥（‘国护’教官）单独点名。每次点名，我真的好想找个地缝钻进去。好丢人啊！开始的那几天，几乎每天晚上，我都会躲在被窝里抹眼泪。退出吧，也许这个组织并不适合我。那个时候，我真的曾经闪过这个念头。现在想想，还好没有‘付诸实践’。”

“有一天，二哥忽然找到我。他说‘燕子，别灰心，面试时的三个小时军姿都挺下来了，这点儿困难算啥呢。作为国护的一员，守卫国旗，是包括你、包括我在内的，咱们每一个队员的责任啊！从今天开始，你来做护旗手吧！’。听到这个消息，我惊呆了。我没有听错吧？我这个水平，不给队伍拖后腿就不错了。真的，当时，我就是这么想的。”胡凤燕说，“后来，也不知道从哪里来的一股劲儿，别人休息了，我就跑到训练场，自己给自己加练，太阳越大，我练的时间越长，别人练 10 个小时，我练 12 个小时，什么小公主啊、小女生啊，完全不在了。作为护旗手是要持枪的，女生嘛，手臂不是很有劲儿，我就给自己手臂再绑上一公斤沙袋。即便吃饭的时候，我也带上。这样一来，手臂有劲了，持枪动作就相当稳定了。后来，我回家帮忙做家务的时候，连我妈都说我，手臂相当有劲儿啊！”

“当我作为护旗手走过检阅台的时候，那感觉，好爽啊！谢谢二哥，谢谢‘国护’这些兄弟姐妹，如果不是他们，我想，我今天可能上不了头条。”说完，胡凤燕还给我们展示了一下她的肱二头肌。

三连冠属于我们

“去年，我们 2012 级国旗护卫队代表学校参加在北航举办的北京高校国旗护卫队检阅式比赛。比赛很关键，因为咱们已经拿了两届比赛的第一名了。能不能蝉联三连冠，就看这次了”，说到这里，胡凤燕的眼睛一下子睁大了。“备战这次比赛，我们提前结束了暑假，跑到延庆的军训基地进行全封闭式集中训练。偌大的训练场，只有我们的口号声。那个时候，八达岭长城简直就是属于我们‘国护’的！”

“当然，和风景同在的，还有二哥升级版的魔鬼式训练。一天的训练下来，大家的腿、脚都肿胀得不行，水泡、血泡太正常了。晚上，在我们的宿舍，二哥这个在白天和‘魔鬼’一样的人，用红花油为每一个人擦脚、揉脚，细致地就像换了一个人。”“很难想象吧？你看他那么一个外表看起来相当严肃的人，还有这样的一面。”“为了这次训练，本来打算出国的人推掉了出国的计划，本来打算参加培训班的人，也推掉了培训班的安排。‘国护’，真的挺神奇的。这可能就是我们所理解的‘忠诚’吧。”

“终于，功夫不负有心人。我们在北航的比赛又拿了第一名。虽然是和清华、北航这些学校的国防生进行 PK，但是我们一点儿都不逊色啊，我们让大家伙知道，普通大学生一样可以做得很好，而且做得更好。大家伙的辛苦都没有白费”，说到这里，那种自豪感在胡凤燕的脸上洋溢满满。“宣布名次的那一刻，我真的特别特别激动。一下子没控制住，又哭了。只是，这一次是感动的泪水。”

一个人的哨位

在毕业典礼上执行升旗任务，是每一届“国护”队员的最后一次升旗任务。“这个环节，对这个队伍而言，对每一个‘国护’队员个人而言，都意义重大。”胡凤燕这样告诉我们，“对于我们每个人来说，都希望站在那个小小的方块队伍里，走过主席台接受检阅，以这种特殊的方式为自己的‘国护’生涯画上一个圆满的句号。”

“听说最后你没有上？”

“是的，我没有上。”

“不觉得遗憾吗？”

“遗憾啊，毕竟是没上。不过，也不遗憾。那次，我恰好是一个人在队伍的最后一排。你想，一个四四方方的队伍，多整齐。如果最后一排，只有一个人，看起来总觉得不太好。也许，我有强迫症吧，我觉得，这个组织是需要完美的。”

“所以，即便是老师让你上，你还是坚持要下来？”

“恩，是的。”

“所有人都在注视队伍，为队伍点赞的时候，你一个人站在国旗下，什么感觉？”

“我觉得挺自豪的。”

“不后悔吗？”

“不后悔。你看，我现在也是‘网红’啊。后来，我知道老师在朋友圈里发了一个状态，叫作‘一个人的哨位’，就把当时我的情况分享给了大家。结果好多人都认识我了。”

“我们听指导老师说，其实那时，你有掉眼泪。”

“恩，很复杂吧。但是，这个时候，必须得有人下来，得有人‘牺牲’。我觉得我可以”。

“这是‘国护’一直所说的‘荣誉’吗？”

“算是吧，至少是我自己所理解的那一种。”

“也许是我自己太多愁善感了吧。在‘国护’这样一个最不相信眼泪的地方，我还是哭了好多次。给我们录视频的时候，哭了；退队仪式上，摘臂章的时候，哭了。我觉得自己还算是一个挺坚强的人，可是，每每到了那个时候，总是……”，说到这里，胡风燕不禁停顿了一下，扶了扶眼镜，擦了擦眼角。

“在‘国护’里，我们称彼此为‘战友’。我想，这应该是在大学里面，唯一一个这么称呼彼此的学生组织吧。因为，胜利的时候，我们在一起，失败的时候，我们在一起；快乐的时候，我们在一起；流泪的时候，我们更是在一起。”……

胡风燕哭了，每一位‘国护’队员都哭了……这泪水包含了太多的内容。他们用大学四年的青春时光去守护‘国护’这个家，哭过、笑过、爱过也恨过；奔跑过、跌倒过、勇敢过也放手过。他们仍记得最初谈到为什么要加入“国护”时那清澈坚定的目光，也记得无论何时都紧握着彼此的双手，不抛弃、不放弃……

第五章

成果报告

高等院校国防教育工作实效性现状调查及对策研究

朱冬香　徐　娜[①]　赵金明[②]

国防教育是建设和巩固国防的基础，是增强民族凝聚力，提高全民素质的重要途径。当前，面对综合性、复杂性、多变性的国家安全发展趋势，同时基于全面深化改革、实现民族复兴的重要战略目标，党的十八届三中全会对“深化国防和军队改革”作了全面部署，强调“深化国防教育改革”对提升全民国防教育，特别是高等院校中的国防教育工作水平提出了新的、更高的要求。

高等院校作为社会主义育人的重要组成部分，在开展国防教育，培育和践行社会主义核心价值观的过程中，肩负着责无旁贷的政治责任和历史使命。必须看到，当前高等院校国防教育工作面临的形势越来越严峻，党、国家和人民对高等院校国防教育工作提出的要求也越来越高，高等院校国防教育工作亟待改革创新。如何不断增强新形势下高等院校国防教育工作的实效性，是摆在所有高等院校国防教育工作者面前的一项重要战略课题，需要我们进一步创新思路、把握格局、融合资源、实践探索，需要我们以对党、国家和人民负责的态度去做好高校国防教育工作。

本项目对北京市各高等院校开展《高等院校国防教育工作实效性调查》，分别从学生的基本情况、国防意识、国防知识、国防教育现状、国防教育实效性等维度充分了解目前北京市高等院校国防教育工作开展现状及效果，并

---

① 徐娜（1991—），女，北京化工大学学生工作办公室思想政治辅导员，硕士。研究方向：大学生思想政治教育，行政管理。

② 本报告系北京化工大学—北京市东城区人民武装部合作项目“高等院校国防教育工作实效性研究”（项目编号：Z16-06）阶段性成果。

分析影响国防教育实效性的因素，提出相关对策，为提升北京市高等院校国防教育实效性提供科学的数据支撑。

本项目共抽取北京市内高等院校10余所，发放问卷共计300份，有效回收286份，有效回收率为95.3%。

一、调查研究的整体情况

1. 学生基本信息

（1）性别比例。在回收的问卷中，男生183人，女生103人，分别占总人数的64.0%和36.0%。

（2）政治面貌。数据显示，从受访学生的政治面貌来看，中共党员6人，占比2.1%；共青团员265人，占比94.1%；群众11人，占比3.8%。

（3）入学前的户籍。受访学生在入学前是城镇户籍的为189人，占比66.1%；是农村户籍的为97人，占比33.9%。

被调查学生的基本信息如下表：

表1-1　学生的基本信息情况

调查维度	样本特征	人数（N）	占比（%）
性别	男	183	64.0
	女	103	36.0
政治面貌	中共党员	6	2.1
	共青团员	265	94.1
	群众	11	3.8
入学前的户籍	城镇	189	66.1
	农村	97	33.9

2. 国防意识

国防意识是爱国主义的重要组成部分。国防意识作为一种社会意识，是国防这一社会存在在人们头脑中的反映，它的核心集中表现为对国家利益的高度重视。对大学生国防意识的调查主要选取“对新闻的关注”“对我国国防问题的看法”“对我国国防实力的看法”和“对应征入伍的看法”等四个维度进行调查。

（1）对新闻的关注通过

对于学生们的新闻关注行为调查主要“浏览新闻类型”和“对军事和政治新闻的关注度”两个指标进行分析。

从浏览新闻的类型上看，调查显示，大学生浏览新闻类型按热度排序依次为娱乐新闻、政治新闻、军事新闻、体育新闻，占比分别为 50. 2%、45. 6%、33. 1%、32. 4%。可见，在被调查的学生群体中，学生对军事类新闻关注度相对较低，对娱乐新闻关注程度较高。

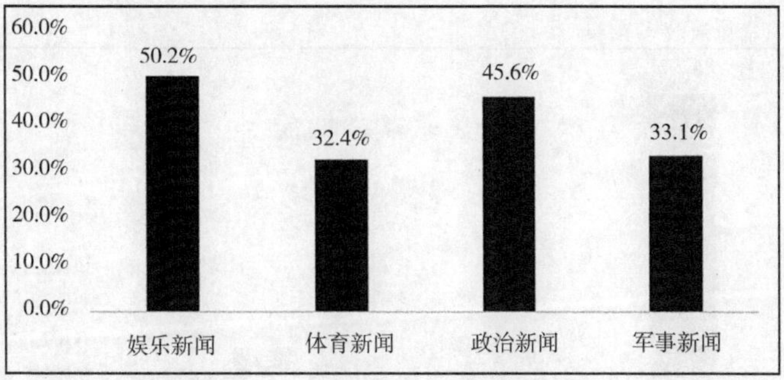

图 1-1　学生上网浏览的新闻类型

从对军事和政治问题的关注程度来看，调查显示，表示“经常关注”的占 29. 3%，“偶尔会关注”占 61. 7%，仅 4. 9%学生表示“不关注此类问题”。可见，大学生对军事和政治问题的关注度较高。

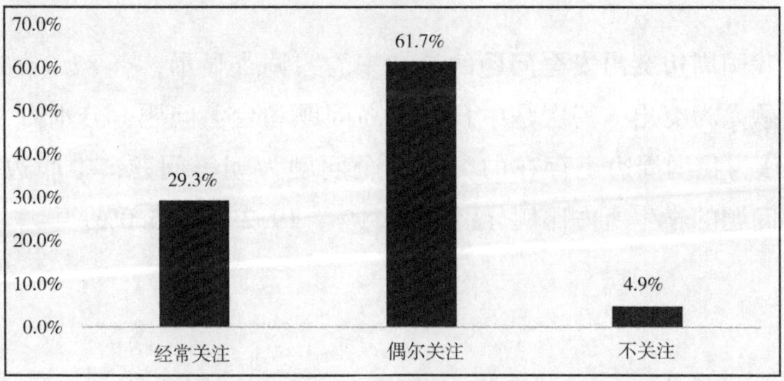

图 1-2　学生对军事新闻和政治问题的关注程度

（2）对我国国防问题的看法

对国防问题的看法主要通过“对我国所处的国际环境的认知”和“对我国周边突出安全问题的认知”两个指标进行分析。

从对我国所处的国际环境的认知来看，调查显示，有84.3%的学生认为“存在安全危机，但相信政府可以解决”，9.1%的学生认为“安全危机较多，无力和平解决”，2.1%的学生认为“没有什么安全危机”，3.1%的学生表示“不太了解”。

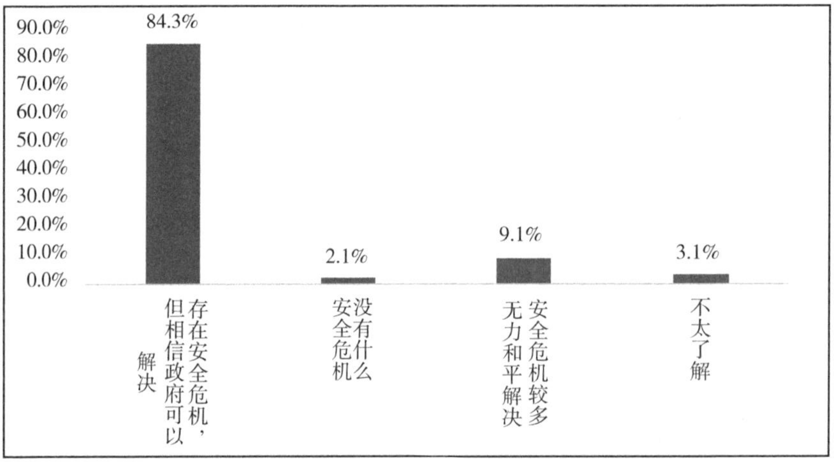

图1-3 对我国所处的国际环境的认知

从对我国周边突出安全问题的认知来看，调查显示，有82.2%的学生认为南海问题尤为突出，其次是中日钓鱼岛问题和台湾问题，分别占48.2%和47.4%，认为我国周边还存在的突出安全问题为朝鲜问题、中印边界问题、中俄边界问题的学生所占比例分别为26.1%、19.2%和15.0%。

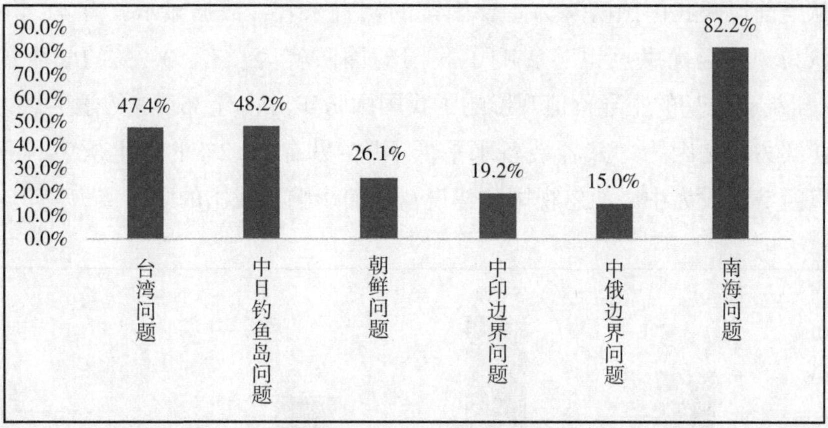

图 1-4 对我国周边突出安全问题的认知

（3）对我国国防实力的看法

对我国国防实力的看法主要通过“对我国国防实力的评价”“当前影响我国国防实力的主要因素”“提升我国国防实力的举措”和“国防建设与经济建设的关系”四个指标进行分析。

从对我国国防实力的评价上看，调查显示，19.5%的学生认为我国的国防实力很强，65.2%的学生认为我国国防实力较强，仅有10.8%和2.4%的学生认为我国国防实力一般和令人担忧。可见，大学生对我国的国防实力整体持积极乐观态度。

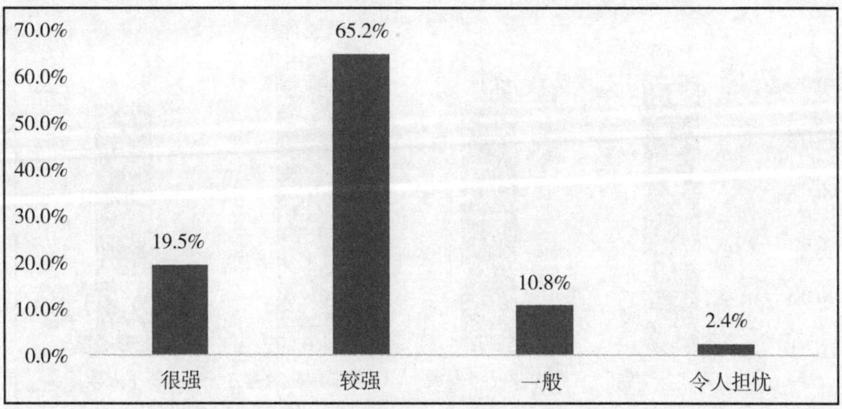

图 1-5 对我国国防实力的评价

从当前影响我国国防实力主要因素的调查来看，数据显示，有 41.1%的学生认为“缺乏忧患意识”影响了我国的国防实力、有 53.3%的学生认为“个人利益至上”的主导价值观影响了我国国防实力、有 35.9%的学生认为我国国防实力弱是因为“武器装备水平低下”，另有 20.2%的学生认为“我国一直以经济建设为中心而忽视国防建设，从而影响了我国的国防实力”。

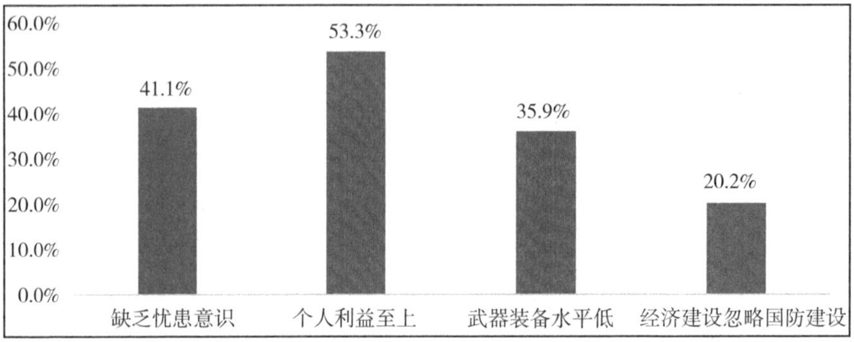

图 1-6 当前影响我国国防实力的主要因素

从对提升国防实力举措的调查来看，数据显示，认为应从“改善武器装备”和“加强国防教育”两方面入手的学生较多，分别占 51.6%和 55.4%，认为应该从“加快经济发展”和“提高军人素质”方面努力的分别占 45.3%和 46.0%。

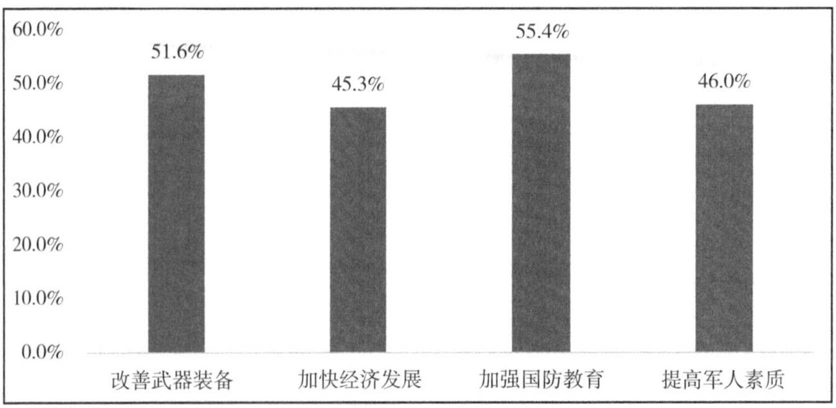

图 1-7 提升我国国防实力的举措

在调查国防建设与经济建设发生冲突及如何解决这一问题时，数据显示，绝大多数学生认为应该“统筹兼顾”，占 76. 3%，认为应坚持“以国防建设为主”的占 12. 9%，认为应“以经济建设为主”的占 4. 9%。

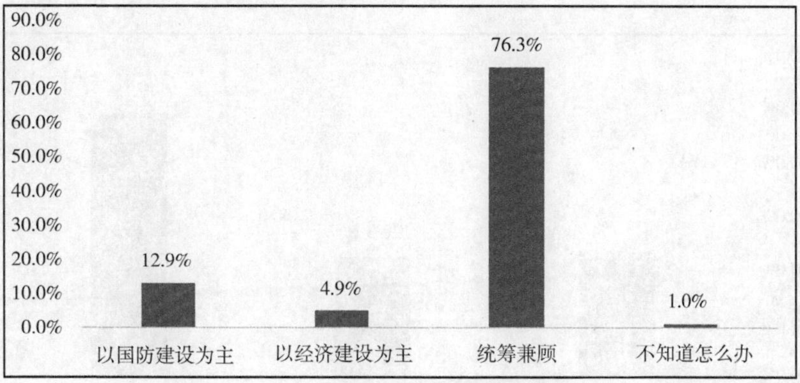

图 1-8 国防建设与经济建设的关系

（4）对应征入伍的看法

对应征入伍的看法主要通过“个人对军人职业的印象”“父母是否支持应征入伍”“个人是否有意愿应征入伍”三个指标进行分析。

对军人职业印象的调查显示，有 81. 2%的学生认为“军人是十分神圣的职业，能成为军人是一种光荣”，13. 2%的学生认为“军人是一份普通职业，保家卫国是职责所在”，3. 5%的学生认为“和平年代里军人职业多余，供养军人是浪费国家收入”。可见，绝大多数大学生认为军人的职业是神圣而光荣的。

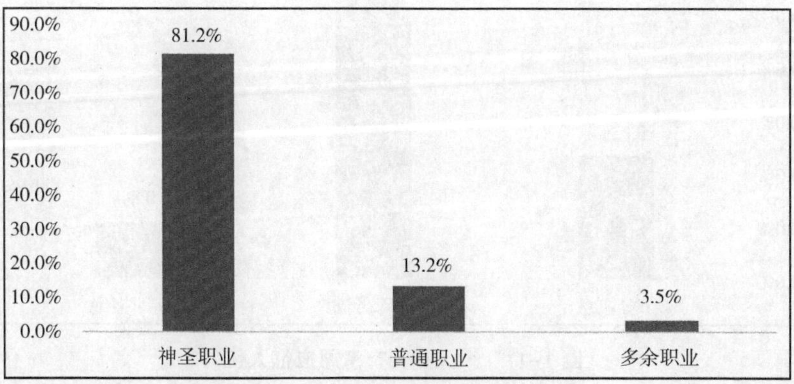

图 1-9 对军人职业的印象

从父母是否支持应征入伍的调查来看，数据显示，近一半的学生父母对孩子应征入伍问题的看法是“随孩子的个人意愿”，占 49. 1%，23. 7%的父母明确表示支持孩子应征入伍，也有 22. 6%的父母反对孩子应征入伍。

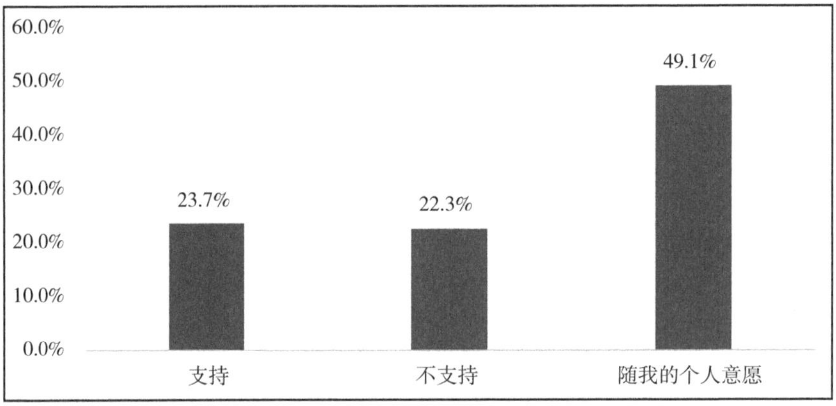

图 1-10　父母对子女应征入伍的意见

对学生应征入伍意愿的调查显示，大部分学生表示“没有考虑过这问题，需要慎重考虑”，所占比例为 63. 4%，23. 3%的学生表示“意愿强烈，希望立即应征入伍”，另有 10. 8%的学生表示会“立即拒绝”。

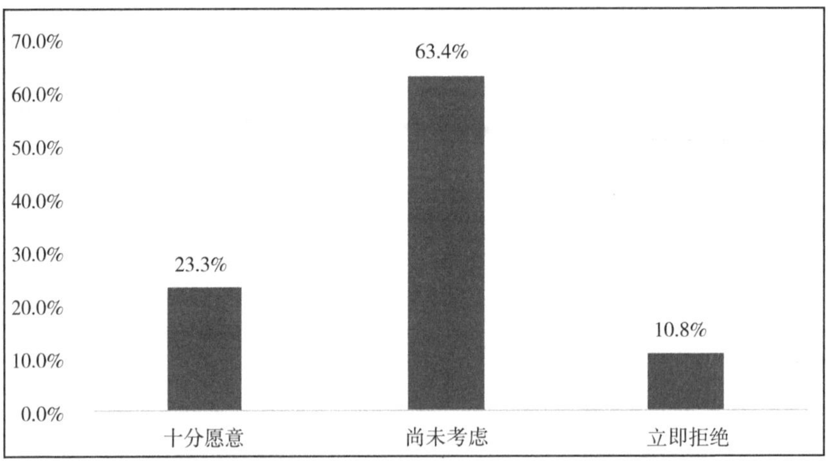

图 1-11　个人是否有意愿应征入伍

3. 国防知识

对大学生国防知识的调查主要通过“对我国兵役制度的了解”“对我国义务兵服役期限的认知”“对新兵役法的了解程度”“对参军义务的了解”和“对逃兵役处罚规定的了解程度”等多个指标进行分析。

从学生对我国兵役制度的了解程度上看，调查显示，63.0%的学生认为是“义务兵和志愿兵相结合”，15.6%的学生认为我国的兵役制度是“民兵与预备役相结合”，21.4%的学生认为我国兵役制度为义务兵役制。实际上，1955年至1978年，我国实行义务兵役制；1984年开始实行以义务兵役制为主体的“两个结合”制度；而在1998年提出的《兵役法修正案》中，取消了“义务兵役制为主体”的提法，只保留了“两个结合”的制度。可见，同学们对我国现行兵役制度的认知并不清晰，关于这方面的宣传教育仍有待进一步加强。

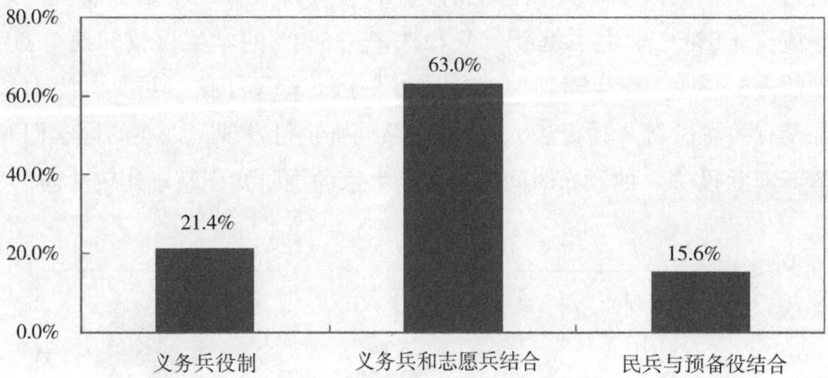

图1-12 学生对我国兵役制度的了解

《中华人民共和国兵役法》第三章第十九条规定：义务兵服现役的期限为两年。从学生对义务兵服役期限的认知调查结果看，71.6%的学生对义务兵服役期限为两年这个常识是清楚的，但仍有近三成（28.4%）学生并不清楚义务兵服役的具体年限。可见，部分学生对“我国兵役制度”和“义务兵服役年限”等基础国防知识印象并不深刻，国防意识和国防知识需要进一步强化。

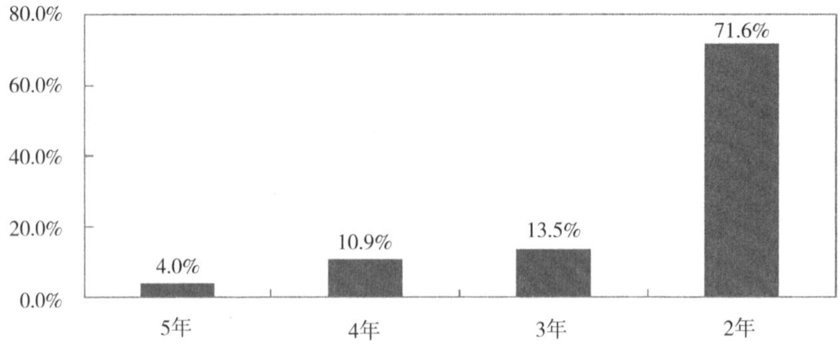

图 1-13　学生对我国义务兵服役年限的认知

2011 年 10 月 29 日，第十一届全国人民代表大会常务委员会第二十三次会议审议通过了《关于修改〈中华人民共和国兵役法〉的决定》，对《兵役法》进行了第三次修正。从学生对新修订的《兵役法》的了解程度看，只有不到一成（9.9%）学生了解新《兵役法》，36.9%的学生仅仅知道一点儿，超过半数（53.3%）学生对新《兵役法》一点儿都不了解。可见，绝大多数同学并没有关注过新《兵役法》。由前两项调查也可发现，现在的同学们并不太了解新《兵役法》的颁布时间与内容，大家的国防知识基础比较薄弱。

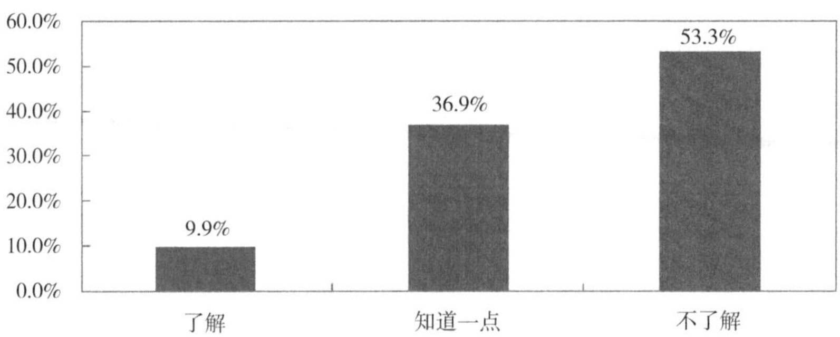

图 1-14　学生对新《兵役法》的了解程度

宪法规定，每个符合条件的适龄青年都有参军义务。数据显示，51.6%的受访学生了解“符合条件的适龄青年有参军义务”，受访学生中有 36.8%的人不清楚该项义务，11.6%的学生认为“想去就去”。可见，只有半数左右的同学了解这一义务，还有很多同学对这一义务的认识很模糊。

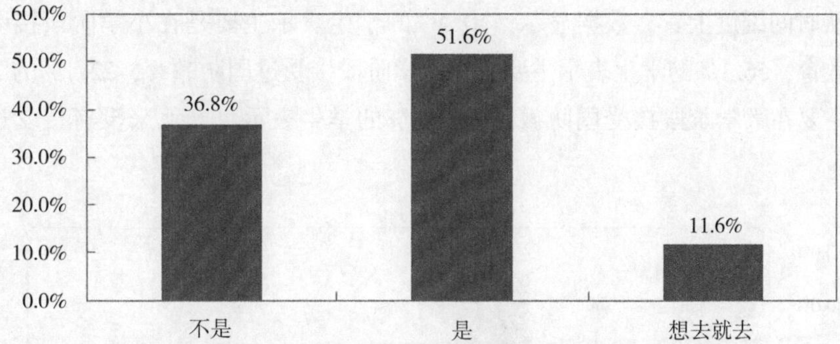

图 1-15　学生对参军义务的理解

我国法律规定，有服兵役义务的公民拒绝、逃避兵役登记和体格检查，应征公民拒绝、逃避征集，预备役人员拒绝、逃避参加军事训练和执行军事勤务行为之一的，由县级人民政府责令其限期改正；逾期不改的，由县级人民政府强制其履行兵役义务，并可处罚款。对于应征公民拒绝、逃避征集且拒不改正的，两年内不得被录取为国家公务员、国有企业职工，不得出国或者升学。

从学生对逃兵役处罚的了解程度来看，调查显示，38.8%的学生了解我国对逃兵役的处罚很严厉，50.2%的学生了解一点儿逃兵役的处罚规定，8.0%的学生认为逃兵役处罚无所谓。

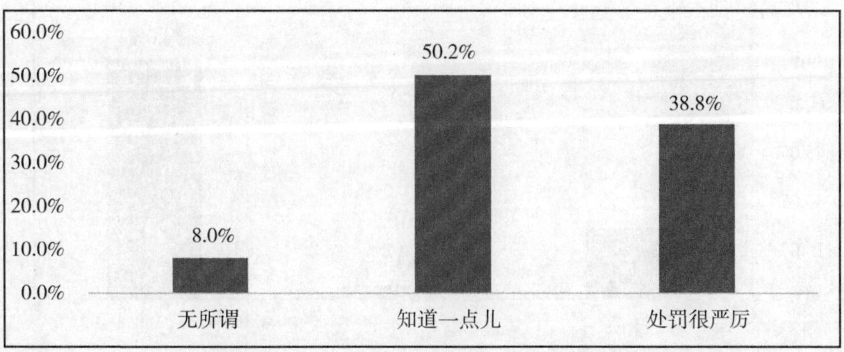

图 1-16　对逃兵役处罚规定的了解程度

4. 大学生国防教育的现状

对大学生国防教育现状的调查主要从时间和途径维度上进行分析。

从时间维度上看，数据显示，10.4%的学生表示主要是在小学阶段接受过国防教育，56.1%的学生表示主要是在中学阶段接受过国防教育，22.1%的学生表示主要在大学阶段接受国防教育，11.4%的学生表示自己从来没有接受过国防教育。

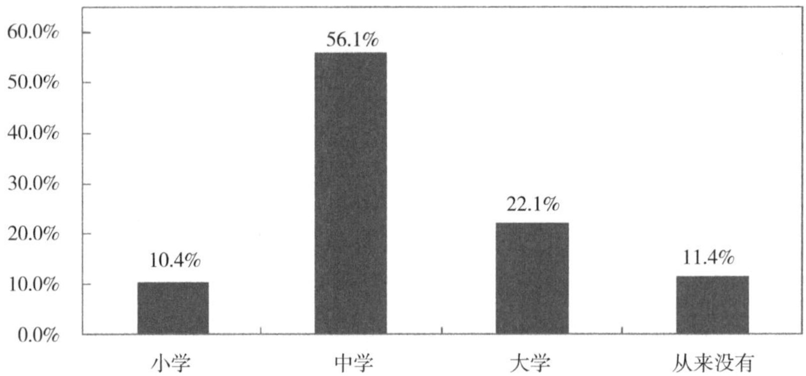

图 1-17 学生接受国防教育的时间段

对最近一次学校组织国防教育活动的时间的调查结果显示，21.9%的学生表示在校接受国防教育的时间为一年前，4.1%的学生半年前曾接受过学校组织安排的国防教育，74.0%的学生表示近期接受过学校组织安排的国防教育。

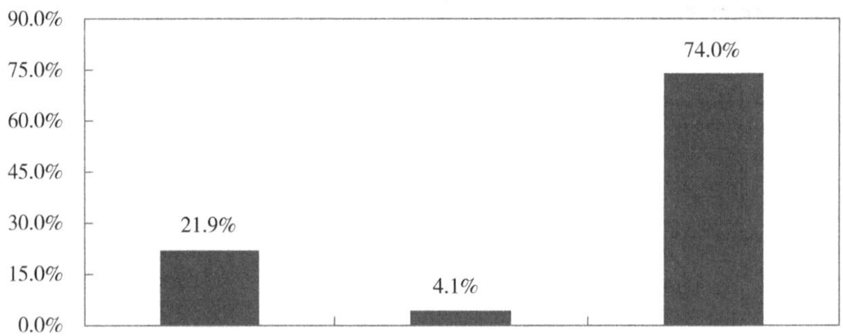

图 1-18 最近一次学校组织国防教育活动的时间

从途径维度上看，分别有65.4%和64.0%的学生选择了通过“社会媒体”和“学校”的途径接受国防教育，29.4%的学生选择通过阅读相关书籍学习国防知识，24.1%的学生表示在家庭熏陶中接受国防教育。可见，社会媒体的宣传和学校的教育是学生了解接受国防知识的主要途径。

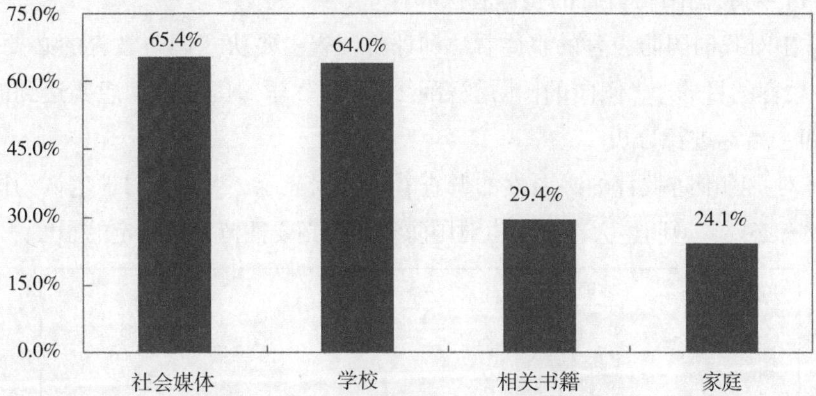

图1-19　学生接受国防教育的途径

关于征兵宣传的途径，41.1%的学生表示主要通过互联网渠道了解征兵政策，17.0%的学生通过电视了解，15.5%的学生选择通过报纸进行了解，9.4%的学生是通过学校的宣传墙报了解到征兵政策的，另有6.9%的学生是从当地武装部了解到相关政策。可见，互联网是学生了解征兵政策的主要渠道，学校墙报、报纸、电视及当地武装部等渠道对学生了解征兵政策的作用并不十分明显。

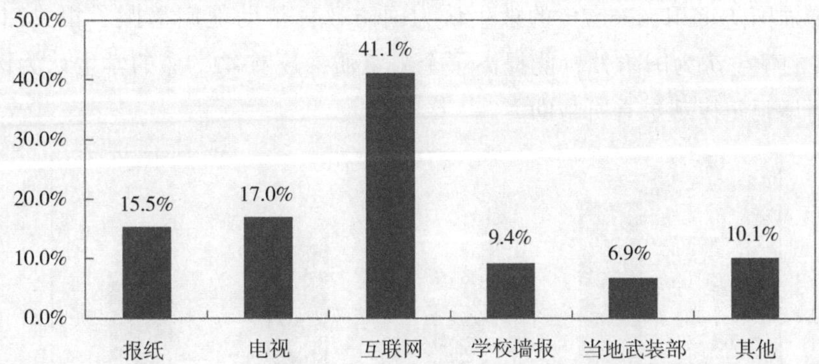

图1-20　学生了解征兵政策的渠道

5. 大学生国防教育的实效性

对大学生国防教育实效性的调查主要从学生“对我国国防教育的整体看法和评价”“对军训的看法和评价”和“对军事理论课的看法和评价”三个维度来进行。

(1) 对我国国防教育的整体看法和评价

学生对我国国防教育的整体看法和评价调查主要从“国防教育的必要性”“国防教育的目的”“倾向的国防教育形式”和“学习国防知识想要达到的目标”四个指标进行分析。

从对我国国防教育的必要性的调查看，数据显示，95.1%的学生认为国防教育很有必要，说明绝大部分学生对国防教育的必要性持积极肯定的态度。

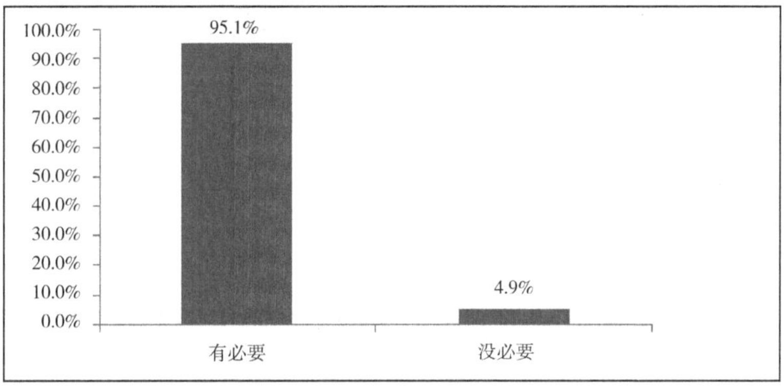

图 1-21 国防教育的必要性

从对国防教育目的的调查看，数据显示，72.7%的学生认为国防教育有助于增强国防意识，36.7%的学生认为国防教育帮助他们掌握了相关知识，59.8%的学生认为国防教育能提高了个人素质，还有 42.7%的学生认为国防教育对增强纪律观念有所帮助。

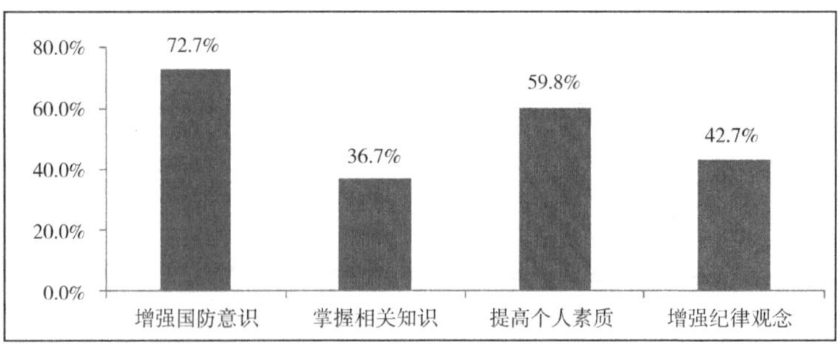

图 1-22 国防教育的目的

从对学生倾向的国防教育形式的调查看，数据显示，23.8%的学生选择课堂专题教学，50.3%的学生选择报刊、电视等媒体，35.3%的学生选择网络互动，43.4%的学生选择外出参观，19.9%的学生选择国防讲座。大学生对国防教育的开展形式，更倾向于学生主体意识较强的教育方式。

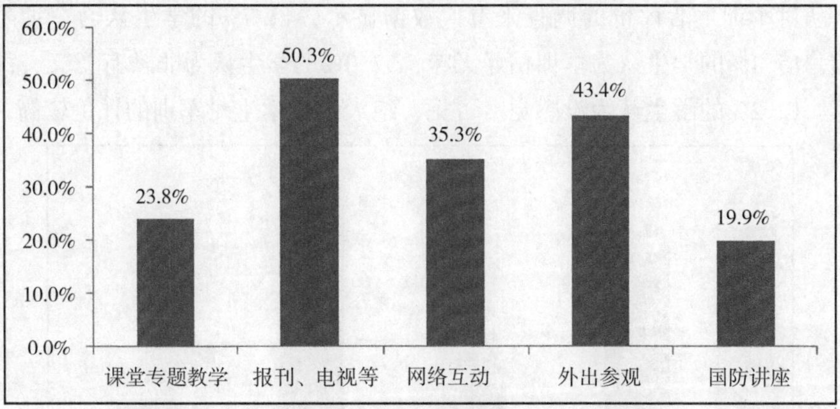

图 1-23 国防教育的倾向形式

从对学习国防知识想要达到的目标的调查看，数据显示，53.5%的学生想要通过国防教育增强国防观念，65.0%的学生想要达到了解国内外安全局势的目的，44.1%的学生想要通过国防教育来增长国防知识，23.1%的学生想要掌握军事技能，为服兵役做准备，61.5%的学生表示想要增长课外知识，提高综合素质。

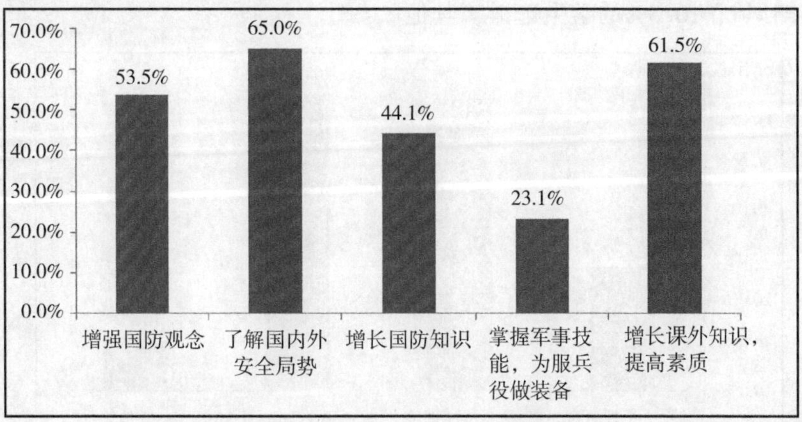

图 1-24 学习国防知识想要达到的目标

（2）对军训的看法和评价

对军训的看法和评价的调查选取“对军训生活的评价”“军训中应增加的活动”“军训收获”“军训对学习、生活的帮助”和“军训对个人能力的影响”五个指标进行分析。

从对军训生活评价的调查来看，数据显示，42.7%的学生认为军训生动有趣，15.4%的学生认为军训枯燥无味，57.0%的学生认为非常有意义、深受教育，12.2%的学生认为没感觉。可见，绝大多数学生对军训的评价较高。

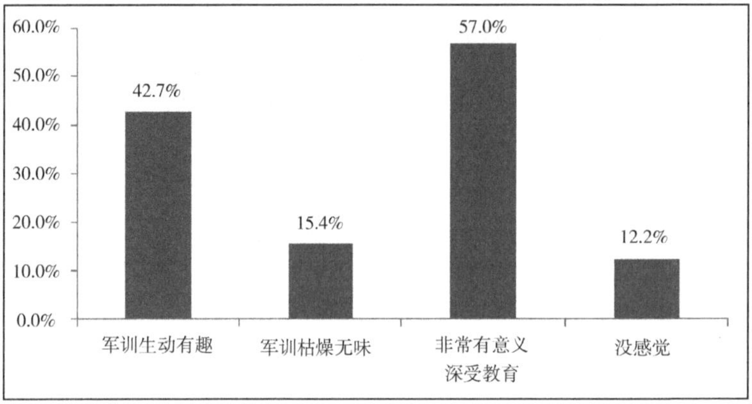

图 1-25　对军训生活的评价

从对军训中应该增加哪些活动的调查看，数据显示，27.3%的学生选择“个人个性平台”，58.0%的学生选择“擒拿格斗训练”，65.7%的学生选择“兵器知识”，10.8%的学生选择“其他”。

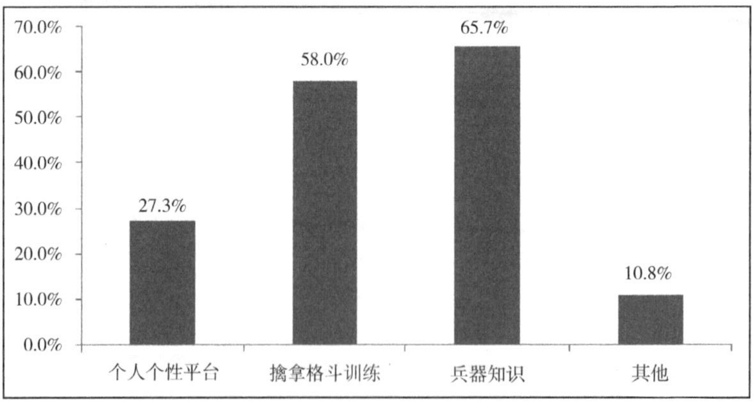

图 1-26　军训中应增加的活动

从对大学生军训收获的调查看，数据显示，62.2%的学生认为个人体能得到了锻炼，64.0%的学生认为军训培养了意志品质，55.6%的学生认为军训培养了集体主义精神，46.2%的学生认为军训提高了自理能力，38.5%的学生认为军训增长了国防知识，培养了国防观念。9.0%的学生认为没多大收获。可见，但大多数学生认为军训的收获较大。

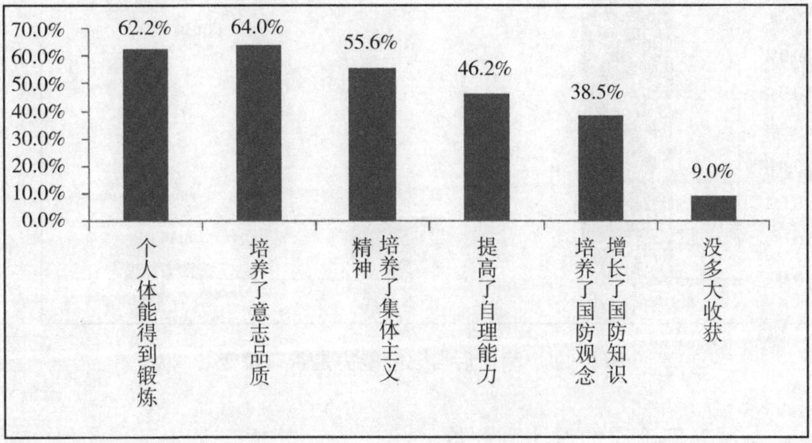

图 1-27　军训的收获

从军训对入学后的学习、生活是否有帮助的调查来看，数据显示，74.9%的学生表示很有帮助，20.1%的学生表示太累了，作用不明显，5.0%的学生表示不想参加军训。可见，大部分学生认为军训对学习和生活的帮助作用是明显的。

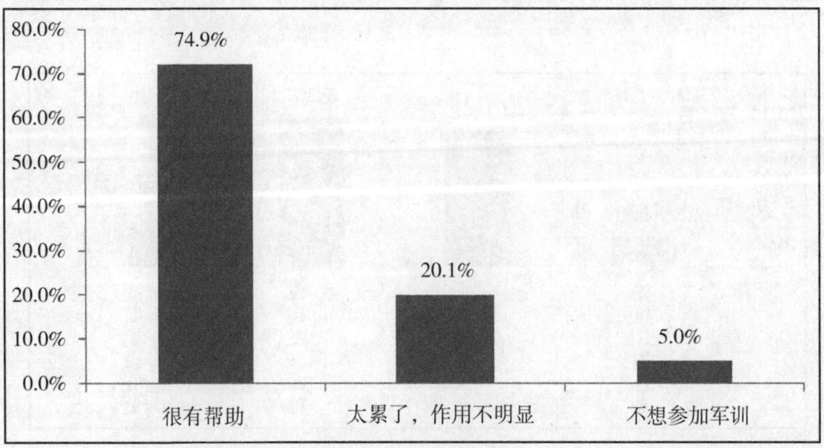

图 1-28　军训对入学后的学习和生活是否有帮助

从调查军训后自己能力是否有改变来看，数据显示，78.7%的学生认为军训后自己的能力有所提升，16.8%的学生认为军训后自己能力没有改变，4.5%的学生认为军训后自身的能力较军训前有所下降。

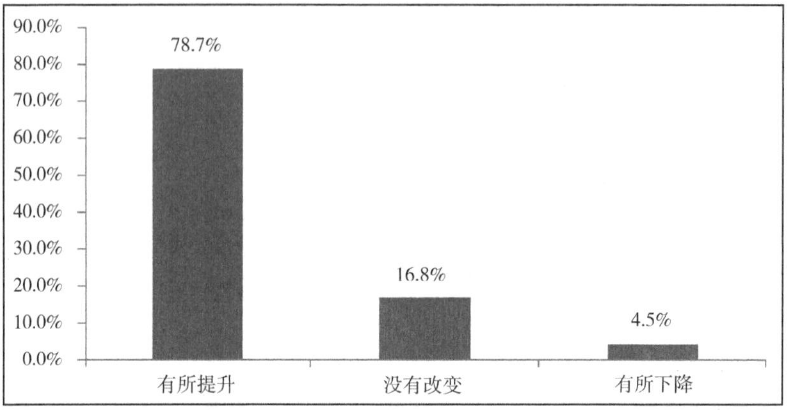

图 1-29　军训后自己的能力是否有改变

（3）对军事理论课的看法和评价

学生对军事理论课的看法和评价调查选取“军事理论课中最想了解的内容”为指标进行分析。

调查显示，14.0%的学生在军事理论课中最想了解“征兵入伍政策”的相关内容，63.6%的学生选择“国际国内安全局势”的有关内容，70.3%的学生选择“现代军事高科技知识”等内容，25.3%的学生选择“国防建设有关法律法规”内容。

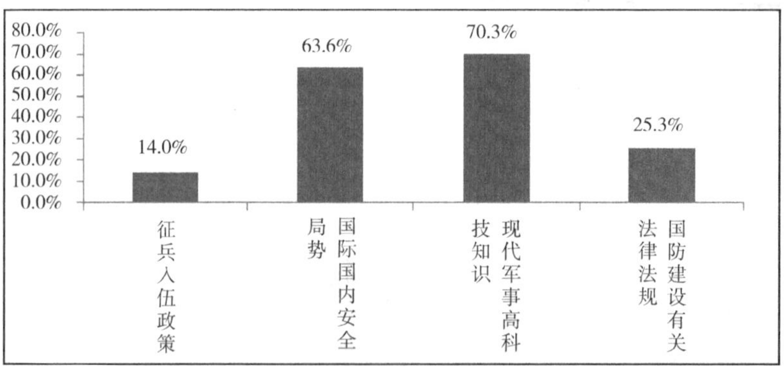

图 1-30　军事理论课中最想了解的内容

二、高等院校国防教育工作实效性对策研究

针对数据分析所反映出的问题，本文从树立正确科学的国防教育理念入手，将改善国防教育的工作管理机制作为着重点，将提高国防教育的师资水平作为切入点，完善法律和物质保障，使教育方式、内容、效果、评估等都做到与时俱进，建立一套既符合社会客观要求，同时仅满足国防教育发展需要的对策体系。

1. 转变国防教育的工作理念

“互联网+”时代到来，以计算机技术、微电子技术和通信技术为特征的信息技术已经在教育领域产生深刻的影响，它对转变传统教育培训思想和理念，提高师资队伍整体素质，促进教学模式、内容和方法的改革，加速教育手段和管理手段的现代化等方面都具有重要的意义。

(1) 树立正确的“互联网+”时代国防教育理念

客观物质是影响人们社会生产生活的决定性因素，但意识理念的产生却能影响人的行为，正确意识的树立不仅仅局限于受教育者，同样教育者也必须树立正确科学的国防教育理念，才会达到事半功倍的效果。利用网络带给我们的机遇，把握大学生网络心理去向，紧跟国际形势的新发展、新趋势，搞好大学生的国防教育，是当前我们研究的重要课题[1]。

基于此，结合当下时代和社会的发展，我们正从工业社会向后工业社会转变过渡，知识经济时代、“互联网+”时代赋予了社会、个体不同的特征——虚拟化、在线化、小众化、透明化、平台化、数字化、平等化，传统的教育理念已经不适应国防教育的发展，开放的现代化教育理念应该得到重视，并将这些特征与高校国防教育相结合。

(2) 树立以需求为首的国防教育工作理念

在进行国防教育工作的过程中，最重要的通常也是最容易让我们忽视的就是对教育需求、绩效的注重，在对北京化工大学的国防教育现状进行调查研究时，我们发现在这几个维度之中“双高”现象普遍存在，即大部分调查对象都认为国防教育是必要的，对国防教育的需求量是比较高的，但是对教育效果的不满意程度也高。这种“双高”现象的产生，究其原因，还在于进行国防教育的过程中我们忽视了对教育对象需求的了解，以“需求理念”为

主是国防教育的先导，应强调被教育者的主体地位。

（3）树立终身学习的国防教育工作理念

知识经济时代让我们了解到当今的社会是“学习型社会”，而在“学习型社会”中最主要的一个特征就是终身学习，不断充电。因为知识是日新月异的，会不断涌现出新的科学理论方法，这些都要求我们需要终身学习。并且“学习理论”告诉我们，学习是以学习者为中心，主动进行意义建构、不断循环的过程，而古语有云：“活到老，亦学到老”，这是对终身教育最直接简洁的阐释。因此，要想提高国防教育的实效性，就必须在教育主体中间树立终身学习的理念。

2. 改善国防教育的客观实施环境

我国正值改革发展的关键时期，各种思想文化相互激荡，针对大学生在接受以军训为基础的国防教育中呈现出的新特点，要抓好教育“铸魂”工程，要因势利导用其所长；要疏堵结合，科学管理，引导大学生遵规守纪上网、文明高效用网[2]。改善相关的国防法律法规以及物质资金等客观环境，是国防教育实效性得到提高的必要保障。

（1）国防教育实施的法律保障

目前，关于国防教育工作的相关法律法规文件主要包括：《中华人民共和国国防教育法》《关于在普通高等学校和高级中学开展军事训练工作的意见》《高等学校学生军事训练教学大纲》等。其中教育部、总参谋部、总政治部的《关于在普通高等学校和高级中学开展军事训练工作的意见》（国办发［2001］48号文件）对学生军训工作作了具体的规定和说明[3]。但是，相关法律都存在一定的时间滞后性，在新的时代背景下，高校国防教育已经呈现出新的特征。因此，我国国防教育相关法律法规的制定必须要紧随社会的变化发展做到与时俱进。再者，国防教育相关法律在实施的过程中存在一些“应然”而非“实然”的问题，使得实施效果大打折扣。基于此，国防教育工作法制化建设仍需加大力度，国防教育才能在法律的保障下得到快速发展。

（2）国防教育实施的物质保障

良好的物质基础可以促进国防建设的发展，除了国家国防教育经费外，还应广泛争取社会团体、公司、教育机构的大力支持与帮助，这样除了可以增加经济收入外，还可以使这些人士加入到国防教育的教育过程中，融入社会中[3]。“节约为本、合理使用、拒绝浪费、提高效率”是我们在使用国防教育经费过程中必须要坚持的基本原则。

(3) 国防教育的师资保障

教师是国防教育效果的直接影响者，在授业解惑这一活动的进行过程中其重要性不言而喻。为此，我们要做到更新观念、建立新型的专业师资队伍管理模式，与此同时，不能规避的是我们还需要加强师德师风建设，并根据客观环境的需要，随时更换或者引进优秀的师资人才，形成一套科学合理的教师管理培训、奖惩激励的机制。教师教学水平的提高与完善也是国防教育实施效果的重要保障。

3. 完善国防教育工作的管理机制

工作机制，是工作程序规则的有机联系和有效运转，它是一个相辅相成的整体，贯穿于工作的各个环节。高校国防教育工作机制是一套成体系的管理机制，它既包括教育者、教育对象，也包括教育课程内容、教育方式、教育评价体系等。因此，要想完善国防教育的工作机制，就必须从这几个方面入手。

(1) 完善军事课程设置，丰富军事课程内容

国防教育的课程设置和课程内容，是国防教育实施过程中的两个重要环节，也是影响教育效果的关键因素。首先，合理的课程设置既可以让授课时间得到优化，也可以让教育者与受教育者保持最佳状态进行教学活动。不同的课程设置产生的效果不尽相同，通过优化国防教育课程设置，让教育活动实效扩大。其次，枯燥乏味、单调的教学内容必定不能激发起学生学习的热情和火花，丰富军事课程内容是提高国防教育实效性的必要手段。

(2) 建构多元化活动方式

培训方式的创新是知识经济时代下教师培训体系构建的应有之意。信息技术的发展改变着我们的生产生活方式。相应的，国防教育方式也会受到影响，需进行调整。譬如，当下盛行的“微教育”方式，其主要特征表现为：内容迷你、培训方式灵活、沟通效果好、受众面广、成本低廉等，它正逐渐成为当下教师比较钟爱的一种教育模式。

(3) 完善评价体系

评估是国防教育体系构建中的最后一个但也是不容被忽视的环节。现行培训评估指标不系统、培训评估实施监督机制不健全、培训结果及评估缺乏反馈信息，这一系列问题仍旧存在，国防教育评估体系不仅不能为国防教育

添砖加瓦，甚至已经成为影响其作用发挥的重要阻碍。规范化、系统化、制度化的国防教育评价体系是我们必须要建立实施的。譬如，将国防教育工作所涉及的各个部门的沟通协调工作做好，将国防教育工作纳入必要的监督机制当中，评价结果落实到位，完善评估监督机制，将评估与绩效奖惩相结合等[4]。

参考文献

[1] 何华，陈云金，胡允达. 论网络时代如何加强大学生国防教育［J］. 长江论坛，2009（5）：92.

[2] 刘建军. 以军训为基础提高大学生国防教育实效性的对策［J］. 教育与职业，2016（16）：64.

[3] 张仲福. 新安全观视域下大学生国防教育研究［D］. 吉林：长春工业大学，2012：21.

[4] 邹娜. 高校大学生国防教育存在的问题及对策研究［D］. 吉林：长春理工大学，2012：33.

北京化工大学国防教育工作实效性调查报告①

崔　玉　李　浚　柏　顺

国防教育，是国家为防备和抵抗侵略，防止武装颠覆，保卫国家的主权、统一和领土完整，对全体公民进行的具有特定目的和内容的普及性教育活动。国防教育是国防建设的重要组成部分，已成为国家教育中的一项基本内容，旨在维护国家利益和民族利益，是加强民族凝聚力的必要手段，是提升国民素质的重要方法，更是国家育人事业的基本结构之一，是以提升国民国防观念为目的，鼓励青年积极投身国防建设、忠实履行义务的教育工作。当前，国家安全发展趋势呈现出综合性、复杂性、多变性的特点，在党的十八届三中全会上，我党强调要“深化国防教育改革”，要使国防教育紧随全面深化改革、实现民族复兴的重要战略目标，强调要全面提升国民国防素质。高校国防育人工作就是以学校为基础，将国防育人事业与学业教育相结合。

高校作为社会的重要组成部分，同时作为国防教育事业的组成部分之一，在开展国防教育、培育和践行社会主义核心价值观的过程中，肩负重要责任。21世纪为各个领域提供了新的机遇，但显而易见，我国普通高校国防教育工作形势严峻，现阶段面临着巨大的挑战，党和国家对高校国防育人工作提出了更高的要求，高校的国防育人工作亟待改革。如何在新形势下提高高等学校国防育人工作的实效性，是国防教育组织和工作者面前一道非常重要的战略难题，想要解决当前的困难，就需要我们进一步把握创新格局、拓展工作思路、不断探索、勇于实践、融合校内外资源，以更负责任的态度去做好国

① 本报告系北京化工大学—北京市东城区人民武装部合作项目“高等院校国防教育工作实效性研究”支持课题成果。项目编号：Z16-06。

防育人工作。我校紧随国家政策，积极响应科教兴国战略，不断探索新时期高校国防教育工作的开展模式，以培育出适合当前社会发展的综合型人才。

本项目以了解目前我校国防教育工作开展现状及最终效果为目的，对北京化工大学本科生及研究生进行调研，分别从学生基本情况、国防意识、国防知识、我校国防教育现状、我校国防教育实效性等方面展开调查，分析影响我校国防教育的关键因素，并提出相关解决对策，为提升我校国防教育的实效性提供科学的理论依据。此次调研共计发放问卷 1100 份，回收有效问卷 1075 份，回收有效率为 97.7%。

一、研究背景

中国是一个具有国防教育传统的国家，纵观中国古代国防发展历史，始终与以国防意识、爱国主义精神、民族英雄主义、传统武德为基本内容的国防教育紧密联系，充分反映了国防教育是国防建设的重要内容，是民族安定、国家强盛的必要环节，是中华民族优良传统的重要组成部分。许多教育家、军事家都曾经对国防教育的意义进行过有价值的阐述。

新中国成立初期，党和国家领导人就对国防教育高度重视。1955 年 7 月，第一部《兵役法》通过并实施，其中明确规定“高等学校的学生，应当在校内接受军事训练，并且准备取得预备役尉官军衔和准备担任尉官职务。”为此，全国高校相继成立了人民武装部，切实加强了对高校学生军训、民兵工作的领导。党的第三代领导集体更是从战略高度来看待国防教育问题，指出“国防教育是关系国家兴衰的战略性问题”，并把国防教育纳入了思想教育体系，更将国防教育纳入法制化建设轨道。2001 年 4 月，《中华人民共和国国防教育法》正式颁布，将国防教育直接纳入一部专门的法律之中，并具体阐述了国防教育的意义、目的、方针和政策，这也标志着我国国防教育已经正式走向法制化、系统化、成熟化的道路。2011 年，中共中央、中央军委下发《关于加强新形势下国防教育工作的意见》，明确要求“必须高度重视，采取有力措施，加强国防教育工作”。

纵观我国国防教育发展历程，不难看出其重要的地位与非同寻常的现实意义。当前，我国既面临难得的发展机遇，也要迎接严峻的挑战。我们必须清醒地认识到当今世界虽然总体趋势是和平的，但天下并不太平，局部战争此起彼伏，国际社会依然面临着巨大的威胁，而其中最主要的莫过于恐怖主义、分裂主义和霸权主义所带来的危险与挑战。因此，高校应当顺应变幻莫测的国际局势，强化国防教育。

我国从1985年开始在部分高校试行国防教育。2001年6月26日，国务院办公厅和中央军委办公厅颁发了国办发48号文件，明确规定了学生军训是普通高校本、专科生的必修课，并要求在2005年以前开设军事理论课和军事技能训练。2002年6月，教育部、总参谋部根据《国防教育法》《国防法》《兵役法》的精神，联合制定了《普通高等学校军事课教学大纲》，"军事课"的概念首次得以明确提出。2006年，为顺应国家安全环境与世界军事形势的变化、适应高校国防教育事业深入发展的需要，教育部又组织专家对教学大纲进行了修订。2007年3月，教育部、总参谋部、总政治部制订了《学生军事训练工作规定》，它是各级教育行政部门、军事机关、普通高等学校、高中阶段学校和承训部队组织、实施学生军事训练工作的基本依据。文件规定了军事训练工作，必须围绕服务国家人才培养、服务国防后备力量建设开展，坚持着眼时代特征、遵循教育规律、注重实际效果、实施分类指导的方针。通过军事训练，使学生掌握基本军事技能和军事理论，增强国防观念、国家安全意识，加强组织性、纪律性，弘扬爱国主义、集体主义和革命英雄主义精神，磨炼意志品质，激发学生战胜困难的信心和勇气，培养艰苦奋斗、吃苦耐劳的作风，树立正确的世界观、人生观和价值观，提高综合素质。同时，《规定》从组织领导与实施、军事技能训练和军事理论教学、学生军事训练保障等方面予以了法律规定，使高校的国防教育发展跨上了正规化、制度化、规范化的平台。

经过30多年的实践探索，各高校在开展国防教育方面，都做了许多卓有成效的工作。但是也必须看到，由于在普通高校开展国防教育起步晚、时间短、没有经验可以借鉴，特别是受主客观条件的限制，使其还存在许多问题，一定程度上制约了普通高校国防教育工作的健康发展。较全面地了解高校国防教育的现状并分析其存在的问题，是进一步提高国防教育质量，深化教学改革的当务之急。

二、调研概况

1. 学生基本情况

（1）性别比例。问卷统计结果显示，男生636名，所占比例58.73%。女生447名，所占比例41.27%。

（2）政治面貌。问卷统计结果显示，被调查学生里有中共党员118人，所占比例10.91%；共青团员901名，所占比例83.27%；群众58名，所占比例5.36%；民主党派人士5名，所占比例0.46%。

（3）入学前户籍。问卷统计结果显示，京籍学生157名，所占比例15.39%，非京籍学生918名，所占比例84.61%。

（4）专业类型。问卷统计结果显示，理工类学生836名，所占比例77.05%；文史类学生209名，所占比例19.26%；艺术类学生15名，所占比例1.38%；体育类学生25人，所占比例2.30%。

（5）年龄比例。问卷统计结果显示，17岁~20岁年龄段的学生716名，所占比例66.67%，21岁~26岁学生有358名，所占比例33.33%。

（6）学历比例。问卷统计结果显示，大一年级的学生有276名，所占比例25.44%；大二年级学生316名，所占比例29.12%；大三年级学生255名，所占比例23.50%；大四年级学生183名，所占比例16.87%；硕士研究生55名，所占比例5.07%。

有效问卷中参与调查的学生信息统计如下表：

表1　学生基本信息情况表

调查维度	样本特征	人数（N）	所占比例（%）
性别	男	636	58.73
	女	447	41.27
年龄	17~20	716	66.67
	21~26	358	33.33
入学前户籍	京籍	167	15.39
	非京籍	918	84.61

续表

调查维度	样本特征	人数（N）	所占比例（%）
政治面貌	中共党员	118	10.91
	共青团员	901	83.27
	群众	58	5.36
	民主党派人士	5	0.46
专业类型	理工	836	77.05
	文史	209	19.26
	艺术	15	1.38
	体育	25	2.30
年级	大一	276	25.44
	大二	316	29.12
	大三	255	23.50
	大四	183	16.87
	硕士	55	5.07

2. 学生国防意识概况

国防意识作为爱国主义事业的重要组成部分，是对国家安全和利益重视程度的基本反映。对国防意识程度调查中，主要选取“参加国防教育的主观意愿”“获取国防动态的主要途径”“对高校国防教育力度的看法”和“业余时间对国防建设的关注度”“对参与国防建设途径的了解程度”“是否会参与国防建设”六个方面进行。

（1）参与国防教育的主观意愿

对学生参与国防教育的主观意愿的调查主要是对意愿程度进行分析。调查显示，大学生对参与国防教育的意愿分为很想、比较想、一般、不想四个程度，所占比例分别为21.59%、39.76%、34.96%、3.69%。可见，参与国防建设的意愿在学生群体中并不明显。

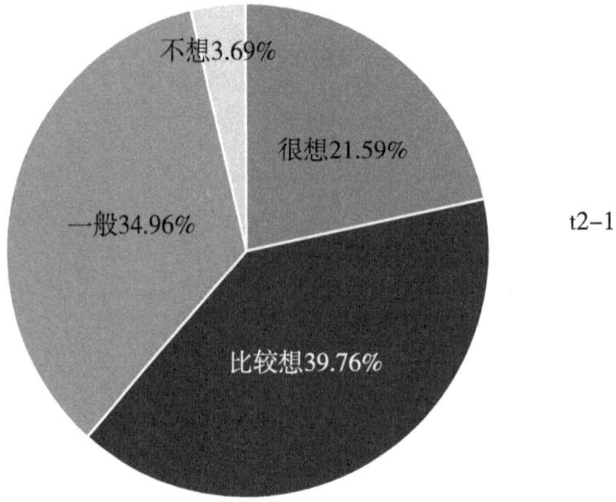

图1 学生参加国防教育的主观意愿

(2) 获取国防动态的主要途径

获取国防动态的主要途径从“国家宣传”“学校宣传”“他人讲述”“影视电视节目”和“其他”五个指标进行分析，所占比分别为23.78%、37.79%、7.10%、24.61%和6.73%。由此可见，学校关于国防动态的宣传工作基本到位，为广大学子提供了较多的有效信息。

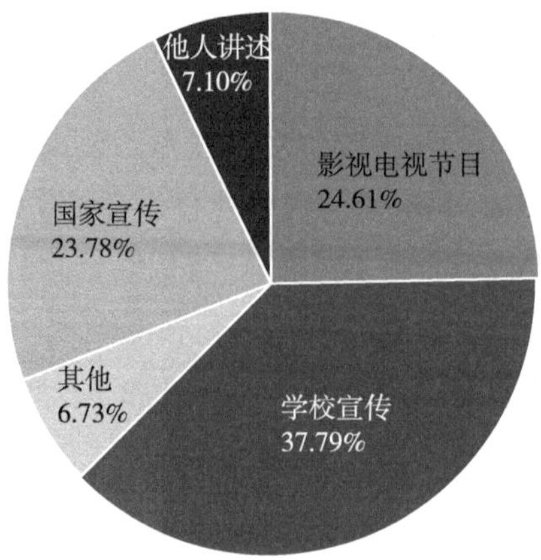

图2 学生获取国防动态的主要途径

(3) 对我校国防教育力度的看法

对于大学生在校期间是否应该将国防教育列为一项重点培育内容的调查主要通过意愿程度进行分析，其中有88.91%的学生认为国防教育力度应该加强，认为不应该的占比 2. 68%，认为无所谓的所占比例 8. 41%。

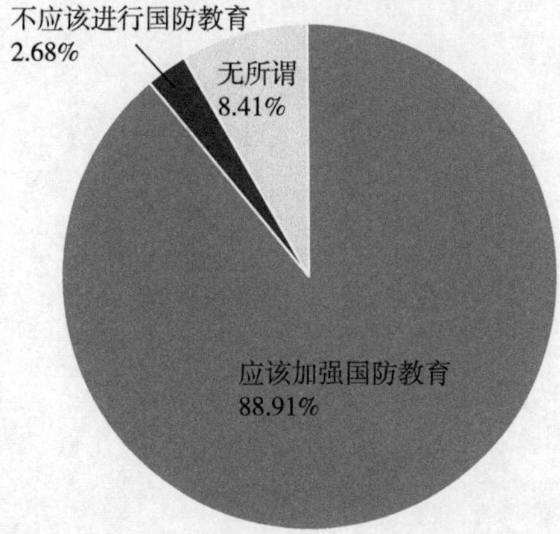

图 3　学生对我校国防教育力度的看法

（4）业余时间对国防建设的关注度

对于大学生业余时间是否经常与他人谈论国防建设问题或军队建设问题，主要通过谈论频率进行分析，其中经常谈论所占比例 18. 24%，偶尔谈论所占比例 66. 11%，从不谈论所占比例 15. 65%。

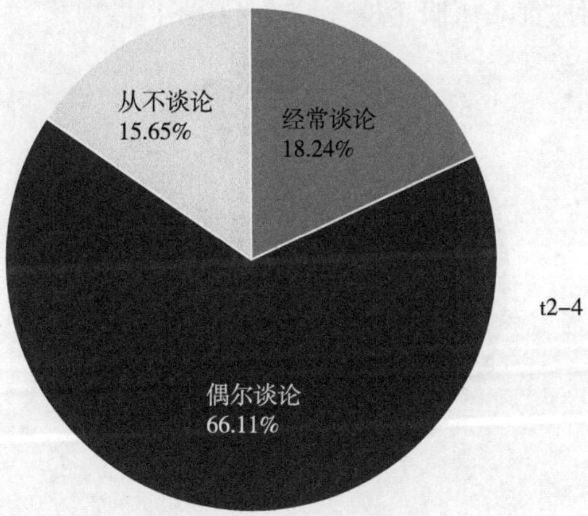

图 4　学生业余时间对国防建设的关注度

（5）了解参与国防建设的途径

对于学生了解参与国防建设的途径问题，主要通过学生的了解程度进行分析，其中有 10. 25%的学生表示很了解，有 46. 17%的学生了解程度为中等水平，有 30.47%的学生建议需提高，但仍旧有 13.11%的学生处于基本不了解的程度。

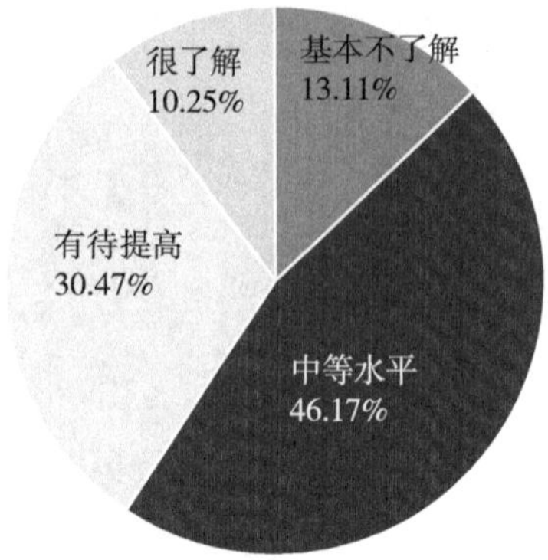

图 5　学生对参与国防建设途径的了解程度

（6）是否会参与国防建设

宪法中提到，参军对我国公民来说，适龄青年都应参加，是一项基本义务。对学生是否会参与国防建设的调查显示，有 63.92%的学生明确表示会参与国防建设，21.92%的学生表示不清楚，而 14.15%则表示不会参与。综合来看，很多学生对应征入伍服兵役这一项义务还很模糊。

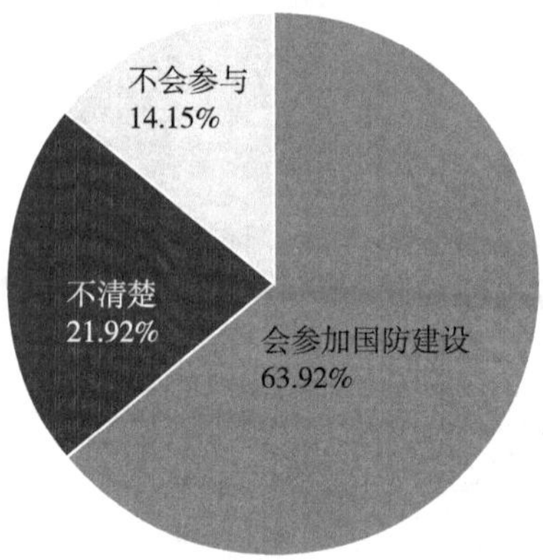

图 6　学生是否会参与国防建设

3. 大学生国防知识储备情况

大学生群体在国防方面的知识储备量是对普通高等学校国防育人成果的一项基本反映，此项调查通过“对我国国防法律的了解程度”和“对我国国防教育目的了解程度”两个指标进行分析。

从对我国国防法律了解程度的调查结果看，多数学生对《国防教育法》的了解程度较高，所占比例 31.67%，了解《兵役法》和《国防法》的学生数量居中，分别所占比例 21.76%和 20.71%。对《教育法》和《反国家分裂法》了解的学生数量较少，分别所占比例 16.30%和 9.57%。在调查对法定全民国防教育日了解程度的过程中数据显示，有 69.00%的学生认为是九月的第三个星期六，剩余 31.00%的学生存在其他不同意见。可见，学生群体对现行国防法律制度和国防教育日的认知并不清晰，对基础国防知识印象不深刻，学生的国防意识和知识都需要进一步强化。

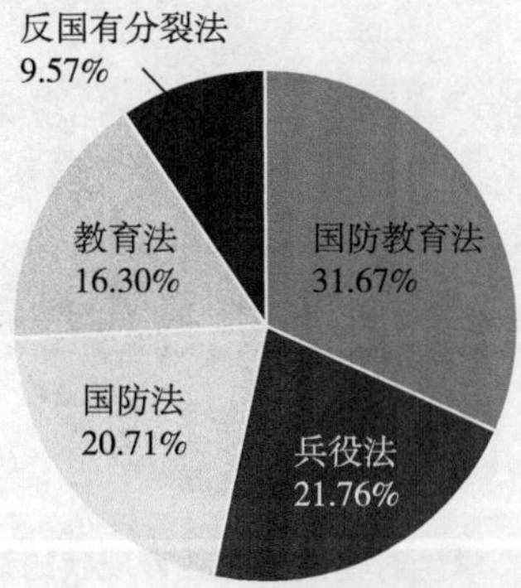

图 7　学生对我国国防法律的了解程度

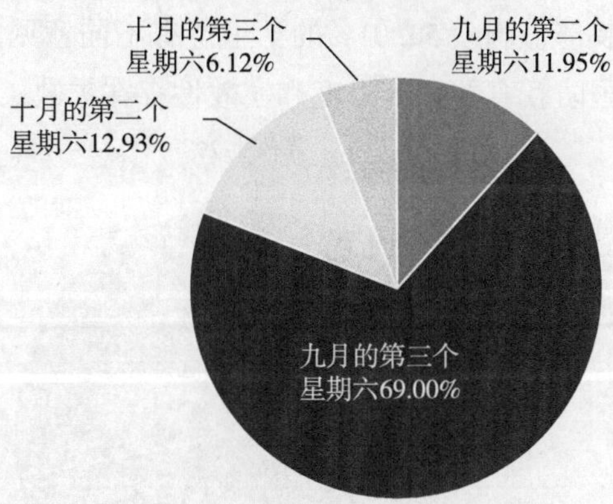

图 8　学生对我国国防教育日的了解程度

4. 我校国防教育的实效性

对我校国防教育实效性的调查主要从我校国防教育现状、对我校国防教育形式的看法及评价、对军训的看法及评价三个维度进行分析。

(1) 我校国防教育现状

从我校进行国防教育理论学习或培训的频率上来看，结果显示，19.00%的学生表示我校国防教育频率偏低，48.99%的学生认为我校国防教育频率一般，有所占比例为26.75%的学生表示我校应提高国防教育频率，5.26%的学生认为我校国防教育频率相当低。

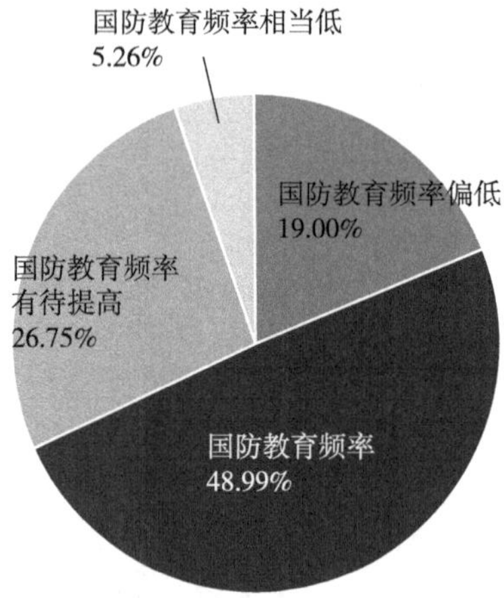

图9　学生对我校国防教育现状的认识

在学生对学校开设军事理论课的负责部门了解情况的调查中，47.99%的学生认为是学校武装部，剩余52.01%的学生持有不同意见。此调查结果反映了学校国防部门对国防教育的宣传力度和实效性存在欠缺。

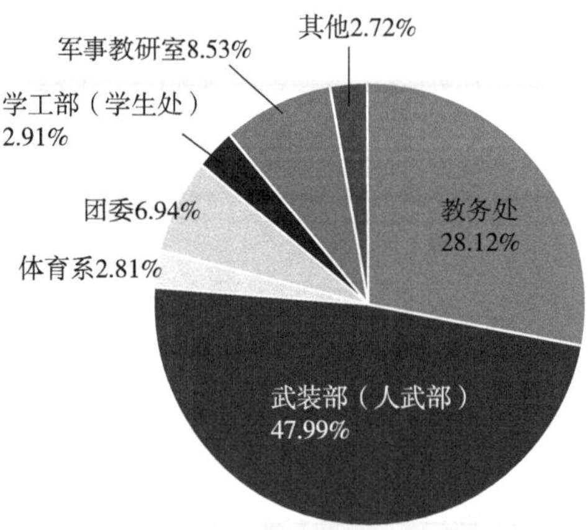

图10　学生对军事理论课负责部门的了解程度

从已经落实的军事理论课程授课内容上看，在所有被调查学生中，最受学生欢迎的课程内容是“现代国防”“中国古、近代军事思想”“核、生化武器”“高技术战争”“导弹知识”。选择其他课程内容的学生相对较少，尤其选择“解放军共同条令教育及训练”选项的学生所占比例仅为0.88%。

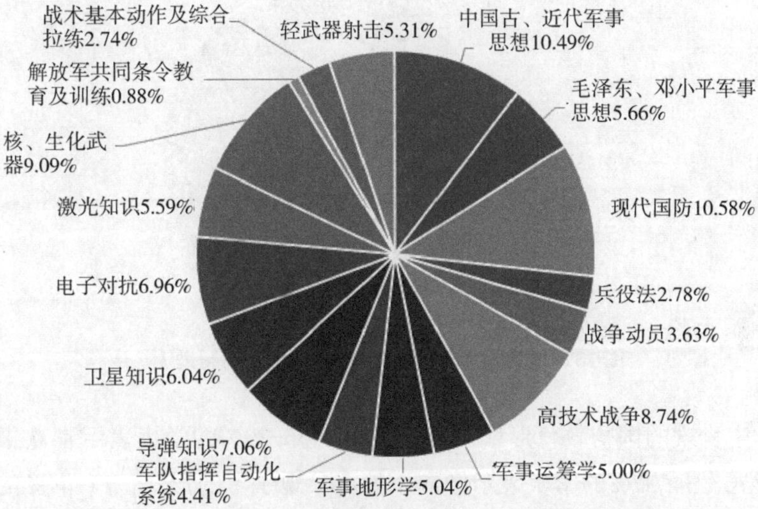

图11　学生对军事理论课程授课内容的喜欢程度

从对学校是否经常举行国防教育专题讲座的调查中，有53.07%的学生表示开展相关主题讲座次数较高，而46.93%的学生表示现阶段我校国防教育专题讲座还比较少。

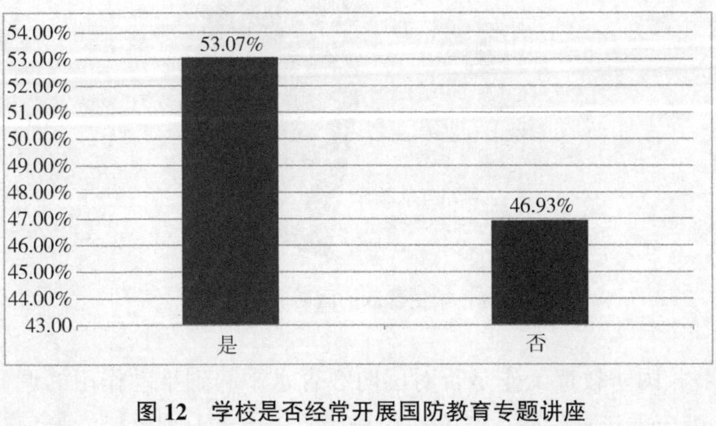

图12　学校是否经常开展国防教育专题讲座

从参加军训、军事理论课等对学生入学后学习生活的影响程度的调查中发现，57.43%的同学认为有很大帮助，36.34%的学生认为此类国防教育对学生来说力度过大，且作用不明显；还有6.23%的学生表示不想参加军训。

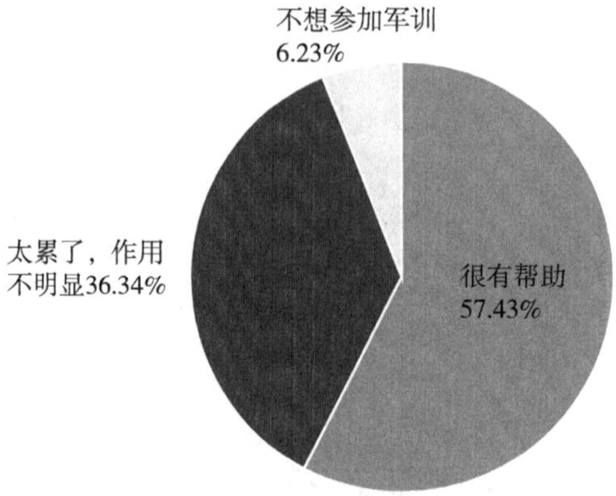

图13　军训及军事理论课对学习生活的帮助

从学生喜欢的国防教育形式调查中看到，35.39%的学生表示喜欢报刊影视教育形式，34.37%的学生表示倾向于外出参观学习的形式，11.44%的学生倾向于课堂集中教学的形式，18.54%的学生则更支持网络互动教育形式，另有所占比例为0.26%的学生倾向于其他教育形式。

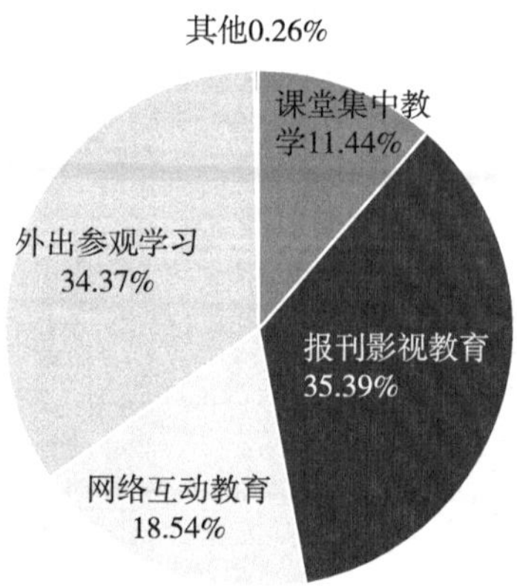

图14　学生喜欢的国防教育形式

在对我校国防教育工作是否对国防教育水平起到推动作用的调研中，有90.46%的学生表示有作用，但仍有9.54%的学生表示现阶段学校国防教育对国防育人的推动作用并不明显。

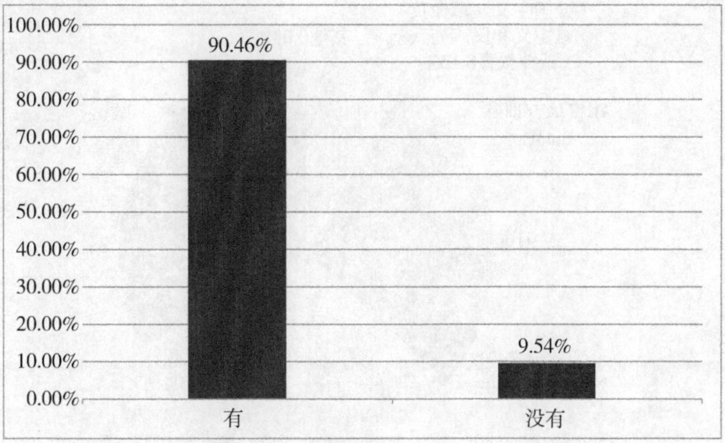

图 15　国防教育对国防育人水平的推动作用

在对我校国防教育工作效果的调查中，占比 51. 43%的学生建议对现行教学形式和方法进行改进，20. 35%的学生建议改进教学内容，所占比例分别为 15. 82%和 12. 40%的学生认为在师资力量和教学课时上需要改进。

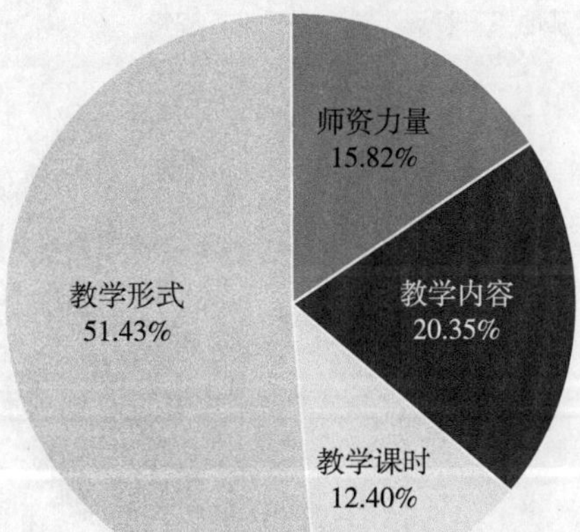

图 16　学生认为国防教育需要改进的方面

（2）对国防教育形式的看法及评价

在对我校学生认为国防教育哪些方面仍需加强的调查中发现，学生们普遍认为，国防形势教育、中外军事思想及理论、军事高科技及武器装备、国防法制教育等方面的内容均应得到加强。

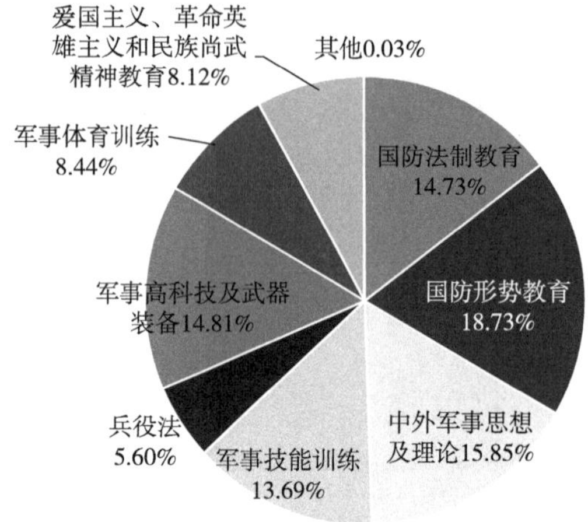

图 17　国防教育中需要加强的内容

（3）对军训的看法及评价

从学生对学校军训训练内容的调查来看，大家对于我校的军训内容较为了解，特别是对队列训练、战术动作训练等内容印象深刻。

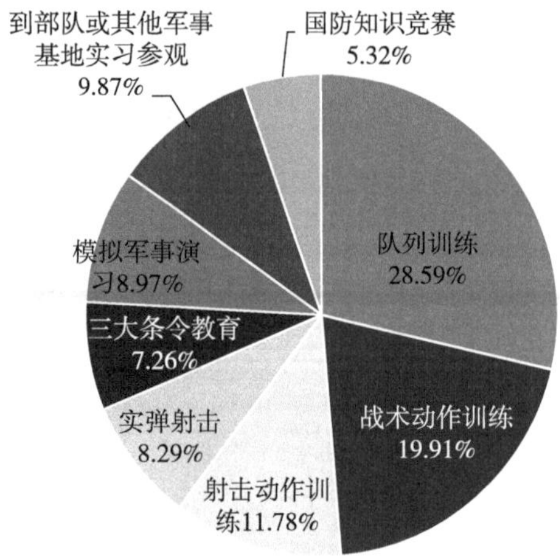

图 18　学生对军训训练内容的认识

从学生对学校军训期间举行的竞赛活动类型的调查来看，大家对我校军训期间开展的队列会操、歌咏比赛、板报比赛、内务卫生评比等内容印象深刻。

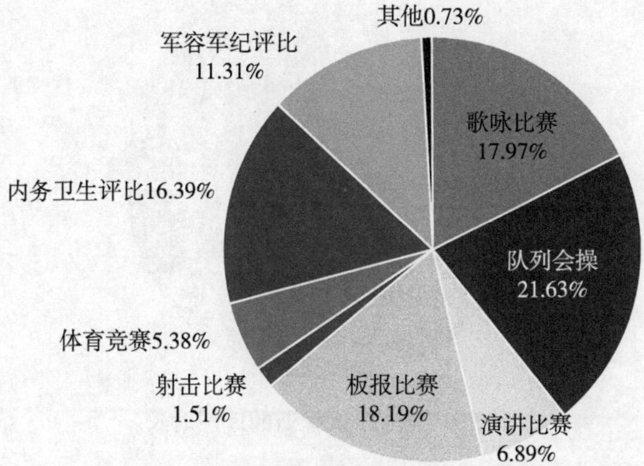

图 19　学生对军训竞赛活动的认识

从大学生军训时间上看，在所有被调查学生中，有 74.56%的学生认为大学生军训应在新生刚入校时进行，15.45%的学生认为应该在第一学期结束时进行，有 9.99%的学生则认为进行军训的最佳时机是第二学期开始时。

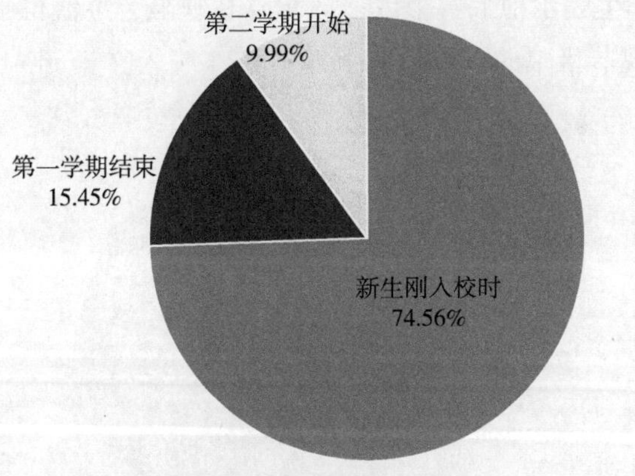

图 20　学生认为进行军训的最佳时机

在对军训理想时长的调查中，26.41%的学生表示，比较恰当的训练时间应为一周，48.14%的学生建议时长应为 10 天至 15 天，25.45%的学生认为时长一个月将会取得更好的效果。

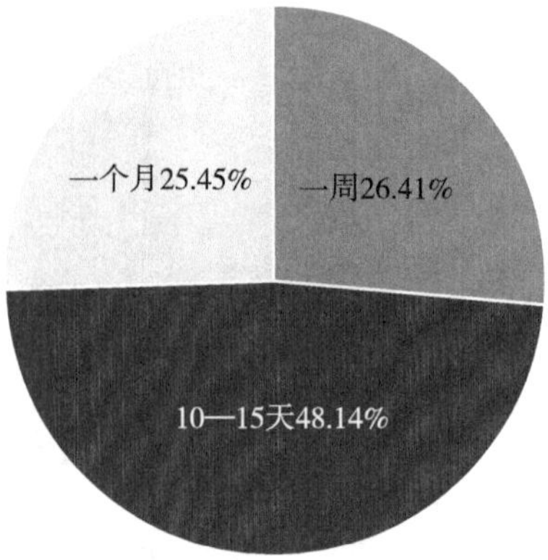

图 21 学生建议军训的理想时长

5. 对我国军事教育题材影视节目实效性的看法及评价

对我国军事教育题材影视节目的实效性的调查主要从军人形象、军事题材影视剧的作用两个维度进行分析。

对于军事教育题材或抗战影视作品中所塑造出的经典军人形象，占比 89. 25%的学生表示受到很大触动，他们身上体现出一种精神和气节，值得钦佩；5. 19%的学生表示他们身上或多或少存在缺陷，不值得学习；5. 57%的学生则表示对电视节目中的军人形象了解不多。

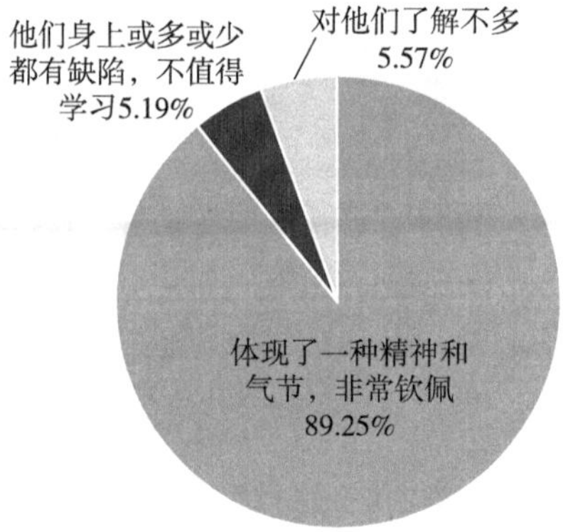

图 22 学生对影视剧中的军人形象有何认识

对于国产抗日战争时期军事题材影视剧对学生国防教育作用的调查中发现，56. 98%的学生表示影视剧让他们了解了历史，增强了民族责任感；17. 09%的学生表示观看后增强了主动了解国防相关知识的意愿；而 25. 93%的学生认为剧情太过夸张，收获不大。

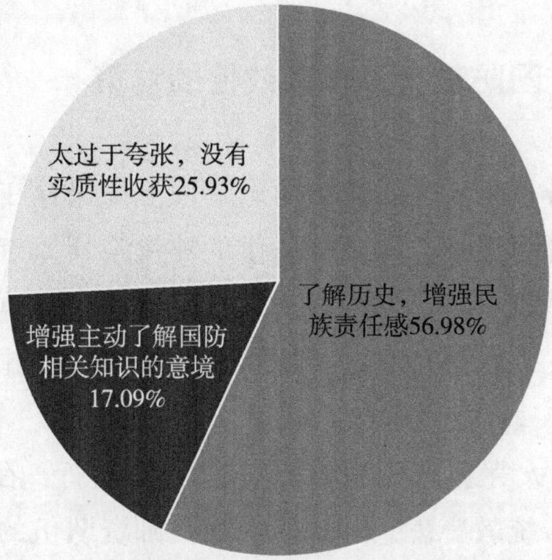

图 23 学生认为国产军事题材影视剧对国防教育的作用

三、高校国防教育工作存在的主要问题

从调查中可以看出，当今大学生的国防观念和民族危机感还有待进一步提高，这就需要我们加强高校国防教学的力度、优化国防教学的内容和形式。当代大学生的国防观念偏弱，国防意识淡薄，可以说是由多种因素造成的结果，除了与他们偏重和钻研各自的专业知识有关外，大学生接受国防教育的机会也较少。虽然大学生入学后都有以国防教育为主要内容的军事训练课程，但时间太短，借以提高青年学生的国家安全意识的目的不能很好地实现。

经济大潮的冲击，利益机制的驱动，物质文化高消费的诱惑，社会分配的某些不公，以及一些不正之风的出现，使大学生的价值观逐渐发生了变化，趋向功利、实惠。正是因为这些不利于大学生健康成长的社会现象的存在，才决定了他们在国防意识上，不再关心或不太关心国家和民族的生存和发展，乃至失去了国家责任感和国防义务感，表现出以自我为中心、对国防实力强弱熟视无睹和对献身国防事业的冷漠。不可否认，当代大学生中有“国家兴亡，匹夫有责”的豪言壮语，但面对是否选择献身国防事业时，他们的表现却是继续徘徊甚至是冷漠。对此，如果我们的引导教育不力，就有可能危及我国国防教育的地位，使我国普通高校的国防教育徒具形式（只是入学时的军训）。

四、提高我校国防教育工作实效性的对策

对调查结果的分析来看，我校国防教育现阶段仍存在较多问题。从调整我校国防教育基本理念出发，以师资队伍的建设为切入点，以管理机制的改善为着重点，完善基础保障，从教育方式、教育内容、预期效果、教学系统评估等几个维度出发，建立完整的、符合我校基本情况的国防教育体系。

1. 转变国防育人工作理念

在“互联网+”大背景下，各种信息技术愈发盛行，在教育领域的重要性不言而喻，对转变传统教育思想和理念、加强师资队伍的建设、促进教学内容和方法改革基础上的模式转变、加速育人方法和管理方法向着现代化迈进等方面都极为关键。学校领导和老师均需加强组织领导，健全专职机构，围绕大学生国防教育的意义进行深刻理解，并认识到它对学生本人和国家所产生的重大意义。首先，国防教育能够十分有效地规范大学生行为，磨炼大学生的意志，并对培养大学生国防意识和民族意识也具有重要意义。其次，国防教育应获得专项经费支持，设立专项经费，专款专用。最后，设立专职机构，改变原有部门兼职负责国防教育的状况，明确职责分工，责任到人。

(1) 树立“互联网+”时代国防育人理念

意识理念的产生是影响行为的关键所在，教育者和受教育者都应树立正确的国防教育理念，才能将育人效果发挥到最好。网络给现代生活带来很多挑战，更带来很多机遇，紧跟国际发展新形势，才能将大学生的国防育人工作做好。

基于此，结合当下时代、社会的发展，知识经济时代、互联网+时代赋予了社会、个体不同的特征——虚拟化、在线化、小众化、透明化、平台化、数字化、平等化，传统的教育理念已经不适应国防育人工作的发展，开放的现代化教育理念应该得到重视，应将这些特征与高校国防育人工作相结合。

(2) 树立以需求为主的国防育人理念

国防教育工作最容易被忽视的是对教育需求和绩效的重视，而这却也是最重要的。在对我校国防育人工作的调查发现：学生对国防教育的看法及评价、对军训的看法及评价，存在一种较为普遍的现象：多半被调查学生认为国防教育对大学生具有重要意义，同时也表现出对国防育人工作的较高需求，

对目前学校所安排的教育方法和形式也存在不满，这种现象的产生是由以往的国防教育工作更多从教育者的角度出发，而忽视受教育者的需求导致的。因此，树立“需求为主”的理念才更有助于国防育人工作的推进。

(3) 树立“终身学习”国防育人理念

我们目前所处的社会是“学习型社会”，其中最重要特征就是需要我们不断学习，不断增加知识储备。当今知识更新换代的速度非常快，新的理论和方法也不断产生，学习是一个主动进行意义建构且不断循环往复过程。因此，要想提高国防教育的实效性，就要求教育者必须学习并贯彻终身学习的理念。

2. 改善国防教育工作的落实环境

我国正处于发展阶段，在全球化的影响下，多种文化交织碰撞，而大学生在接受的国防教育，是以军训和军事理论学习为主要培育方法，根据现有培育模式下大学生所呈现出来的特点，教育工作者要重视对学生精神层面的构建，进行科学管理，引导大学生遵规守纪、文明上网。对相关物质条件和客观环境进行完善，保障国防教育实效性得到提高。

(1) 改善国防教育工作落实的物质保障条件

良好的物质基础，是促进国防建设发展的基本保障，应设立专项教育资金，专款专用。要坚持“开源节流，合理使用”的基本原则，以保障国防育人工作的质量。

(2) 加强国防育人工作师资队伍的建设

教书育人，教师对国防育人工作的重要性可想而知。为了更有效保障国防教育的成果，应设立新型师资队伍管理模式，强调师德师风建设，结合实际需要，对师资人才进行不定期调整，形成科学有效的管理和奖惩机制，全方位提升师资水平。

3. 完善国防教育工作的管理机制

工作机制是贯穿于整个工作过程的，将工作程序和规则进行规范，并促进各项工作正常运转的机能。完善高校国防育人工作的管理机制，才能促进各项工作更有效进行。工作机制的完善主要包含以下几个方面：

(1) 创建合理的课程体系

国防育人课程的安排和内容的设置作为国防育人工作的关键环节，是影响教育工作效果的关键因素。合理调整课程设置，使授课时间达到最优，使得教育工作效果扩大化。调查结果表明，很多被调查学生认为，丰富的课程内容能够提高学生学习的积极性，是提高教育工作实效性的必要手段。

（2）创建多元的活动体系

知识经济时代，育人者培训体系的创新是当务之急。信息技术改变着我们的生产生活方式，因此，国防教育方式作为大学生学习生活的内容之一，也需进行一定的调整。举例说明，以“内容少，信息多”为主要特征的“微教育”方式在当下尤为盛行，具有方式灵活、沟通结果良好、传播范围网状化、受众范围扩大化、成本价格低廉化的优点，已逐步变成当下受教师喜爱的教育方式。

（3）创建完善的评价体系

考评工作作为教育成果的重要关卡，在国防教育体系中自然不可或缺更不容忽视。现阶段，我校的课程评估体系尚不健全、课程培训评估落实不到位、反馈信息渠道较少，这些都意味着我校国防教育工作评估体系亟待调整和完善，应向着规范化、整体化、制度化迈进。譬如，加强国防教育相关部门的沟通协调；将国防育人工作评估作为一项重要的考察内容纳入监督机制当中；认真分析评估结果，并落实到以后的工作当中；将评估结果与作为绩效考评或实施奖惩制度的参考材料。

通过对我校国防教育的研究，从整体上来看，我校国防教育的发展正在历史前进车轮的推动下不断推进，也取得了诸多实际的效果，对我校学生在国防教育知识及技能的提升方面成果较为显著，促进了学生综合素质的全面提高，为我国国防后备人才的积累创造了条件，奠定了基础。但我们也发现，很多问题依然存在，主要表现在对国防教育的重视程度、军事课程的设置、学生的军事实践等方面，我们需要诸多有针对性及可操作性的措施来缓解与解决相关问题。因而我们认为，要把高校国防教育建设切实纳入教育的总体规划之中，认真落实好国家关于高校国防教育发展的相关政策及文件精神，引导在校学生加强对国防教育的认识，并创造条件让其不断实践军事训练，以实践深化其对国防教育的认知。同时，也应加大对国防教育师资力量的培养及引进，为高校国防教育工作的发展提供有力的智力支撑。

北京化工大学大学生士兵“全程化培养”调研报告①

赵金明

一、调查样本基本情况

1. 大学生士兵基本情况

此次参与调研的大学生士兵中，入学前户口为城镇户籍的学生共 82 名，农业户籍的共 113 名，农业户籍生源（57.93%）比城镇户籍生源（42.05%）比例高 15.88%。现役及退役两个群体的户口分布情况大致相同。

表 1-1 大学生士兵入学前户口情况

选项	现役	比例	退役	比例
城镇	40	42.55%	42	41.58%
农业	54	57.45%	59	58.42%

其中，调查样本的成绩专业排名情况如表 1-2 所示。现役大学生士兵中成绩专业排名前 25%的有 20 人，属于成绩优秀，91 人的专业排名在 25%之后、75%之前，占此次调查样本总数的 96.81%；退役士兵中该比例为 84.16%。

① 本报告系北京化工大学—北京市东城区人民武装部合作项目“高等院校国防教育工作实效性研究”（项目编号：Z16-06）阶段性成果。

表 1-2 现役大学生士兵入伍前成绩专业排名情况

选项	现役	比例	退役	比例
A、前 25%	20	21.28%	21	20.79%
B、25%-50%	32	34.04%	29	28.71%
C、50%-75%	39	41.49%	35	34.65%
D、75%以后	3	3.19%	16	15.84%

由此可见，我校入伍大学生的学习素质普遍较高，理论基础知识扎实，各项能力全面发展，打破了多数人“学习不好才去当兵”的错误看法，也体现了我校征兵工作稳扎稳打，为国防事业孕育了一批高素质人才。

2. 调查样本对征兵政策的看法

（1）入伍前对征兵的了解

本次报告对现役大学生士兵了解征兵政策的渠道进行调查，结果如下表1-3所示。78.72%的大学生士兵是通过学校的宣传了解征兵政策的，还有一部分是从亲朋好友及互联网上了解得知。另外，通过调查还发现，有84.04%的现役大学生表示，服役前应该充分了解要去的军区以及要在部队里从事的具体工作。可见，决定应征入伍之前应做好足够的准备工作。

表 1-3 现役大学生士兵了解征兵政策的渠道

选项	人数	比例
A、书刊报纸	0	0.00%
B、广播电视	0	0.00%
C、互联网	8	8.51%
D、学校宣传	74	78.72%
E、亲朋好友	11	11.70%
F、其他，请注明	1	1.06%

参与调查的大学生士兵对“入伍前对国家给予入伍大学生的优惠政策是否了解”进行选择，结果如表 1-4 所示。92.55%的现役及 92.08%的退役大学生士兵表示对该政策有所了解。两个群体的数据差别较小，可见我校征兵宣传工作开展得较为平稳。

表 1-4　大学生士兵入伍前对国家优惠政策了解情况

选项	现役	比例	退役	比例
A、了解	35	37.23%	33	32.67%
B、知道一些	52	55.32%	60	59.41%
C、不是很清楚	7	7.45%	6	5.94%
D、完全不知道	0	0.00%	2	1.98%

由以上调查结果可知，学校是大学生士兵了解征兵政策的主要途径，我校目前征兵的宣传工作开展较好，落实到位，取得了较好的成效，学生对征兵工作也有了较好的了解。在今后应保持宣传工作的良好势头，鼓励我校更多的有志青年参军入伍。

（2）对入伍政策的满意度

报告对大学生士兵的思想动态进行了解，各选项选择情况如表 1-5 所示。94.69%的现役大学生士兵对国家提供的优惠政策较满意，仅有个别人表示不满意，不满意的主要原因有：所得退伍金少、政策变动性大、留队政策不好。而在退役大学生士兵中，96.04%表示较满意，不满意的原因有：辅导员不了解政策而故意为难、政策难以落实等。

表 1-5　大学生士兵对国家入伍政策满意情况

选项	现役人数	比例	退役人数	比例
A、十分满意	17	18.09%	24	23.76%
B、较为满意	72	76.60%	73	72.28%

续表

选项	现役人数	比例	退役人数	比例
C、不太满意，请填写不满意的原因	5	5. 32%	4	3. 96%

同时，问卷还对大学生士兵对国家入伍政策落实情况的满意程度进行了调查，结果如下表 1-6 所示。学生对落实情况的满意度相比对政策满意度要低。现役大学生士兵中，86. 13%表示较满意，对落实情况不满意的有 12 人，不满意的原因主要是部分宣传政策未享受到，户口、招聘会解决不够好，优抚金落实情况不明等。退役大学生士兵中有 88. 12%表示较满意，12 名学生表示不满意，但均未填写不满意的具体原因。

表 1-6　大学生士兵对国家入伍政策落实情况的满意程度

选项	现役人数	比例	退役人数	比例
A、十分满意	13	13. 83%	20	19. 8%
B、较为满意	69	73. 4%	69	68. 32%
C、不太满意	12	12. 77%	12	11. 88%

可见，我校征兵工作还有很长的路要走，还有很多要进一步完善健全的地方。武装部应保证征兵工作以及优抚金的高度透明，打消大学生士兵对此的疑虑与不满；对于所宣传的政策，应该加强指导、加强操作性，以保障每一位大学生士兵的切身利益，使我校征兵工作保持良好的前进势头。

3. 调查样本的入伍服役情况

（1）入伍原因

问卷设置多选题对大学生士兵入伍原因进行调查，选择情况如下表 1-7 所示。66. 67%的大学生入伍是因为对军人职业的向往，47. 18%是为了锻炼身体，35. 90%是想报效祖国。

表 1-7　大学生士兵的入伍原因

选项	人数	比例
A、自己长久对军人职业的向往	130	66. 67%
B、想在部队有所作为，报效祖国	70	35. 90%

续表

选项	人数	比例
C、家人的愿望	29	14.87%
D、就业困难，想当两年兵，退伍后可根据政策选择好工作	45	23.08%
E、锻炼身体，并学习一技之长	92	47.18%
F、家庭经济比较困难，当两年兵，为家里省点钱	47	24.10%
G、受军训影响，决定去当兵	20	10.26%
H、其他，请注明	15	7.69%

由此可见，大学生士兵的思想素质较高，有着较强的爱国主义情怀。部分学生是因为国家的各项优待政策，想减轻家庭负担、找份好工作、落实户口、保研优待等，还有部分同学是为了体验军旅生活，拓宽自己生命的深度，不给自己的人生留下遗憾。

（2）入伍与所学专业的关系

表 1-8 大学生士兵入伍与在校专业的关系

选项	人数	比例
入伍服役的兵种跟在校所学专业相关	13	6.67%
希望入伍时根据在校所学专业来分配兵种	113	57.95%
希望在服役期间利用业余时间学习一些在校专业知识	173	88.72%

针对大学生群体的特殊性，问卷对我校大学生士兵入伍服役与所学专业的关系情况进行调查分析，结果如表 1-8 所示。

调查统计发现，仅 13 人表示入伍服役的兵种与在校所学的专业相关，占调查总人数的 6.67%。而调查发现，57.95%的大学生士兵希望入伍时根据在校所学专业进行分配兵种，并有 88.72%的大学生士兵希望在服役期间利用业余时间学习一些在校专业知识。

可见大学生士兵应征入伍并不是“弃笔从戎”，而是希望能做到“携笔从戎”，在服役的同时，他们并未忘记自己的学生身份学生本职。他们渴望能够得到一个平台，让他们更好地平衡学业与入伍的关系，让两者有机结合、协同发展，与此同时，能够发挥自己作为大学生士兵的优势，利用自己的专业所学，为国家及国防事业贡献力量。

（3）入伍服役生活

调查发现，55 名现役大学生士兵表示刚入伍时不适应部队生活，占该群体总人数的 58. 51%；在退役大学生士兵中，44 人表示不适应，占该群体总人数的 43. 56%。问卷对现役大学生士兵中选择不适应的学生进行进一步调查，询问他们感到不适应的主要方面及希望得到的帮助。如表 1-9 所示，大部分大学生士兵的不适应表现在因部队与学校的生活方式不同，自己感觉受约束，如部队的纪律严格、个人空间小、生活较艰苦等。

表 1-9　刚入伍时是否感觉不适应部队生活

选项	人数	比例
A、部队生活太艰苦，校园生活比较舒适	13	23. 64%
B、部队纪律严格，校园生活比较自由	40	72. 73%
C、自己所学专业与在部队所从事的工作不相关	22	40. 00%
D、军人对身体素质要求高，太辛苦	8	14. 55%
E、部队要求奉献精神，不喜欢的命令也得遵守	12	21. 82%
F、需要过集体的生活，个人空间较小	23	41. 82%
G、在部队需要不断加强政治学习提高政治修养	5	9. 09%
H、与普通入伍士兵没有共同语言，难交到朋友	11	20. 00%
I、其他，请注明	1	1. 82%

对于刚进入部队的不适应，大部分学生表示愿意向学校寻求帮助，各选项的选择情况如表 1-10 所示。56. 36%的现役大学生士兵希望收到自己感兴趣的相关书籍与视频资料，部分希望通过与老师、同学以及心理咨询师联系以获取帮助。还有部分同学选择“其他”，表示希望学校能够前往看望慰问。

但在退役大学生群体中，选择率最高的为通过微信、QQ 等聊天软件与老师和同学们保持联系，占地 62. 22%；其次为寻求心理咨询师的辅导，选择书籍与视频资料的仅为 31. 11%。

比较两者数据差异可知，刚进入部队时新鲜感较强，对与外界联系的需求度不是很高，因此希望能收到感兴趣的书籍与视频资料来充实自己的生活。服役的时间越久，部队生活的新鲜感逐渐消失，开始怀念作为学生时的大学生活，而且部队里的生活矛盾逐渐凸显，无处排遣诉说，因此更希望能与之前的老师、同学等保持联系，并愿意请心理咨询师来反对自己进行心理辅导。

表 1-10　希望学校通过哪些途径来帮助

选项	现役	比例	退役	比例
A、给您邮寄感兴趣的相关书籍和视频资料	31	56.36%	14	31.11%
B、通过微信、QQ 等聊天软件与老师和同学们保持联系	24	43.64%	28	62.22%
C、通过电话等方式请学校心理咨询师进行心理辅导	16	29.09%	17	37.78%
D、其他，请注明	4	7.27%	4	8.89%

军旅生活与普通校园生活有较大的差异，刚进入部队不适应属于正常现象。面对大学生士兵的不适应，学校应该积极表示关怀与问候，安抚学生的情绪，帮助其逐步适应部队的紧张生活。调查同时还发现，现役大学生士兵中有 92 名在服役期间希望与学校的老师、辅导员和朋友保持沟通交流，占调查总人数的 97.87%，该比例在退役大学生士兵中为 94.06%。可见，这样的交流沟通对大学生士兵适应部队经历、丰富其军旅生活起到不可磨灭的重要作用；大学生士兵进入军旅生活之后，依旧希望能够保持与学校、老师及同学朋友之间的联系。

4. 慰问工作开展情况及反馈

在大学生士兵服役阶段，我校组织老师、辅导员赴基层部队开展慰问调研，携手部队帮助学生解决实际问题。针对现在学校对服役大学生的慰问活动取得的成效，本次问卷进行了调查反馈，其中，对慰问工作的满意情况如表 1-11 所示。现役大学生中，有 37.23% 的学生对慰问工作比较满意，40.43%的学生认为慰问次数太少，还有 15.96% 的学生表示没有老师前来慰问。但在退役大学生士兵中，78.22% 的学生表示满意，仅有 1 名同学表示未被慰问。

据我校武装部工作安排，我校组织老师、辅导员等在学生服役的两年时间内，前往基层部队对他们慰问调研，因而，在现役大学生士兵中，有部分还未安排慰问，或慰问工作还未开展完全，从而导致这两部分群体存在较大差异。但从退役群体的调查可知，我校慰问调研工作开展得较为成功，得到了学生的普遍好评及认可。

表 1-11 对慰问工作的满意情况

选项	现役	比例	退役	比例
A、比较满意	35	37.23%	79	78.22%
B、不太满意，慰问次数比较少	38	40.43%	15	14.85%
C、不太满意，慰问方式比较单调	6	6.38%	5	4.95%
D、不太满意，请注明其他原因	15	15.96%	2	1.98%

对于学校组织慰问服役大学生的方式，如表 1-12 所示。希望老师和同学们能前往部队基层进行探望的选择率远高于其他选项，有 72.34%的现役及 78.22%的退役大学生士兵选择了该项。还有部分学生希望能收到物品或通过网络联络方式进行沟通。可见，大学生士兵在部队服役期间，对学校生活仍充满期待与怀念，希望能见到学校的老师、同学们。

表 1-12 希望学校组织慰问服役大学生的方式

选项	现役	比例	退役	比例
A、寄钱、书籍等物品	12	12.77%	14	13.86%
B、老师和同学们前往部队基层探望	68	72.34%	79	78.22%
C、定期打电话或利用邮件等网络联络方式沟通	12	12.77%	6	5.94%
D、其他，请注明	2	2.13%	2	1.98%

从以上两表可以看出，我校当前的赴基层慰问大学生士兵工作还有待提高。由于个别大学生士兵服役的地点过于偏僻，交通不便利，该地服役人数少，且预算有限，暂时未能开展基层探望工作，在今后的工作中将逐渐完善，通过其他的方式，如视频慰问、邮寄慰问品等对其进行关怀、问候，保证慰问调研落实到每一位学生。

5. 调查样本对服役的认知

如表 1-13 所示，在现役大学生士兵中，95.38%的人认为参军入伍是一件有意义的事情，但有3.59%的学生士兵目前感觉意义不大。其中，认为服役对自己的未来规划有所阻碍的2名学生均为退役大学生士兵，分析原因，主要是由于服役前后，自己对未来的规划不够明确从而发生变化，导致其认为服役阻碍了实现规划。部分同学认为意义不大的原因可能是：对入伍抱以过于强烈的目的感；自身并未发觉军旅生活对自己的改变；或者现役中服役时间较短，还未发生明显变化等。

表1-13 对参军服役经历的评价

选项	人数	比例
A、十分有意义	129	66.15%
B、较为有意义	57	29.23%
C、目前感觉意义不大	7	3.59%
D、对自己的未来规划有所阻碍	2	1.03%

报告还对大学生士兵参军的优、劣势进行了调查统计。如表1-14所示，57.45%的人认为大学生士兵知识面广，创新能力及主动性强，26.6%的人认为大学生士兵学习能力强，专业技能入门快，还有12.77%的人认为大学生士兵学历起点高，得到的机会多。

表1-14 大学生士兵入伍参军的优势

选项	人数	比例
A、知识面广，创新能力、主动性强	54	57.45%
B、学习能力强，专业技能入门快	25	26.6%
C、学历起点高，得到的机会多	12	12.77%
D、头脑灵活、擅长交际	3	3.19%

如表1-15所示，对于大学生士兵参军的劣势，有46.81%的大学生士兵认为自身的身的体素质相对较差，29.79%的大学生士兵认为自身个性自由散漫，还有部分认为其对部队生活的适应能力相对较差，不够吃苦耐劳。

表 1-15　大学生士兵入伍参军的劣势

选项	人数	比例
A、个性自由散漫	28	29.79%
B、身体素质相对差一些	44	46.81%
C、对部队生活的适应能力相对较差	12	12.77%
D、不够吃苦耐劳	10	10.64%

大学生士兵应征入伍，角色由学生到士兵发生了较大的改变。这两种角色的特质几乎完全不同，学生更多地侧重于脑力的发展，因而在专业技术、学习能力以及知识技能等胜于普通士兵，但相应地，其体力、适应能力却相对较弱。

表 1-16　未来职业规划

选项	人数	比例
A、两年服役期满，选择退役	45	47.87%
B、两年服役期满，转为士官	0	0%
C、考军校继续深造	9	9.57%
D、大学生士兵提干	3	3.19%
E、退役之后继续上学取得更高学历	37	39.36%

调查表明，如表 1-16 所示，87.23%的大学生士兵选择退役或者继续上学完成学业，9.57%的大学生士兵表示选择考军校继续深造，还有 3.19%的大学生士兵选择提干。对于最适合的入伍时机，问卷设置多选题，各选项的选择情况如表1-17所示。大一期间和本科毕业被现役大学生士兵视为最合适的入伍时机，选择率分别为 63.08%和 45.64%。

表 1-17　最合适入伍的时机

选项	人数	比例
A、专科一年级	28	14.36%
B、专科二年级	7	3.59%
C、专科三年级	8	4.10%

续表

选项	人数	比例
D、大一	123	63. 08%
E、大二	30	15. 38%
F、大三	8	4. 10%
G、大四	42	21. 54%
H、专科毕业生	21	10. 77%
I、本科毕业生	89	45. 64%
J、研究生	14	7. 18%

大一刚进入大学，年龄较小且身体素质较高，大学生活还未开始，此时入伍可以更好地适应部队生活，从大学生到士兵的身份转换较为轻松，且对学业影响较小；本科毕业以后，学生完成了本科的学习任务，没有学业负担，身体及心理较为成熟，对未来的规划也较为完善，此时应征入伍较为合适。

二、退役大学生士兵返校情况

1. 返校适应情况

本报告对退役大学生士兵离开部队重返校园的各项情况进行了调查分析，33 名学生表示适应，占参与调查退伍大学生士兵人数的 36. 63%；42 名表示比较适应，占 42. 57%；22 名学生表示不适应，占 20. 79%。

对于适应校园学生生活的时间分布情况如表 2-1 所示。94 名学生能在 3 个月以内重新适应校园生活，占调查总人数的 93. 06%；6 名需要 3 到 6 个月时间，占比 5. 94%；而有 1 名学生表示需要 6 个月以上时间适应。学校应在大学生士兵退伍返校的 1 至 3 个月期间加强对他们的关注和引导。

表 2-1 退役大学生士兵返校适应时间

选项	人数	比例
A、1 个月内	49	48. 51%
B、1 到 3 个月	45	44. 55%
C、3 到 6 个月	6	5. 94%

续表

选项	人数	比例
D、6个月以上	1	0.99%

通过对22名表示对返校不适应的学生进行深度提问，了解其不适应的主要表现方面并进行研究分析，将该问题设为多选题，结果如表2-2所示，各选项的选择率均超过50%。

表2-2　不适应校园生活的具体表现

选项	人数	比例
A、从军人转变为大学生的角色不适应	15	68.18%
B、与同学交流不顺畅	11	50%
C、学习进度跟不上	15	68.18%
D、职业发展方面不明确	14	63.64%

对于重返校园生活的不适应，退役大学生士兵选择的处理方式如表2-3所示。65.34%的学生会选择与老师、同学或朋友倾诉，27.72%的学生表示会独自解决，仅有1名学生表示会寻求心理咨询师的帮助。

表2-3　面对不适应的处理方式

选项	人数	比例
A、向老师同学请教	43	42.57%
B、与入伍时结交的朋友联系、倾诉	23	22.77%
C、独自解决	28	27.72%
D、做心理咨询	1	0.99%
E、其他	6	5.94%

面对退役大学生士兵适应校园生活存在的众多问题，学校提供了各项帮助，如表2-4所示。学校在生活、学习、沟通、就业等方面均积极提供了相应的帮助。

表 2-4 退伍后学校提供的帮助

选项	人数	比例
A、积极安排新的班级与新同学沟通	50	49.5%
B、积极安排生活住宿	67	66.34%
C、提供学习的帮助和支持	45	44.55%
D、提供职业规划和就业指导	32	31.68%
E、其他，请注明	6	5.94%

由以上统计数据可知，退役大学生士兵重返校园需要面临很多的问题，主要有身份转变不适应、学习进度跟不上、职业发展不明确以及与同学交流不顺畅等。针对以上问题，我校目前已实施“退伍大学生 1+1+1 结伴成长计划”，积极帮助学生解决问题，即为每位退伍大学生联系 1 名成长导师，1 位学业优异的同学，共同帮助退伍返校大学生更快融入校园生活，更好解决其在学业职业发展方面的问题。我校武装部还应密切关注工作的开展情况，保证对学生起到有效的帮助作用，解决退役大学生士兵遇到的种种难题。

2. 退役认知情况

报告调研了大学生士兵退役后对自身优劣势的分析认知情况，分别设置了多选题。如表 2-5 所示，对于和身边同学相比自身存在的优势，79.21%的退役士兵认为自己执行力强，另外组织纪律性强、能吃苦、意志坚定、荣誉感强的选择率也均在 50%以上。可见，退役大学生士兵对自我的认可度较高。

同时对于自身存在的劣势，选择情况如表 2-6 所示。学业及年龄成了两大主要问题，选择率均超过 60%，这也是我校学生在应征入伍时需要面对解决的两大难题；另外还有部分学生认为自己人际交往能力、学生的工作能力、技术能力等多有不足。

表 2-5 退役大学生士兵自身优势

选项	人数	比例
A、组织纪律性强	75	74.26%
B、执行力强	80	79.21%

续表

选项	人数	比例
C、意志坚定	70	69.31%
D、荣誉感强	55	54.46%
F、能吃苦	75	74.26%
G、其他	2	1.98%

表 2-6 退役大学生士兵自身劣势

选项	人数	比例
A、学业压力大	67	66.34%
B、人际交往能力差	27	26.73%
C、知识面不够广	46	45.54%
D、年龄偏大	62	61.39%
E、计算机能力不强	30	29.7%
F、学生工作的能力不足	29	28.71%

调查还发现，46.53%的退役大学生士兵认为退役后自己的时间管理能力很好，49.5%的学生则表示一般，另有4名学生表示退役后，自己管理时间的能力不好，占3.96%。学校应加强对大学生士兵人际交往能力、计算机能力、学生工作能力的培养和锻炼，以提升他们的综合素质。

3. 退役学业发展情况

报告密切关注退役大学生士兵返校后的学业发展情况，其中成绩排名情况如表2-7所示。与入伍前成绩分布情况仅存在1名的人数差异，可基本视作无差异。

表 2-7 退役后学习成绩分布情况

选项	人数	比例
A、前25%	20	19.8%
B、25%-50%	29	28.71%
C、50%-75%	36	35.64%
D、75%以后	16	15.84%

对于退伍后的学习能力和入伍前相比是否有差距，学生选择情况如表2-8所示。26.73%的学生表示存在很大差距，53.47%学生表示有较小差距，18.81%的学生则表示基本没有差距。

表 2-8　入伍前后学习能力的差距

选项	人数	比例
A、很大差距	27	26.73%
B、较小差距	54	53.47%
C、基本没有	19	18.81%
D、其他，请填写	1	0.99%

给认为存在很大差距的27名同学设置多选题，进行进一步提问调查，结果如表2-9所示。75.86%的学生认为由于长时间不接触专业知识导致学习能力弱化，58.62%的学生认为学习思维方式转变比较难，48.28%的学生表示学习过程中存在注意力不集中的问题。

表 2-9　入伍前后学习能力差距的具体体现

选项	人数	比例
A、学习过程中注意力不集中	13	48.28%
B、长时间不接触专业知识，学习基础薄弱	21	75.86%
C、学习思维方式转变比较难	17	58.62%
D、其他，请填写	3	10.34%

在调查中还发现，11名学生表示退伍后因为学习生活上碰到各种困难，有过想放弃学业的念头，占参与调研退役学生的10.89%；27名学生表示有时曾经想过放弃学业，占26.73%。说明有将近40%的退役大学生曾经有过放弃学业的想法，这应该引起学校的足够重视，认识到校园生活与部队生活之间存在的巨大差异给退役大学生士兵带来的心理问题和现实困难，应设法帮助解决；尤其在退伍复学过程中，学校应该给予适当的心理辅导并且保障相关培训。

大学生士兵退伍后获奖学金情况如表2-10所示。有31名学生获得过奖学金，占参与调查退伍大学生士兵总人数的30.69%。对未获得奖学金的主要原因设多选题，结果显示，61.46%的学生表示主要原因在于成绩不符合要求，31.25%的学生表示德育分不足，另外还有部分学生表示存在客观原因：退伍时间太短，还未评选奖学金。

表 2-10　退伍后获奖学金情况

选项	人数	比例
0次	70	69.31%
1次	10	9.9%
2次	13	12.87%
3次	3	2.97%
4次	2	1.98%
5次及以上	3	2.97%

通过调查还发现，26.73%的学生在退伍后存在成绩不及格的情况，其中2.97%的学生有三门及三门以上考试科目成绩不及格。退役大学生中有4名学生存在违纪行为，其中2名为考试作弊。

大学生士兵作为一名学生，始终肩负着学习的重任。两年的部队生活导致自身与学业脱节，在部队里学业学习机会较少，而两年又重回学生身份，面对繁重的学业难免会感到焦虑，不知该如何重新适应。学校作为培育人才的摇篮，应密切关注这一特殊群体的学业情况，采取措施，帮助其解决困难、重新适应校园生活。退役大学生士兵的各项素质均较强，有良好的学习与自我管理能力；仅是由于两年的入伍生活导致学业有所荒废，若能成功引导其重新适应校园的学习生活，未来其在学业上将会取得比入伍之前更好的成绩；若未进行积极引导，学生则有可能由于学业压力过大而做出错误的举动。因此，对退伍大学生学业的引导帮扶工作不容忽视。

4. 大学生士兵退役后其他情况

如表2-11所示，退役后，有93.07%的学生参与了学校或学院组织的活动，25.74%的学生加入了学生组织。参与各项活动及组织，能更好地帮助退役大学生士兵加速融入学校生活。

表 2-11 大学生士兵退伍后参与活动情况

选项	人数	比例
参与学校学院活动	94	93.07%
加入学生组织	26	25.74%

对于服兵役对职业发展的影响，如表 2-12 所示，51.49%的学生表示影响很大，用人单位很看重服兵役的经历，同时有 3.96%的学生表示由于服役所带来的年龄问题，对求职产生了负面影响。

另外调查发现，退伍后有 20.79%的学生与服役部队依旧保持了较多的联系；72.28%的学生表示有联系但较少；4.95%的人则表示基本没有联系，只是逢年过节的问候，另有两名学生表示完全不联系。

表 2-12 服兵役对个人职业发展的实际影响

选项	人数	比例
A、影响很大，用人单位很看重服役的经历	52	51.49%
B、没什么特别影响，用人单位没有特别注意这段经历	44	43.56%
C、有负面作用，因服兵役年龄偏大，对求职有影响	4	3.96%
D、其他影响，请注明	1	0.99%

三、结论

1. 大学生士兵整体情况良好，携笔从戎、心系母校，我校的大学生士兵“全程化培养”育人工作基础好

（1）我校大学生士兵群体特色鲜明。近六成为农业户籍生源，学习素质普遍较高，理论基础知识较为扎实，综合能力较为全面，打破了“学习不好去当兵”的错误看法。大学生士兵的思想素质较高，有较强的爱国主义情怀。入伍动机较为丰富，60%以上的大学生士兵抱有对军人职业的向往；此外，大学生士兵认为大学一年级阶段和毕业时是最理想的入伍时机，在征兵动员

工作中应更具有针对性。大学生应征入伍更希望做到携笔从戎而不是弃笔从戎，大学生士兵渴望得到能发挥其专业所长的平台。

（2）大学生士兵虽然人不在学校，但却希望与母校建立持续联系。刚进入部队时，希望能有自己感兴趣的书籍与视频资料来充实自己的业余生活。随着服役时间拉长，更希望能与之前的老师、同学保持联系，并愿意请心理咨询师为其进行心理辅导。学校应该积极表示关怀与问候，安抚学生的情绪，辅助其逐步适应部队的紧张生活。调查中还发现，现役大学生士兵中有 92 名在服役期间希望与学校的老师、辅导员和朋友保持沟通交流，占总调查人数的 97.87%，该比例在退役大学生士兵中为 94.06%。可见，此种方式的交流沟通对大学生士兵适应部队、丰富其军旅生活起到了不可磨灭的重要作用。大学生士兵进入军旅生活之后，依旧希望能够保持与学校、老师及同学朋友的联系。

2. 退役大学生士兵返校面临学业压力大、校园环境新等诸多问题，大学生士兵“全程化培养”工作方向明确清晰

（1）从“战士”到“学士”的转变需要学校的更多关注。超过 90%的大学生士兵需要 3 个月以内的时间重新才能适应校园生活，这和大学生士兵退役后立刻返回校园的现实情况相矛盾，造成大学生士兵在复学过程中出现很多不适应的问题，主要有身份转变不适应、学习进度跟不上、职业发展不明确以及与同学交流不顺畅等。我校武装部应密切关注“退伍大学生 1+1+1 结伴成长计划”的开展情况，切实保证对学生进行有效帮助，解决退役大学生士兵面临的种种难题。

（2）退伍大学生士兵学业引导的帮扶工作不容忽视。因为学业压力和自身条件的原因，40%的退役大学生士兵在退伍复学后曾有过放弃学业的想法；将近 70%的退役大学生士兵在退役复学后并未获得过奖学金；将近 80%的退役大学生士兵认为长时间不接触专业知识导致学习能力弱化。学校作为培育人才的摇篮，尤其应密切关注这一特殊群体在返校复学阶段的学业情况，帮助其尽快重新适应校园生活。此外，退役大学生士兵通过加入各类学生组织、参加多种学校活动，以尽快融入大学校园生活，这种行之有效的方法在日后工作中应加以提倡。

3. 我校征兵工作效果显著，动员、慰问、调研等工作扎实高效、接地气，为大学生士兵“全程化培养”提供持续动力，担当了国防事业的排头兵。

(1) 大学生士兵对优惠政策有深入了解，学校宣传作为大学生士兵了解征兵政策的主要途径，反映出我校征兵宣传工作开展较好，落实到位，取得了较好的成效。今后，应保持住宣传工作的良好势头，加强日常宣传动员工作以避免一时热；还需要改善大学生士兵相关优待政策的落实情况，武装部应保证相关工作尤其是相关款项发放的高度透明，打消大学生士兵因为等待时间长、进度不统一等原因对此造成的误解；将有待系统化、流程化、规范化、透明化优待的政策，实现全覆盖，易于普通学生理解。

(2) 我校的慰问调研工作开展得较为成功，得到了学生的普遍好评及认可。在大学生士兵服役阶段，我校组织的慰问活动覆盖面广、涉及人数多；对于学校组织慰问服役大学生的方式，我校服役对大学士兵这一项“希望老师和同学们能前往部队基层进行探望”的选择率远高于其他选项，并且对于慰问工作满意度也达到 80%。对于个别暂时还未能开展基层探望的，在日后工作中应该逐步完善，利用视频慰问、邮寄物品等对其开展探望工作，保证将慰问调研工作落实到每一位学生。

高等院校作为社会的重要组成部分，肩负着为我国社会主义培育人才的艰巨任务，在国防教育上更是担当着重要的使命与义务。面对军队和国防建设的新要求，面对高校育人的新形势，高校的国防教育工作更应敢于创新探索，不断提高工作的质量和水平，为更好地培养军队后备人才做出新的贡献。

退伍青年发展状况调研报告①

刘　刚　王思远

一、研究背景

2016 年 6 月 7 日，中共中央总书记、中央军委主席习近平同志在深化国防和军队改革期间对专业干部安置工作做出重要指示："把做好军转安置工作作为关系国防和军队改革的一件大事、一项政治任务摆在突出位置。"做好退役军人的安置、管理和保障工作，有利于厚植国防建设群众基础，有利于激发军人强军报国动力，有利于解决现役军人的现实困难。

做好退役军人的安置、管理和保障工作，说到底，是要解决好退役军人的发展问题。发展问题是人作为单一个体最为关切的核心问题，也是作为国家进步最为关切的核心问题。适龄退伍青年作为一个特殊的社会群体，他们的发展问题，既关系到退伍青年的切身利益，更重要的是事关社会稳定、军队稳定和国家稳定，是国防和军队现代化建设能够实现可持续发展的压舱石。

当前，对适龄青年参军入伍动机、机制、政策问题的研究比较多，但对他们退伍后发展状况的研究比较少。在对退伍青年已有的相关研究内容中，陈述性内容虽多，但缺少相关数据支撑、理论剖析，更缺少系统性的分析研究。

1. 研究对象的确定

课题选取了某地区高校和街道 2012 年至 2016 年退伍的适龄青年。根据退伍后去向的不同，课题将研究对象分为退伍高校青年和退伍社会青年两部分。

2. 问卷样本量的确定

课题共发放问卷 330 份，回收 330 份，回收率 100%。其中退伍高校青年

---

① 本报告系北京化工大学—北京市东城区人民武装部合作项目"高等院校国防教育工作实效性研究"（项目编号：Z16-06）阶段性成果。

240 份，退伍社会青年 79 份。样本量占实际研究对象数量的 26.58%，样本量具有代表性。

3. “发展”概念的具象化处理

课题研究的是退伍青年的发展状况。“发展”的概念较为抽象，需要对“发展”的概念进行具象化处理，即要以相关的指标来描述发展的问题。

本课题采用的相关指标包括：

（1）退伍高校青年的学业发展状况、职业发展状况、自身精神心态状况、对外界环境的评价与应对方式、政治面貌、学历层次、生源分布、经济情况。

（2）退伍社会青年的职业发展状况、家庭状况、自身精神心态状况、对外界环境的评价与应对方式、政治面貌、学历层次、经济情况。

二、报告内容

1. 退伍高校青年

（1）退伍高校青年的学业发展状况

有接近 50%的退伍高校青年认为学业问题是他们最关注的问题（如图 1-1）。造成这一问题的原因可能在于：2 年服役期间，他们没有接触课堂、课本，落下的功课比较多，赶上功课的压力比较大。

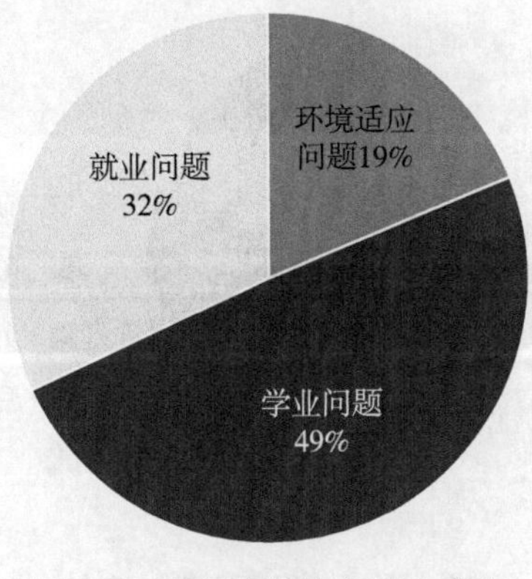

图 1-1　退伍高校青年压力来源

有 63%的退伍高校青年认为，基础差、底子薄是造成他们退伍返校复学后，学业压力较大的主要原因（如图 1-2）。有的大学生自身底子较差，基础不扎实，加上长时间脱离学习环境，便在退伍返校复学后听不懂专业课，进入了“赶不上功课”的恶性循环。

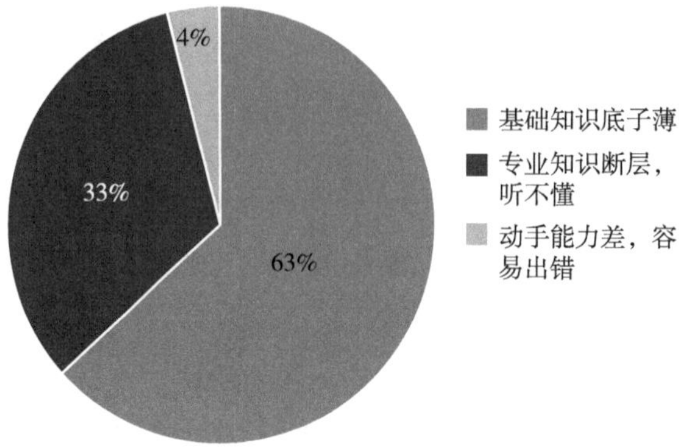

图 1-2 形成学业压力的原因

目前，退伍高校青年的专业成绩分布情况，呈现“枣核型”分布，总体情况与普通在校大学生的学业分布情况基本一致。

需要注意的是，仍有 21%的退伍高校青年的学业排名在专业的后 30%。要提高退伍高校青年的整体学业水平，重点还是要提高这 21%的退伍高校青年的专业成绩（如图 1-3）。

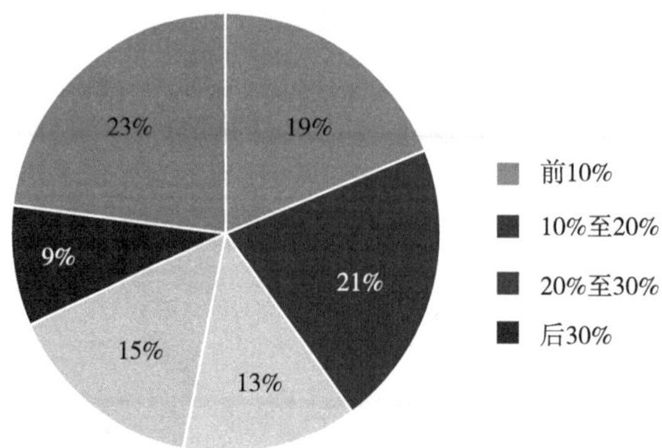

图 1-3 学业成绩分布情况

退伍高校青年中，有过课程不及格情况的比例达到 43. 33%。

退伍高校青年中，获得过奖学金的比例仅为 28. 33%。以一般普通高校为例，奖学金覆盖率可以达到 50%，而 28.33%远低于正常的奖学金获得比例（如表 1-1）。

表 1-1　退伍高校青年不及格与获得奖学金情况

项目		人数	比例		人数	比例
不及格问题	不及格	104	43.33%	未不及格	136	56.67%
获得奖学金问题	获得过	68	28.33%	未获得过	172	71.67%

近年来，国家出台了退伍大学生士兵攻读硕士研究生相关优惠政策，比如设立退伍大学生士兵专项保送攻读硕士研究生计划、退伍大学生士兵降分录取，等等。根据统计，在已经继续攻读硕士研究生的退伍大学生士兵中，48%的学生享受到了降分录取的优惠政策，28%的学生通过专项保送计划攻读了硕士学位，剩余 24%的学生虽然攻读了硕士学位，但在这个过程中未享受到相关优惠政策（如图 1-4）。继续深造无疑是学生学业职业发展的重要途径。落实继续深造相关政策、措施，仍然需要进一步落地、加强。

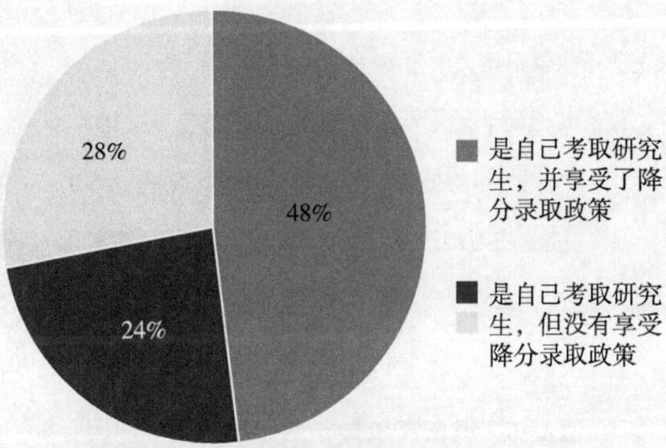

图 1-4　退伍高校青年攻读研究生情况

（2）退伍高校青年的职业发展状况

近五年来，退伍高校青年认为自己有就业压力的比例呈现逐年上升的趋势，2012 年仅为 36.84%，而 2016 年则达到了 73.49%，上升了近一倍（如图 1-5）。需要注意的是：自 2013 年以来，国家出台了一系列大学生士兵优待政策，尽管有这些就业优惠政策，退伍大学生士兵就业压力依然很大，而且呈现了逐年上升趋势。

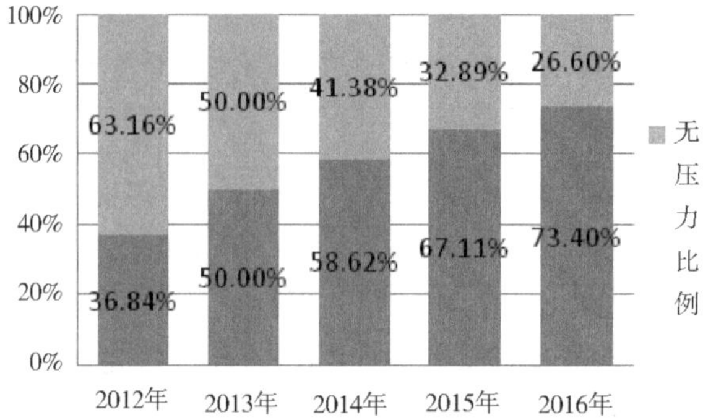

图 1-5　退伍高校青年就业压力变化

调查显示，造成退伍高校青年学业压力的原因，相对集中在企业实习经历少（45.16%）、自身成绩没有竞争力（35.48%）、年龄偏大（25.16%）三个方面（如图 1-6）。认识企业、了解企业，是解决退伍高校青年就业压力的重要途径。

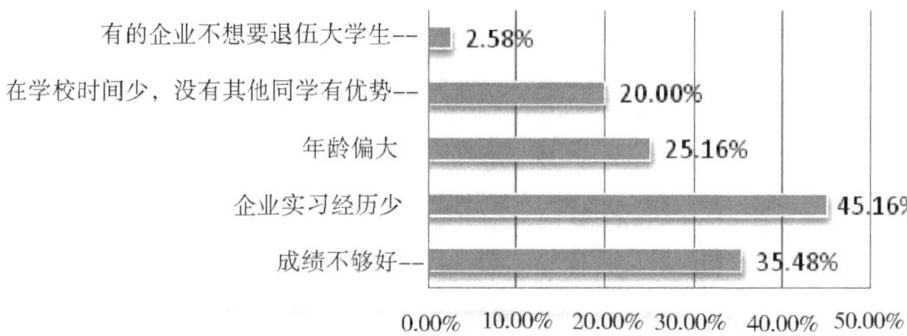

图 1-6　退伍高校青年就业压力形成原因

调查显示，近五年来，退伍高校青年在就业时的行业意向为机关或者事业单位的比例呈现逐年上升的趋势。2016 年，意向在机关和事业单位就业的在校退伍青年的比例达到了 67.02%，较 2012 年增长了近 20 个百分点（如图 1-7）。相对的，意向在外资或者私营企业就业的比例逐年下降。这可能与北京市的大学生士兵就业优待政策有较大关系。2014 年以来，北京市出台的大学生士兵就业优待政策中，专门拿出机关与事业单位的名额给大学生士兵毕业生，在解决大学生士兵毕业生就业的同时，也产生了较为显著的引导效应。

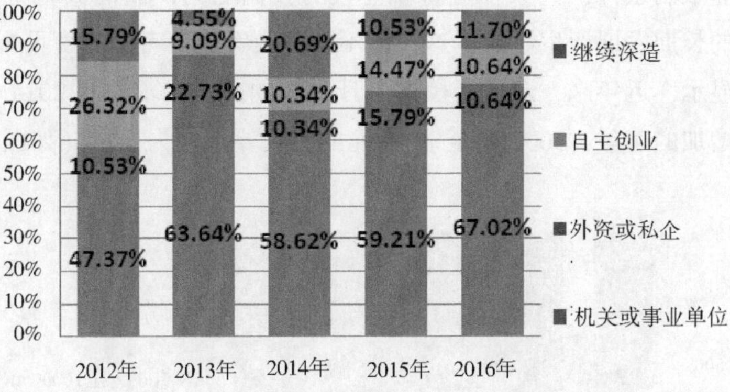

图 1-7 退伍高校青年就业选择变化趋势

同时，在“大众创业、万众创新”的时代背景下，近五年来，在校退伍青年自主创业意向呈现“曲折发展”，并没有呈现稳定的、增长的态势。加强对退伍高校青年自主创业的教育引导，符合国家需要，也符合国家对青年学生的教育引导要求。

调查显示，近年来选择在京就业的退伍高校青年逐年增多。这与北京市对大学生士兵的就业优待政策有关，但显然不符合国家对青年大学生的号召，即“到基层去、到西部去、到祖国最需要的地方去”。毕业后，回家乡的退伍高校青年越来越少，选择去经济发达地区的学生显著增多（如图 1-8）。

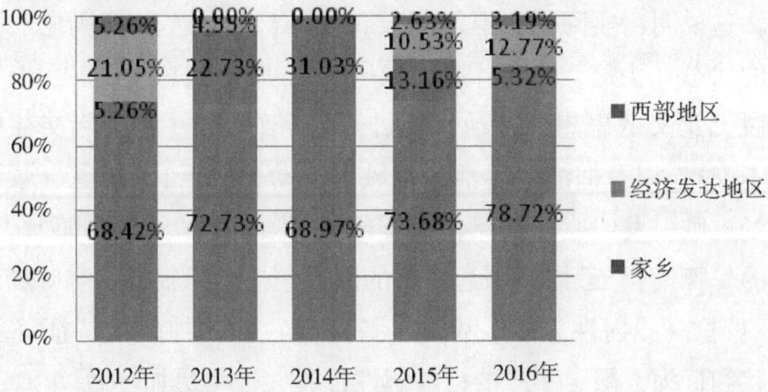

图 1-8 退伍高校青年就业地区变化

留在北京，而且在机关与事业单位就业，成了近年来退伍高校青年的首要选择。然而，这种相对集中的、较窄的就业渠道，也相对地成了退伍高校青年的就业限制条件，大家不能将就业视野投向更为广阔的天地，势必会对这个群体的长期发展产生影响，这不得不引起政策决策者的高度重视。

调查显示，近年来，退伍高校青年月收入的薪资要求，从 2014 年开始呈现了显著增加的态势，5000 元至 7000 元的薪资要求较为稳定（如图 1-9）。

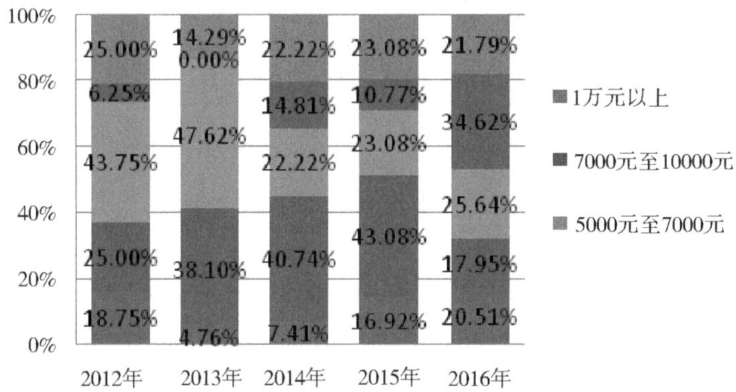

图 1-9　退伍高校青年期望薪资变化

（3）退伍高校青年的精神心态状况

SCL-90 量表被用来描述被观察群体的心理与精神病学状态。退伍高校青年的 SCL-90 量表（同表 1-2）结果显示：退伍高校青年的 SCL-90 各项因子均显著低于中国军人常模，而且显著低于国内常人常模以及国内部分地区大学生常模。这说明，实际上，退伍高校青年在经历了军营磨砺之后，个体的身体不适的状态（头痛、背痛、肌肉酸痛等），强迫状态（明知没有必要，但又无法摆脱无意义的思想、冲动），人际关系敏感度（在人际交往中的自卑感、心神不安），以及抑郁（生活兴趣减退、动力缺乏）、焦虑（烦躁、坐立不安、神经过敏引发的躯体征象，如震颤）、敌对性（厌烦的感觉，摔东西，不可控制的暴脾气）、恐怖（引起恐怖的因素包括出门旅行、空旷场地、公共场所等）、偏执（投射性思维、敌对、猜疑等）和精神病性特征（各式各样的急性症状和行为，限定不严的精神病性过程）变得更加轻微。

表 1–2　退伍高校青年自身精神心态对比

因子	适龄在校青年 n=240	军人常模 n=19662	国内常人常模 N=1388	国内部分地区 大学生常模 N=4141
躯体化	1. 08±0. 29	1. 55±0. 57	1. 37±0. 48	1. 45±0. 49
强迫	1. 29±0. 43	1. 77±0. 60	1. 62±0. 58	1. 99±0. 64
人际关系	1. 21±0. 37	1. 78±0. 61	1. 65±0. 51	1. 98±0. 74
抑郁	1. 18±0. 34	1. 64±0. 60	1. 50±0. 59	1. 63±0. 65
焦虑	1. 05±0. 28	1. 52±0. 52	1. 39±0. 43	1. 64±0. 59
敌对性	1. 15±0. 39	1. 62±0. 62	1. 48±0. 56	1. 77±0. 68
恐怖	1. 12±0. 27	1. 35±0. 45	1. 23±0. 41	1. 46±0. 68
偏执	1. 11±0. 19	1. 67±0. 63	1. 43±0. 57	1. 85±0. 69
精神病性	1. 13±0. 28	1. 51±0. 50	1. 29±0. 43	1. 63±0. 54

总的来说，经历了服役的退伍高校青年的心智更加成熟，对自己生活的理解更加准确，对自己情绪的控制更加有力。

（4）退伍高校青年对外部环境的评价

调查显示，80%的退伍高校青年对办理退伍返校复学手续工作给予了比较满意和满意的评价（如图 1–10）。

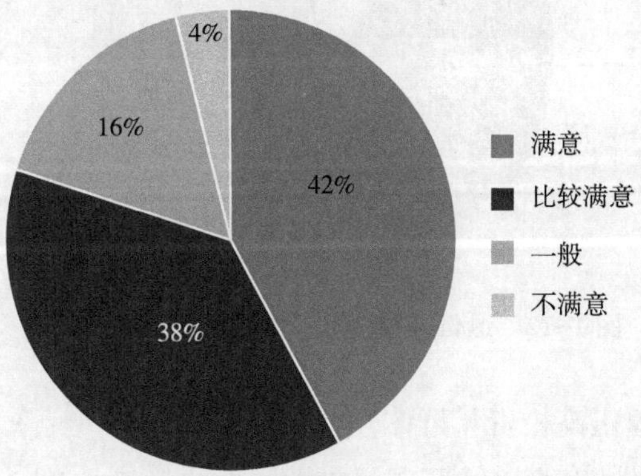

图 1–10　退伍高校青年对返校复学工作的满意程度

在退伍返校的各项工作中，退伍高校青年认为亟须改善的三项工作，主要集中在办理退补选课的手续还较为烦琐、社保缴纳的流程还不够清晰、相关费用还会出现误扣的现象（如图 1-11）。这说明，这三项工作的相关工作流程仍然不够清晰，信息上仍然存在不对称、不明确的问题。

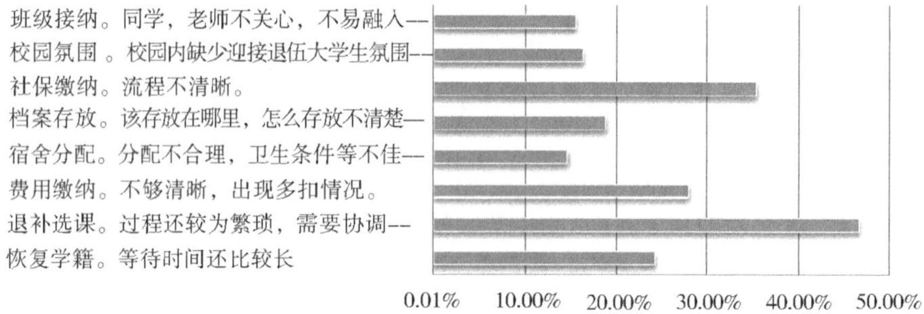

图 1-11　退伍高校青年认为退伍返校复学亟须改善的工作

学生退伍返校之后，有两种住宿方式：一种是与本专业的学生在同一宿舍；一种是将退伍学生安排在同一宿舍。调查显示，65%的退伍高校青年认为，更应该与本专业的学生安排在一个宿舍，仅有 15%的学生认为退伍回来之后，不应该与本专业的学生安排在同一个宿舍（如图 1-12）。

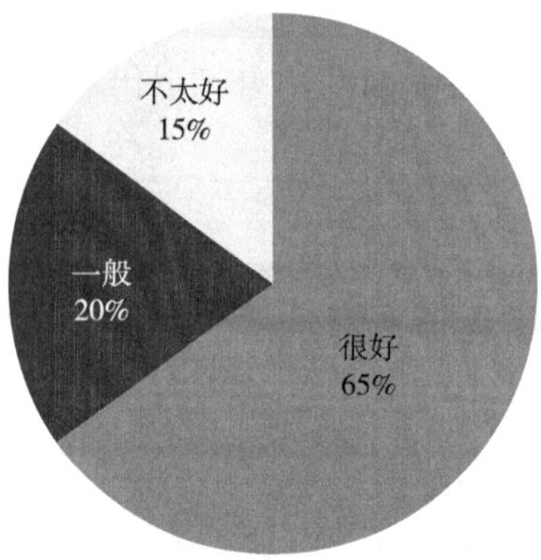

图 1-12　退伍高校青年对学生住宿安排的评价

（5）近五年退伍高校青年群体性特征变化

近五年来，农村生源比例呈现了曲折增加的趋势，2013 年、2015 年来自农村的生源比例均超过了 50%。这说明，大学生参军入伍优待政策发挥了客观的、显著的作用，更多的来自农村的生源选择了参军任务，来缓解家庭经济负担。而大学生参军入伍政策中的经济补偿政策、就业政策也切实发挥了指挥棒的作用。来自城市的生源则从 2012 年的 52.63%。降到了 2016 年的 26.60%，降低了近一半（如图 1-13）。

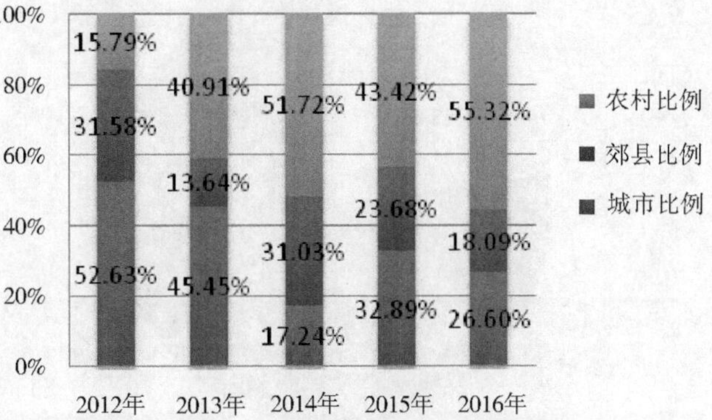

图 1-13 退伍高校青年近五年来生源变化

2012 年至 2016 年，退伍高校青年一年级的比例基本稳定，保持在 10%左右。四年级毕业班学生的比例有微小的增加，从 2012 年的 5.26%逐步增加到 2016 年的 13.83%。值得注意的是：2012 年至 2014 年，三年级学生入伍比例逐步增加，二年级学生入伍比例逐步降低，但是 2014 年以后，三年级学生入伍比例迅速减少，从 65.52%降低到 17.02%，二年级学生入伍比例从 13.79%迅速增加到 56.38%。2014 年退伍的在校青年，是 2012 年入伍的一倍。这说明，自 2012 年起二年级、四年级逐步成了参加入伍学生的主力（如图 1-14）。

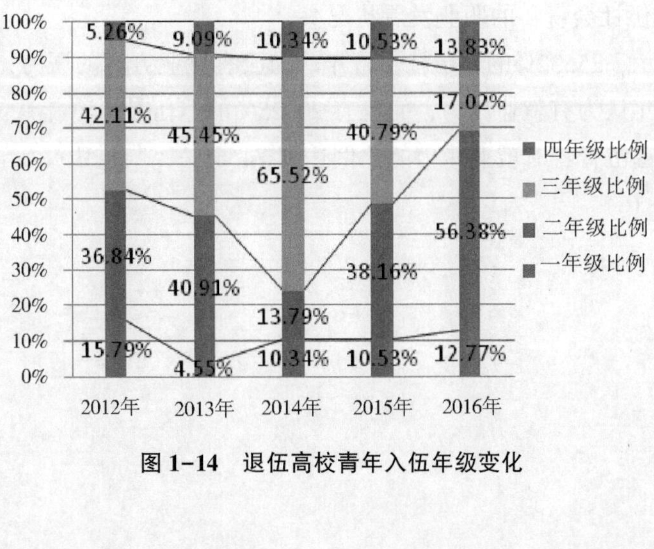

图 1-14 退伍高校青年入伍年级变化

退伍高校青年的党员比例为23%，显著高于高校约15%的学生党员比例（如图1-15）。

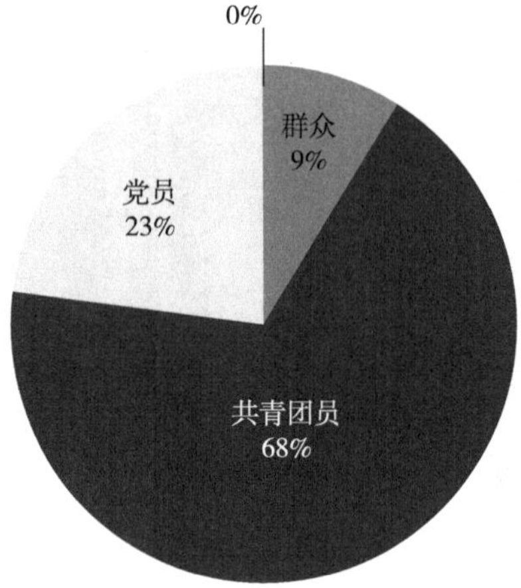

图1-15　退伍高校青年政治面貌分布

2. 退伍社会青年

调查显示，目前有34.18%的退伍社会青年处于待业状态，就业比例为65.82%（如表1-3）。

表1-3　退伍社会青年就业情况

待就业	27	34.18%
就业中	52	65.82%

（1）退伍社会青年的职业发展状况

调查显示，25.32%的退伍社会青年认为没有就业方面的压力，54.43%的退伍社会青年认为有就业压力，而且有20.25%的退伍社会青年认为就业压力很大。社会退伍青年有就业压力的比例达到74.68%，与退伍高校青年基本持平（如图1-16）。

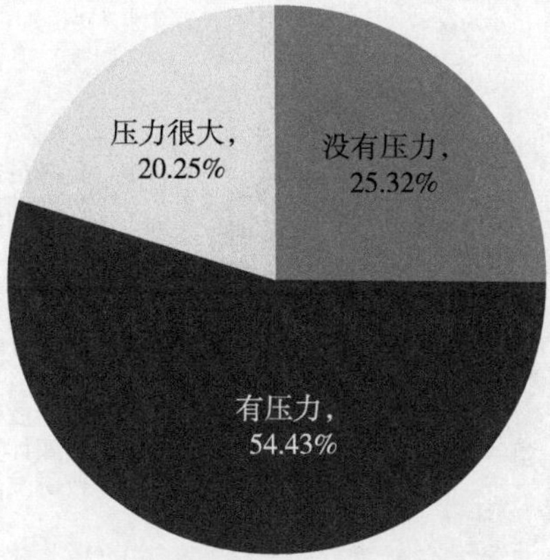

图 1-16　退伍社会青年就业压力分布

调查显示，退伍社会青年就业压力感的来源是多方面的，没有特别突出的因素（如图 1-17）。这就为整体性解决退伍社会青年就业压力问题增加了困难，需要政府相关部门和工作人员，针对社会退伍青年的个体问题，采用“一人一事一议”的方式，提高解决问题的实效性。

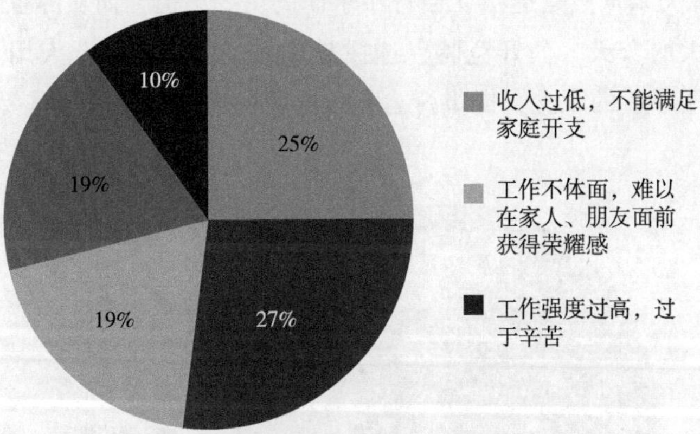

图 1-17　退伍社会青年就业压力形成原因

机关或事业单位是退伍社会青年求职就业的主要选择意向，比例达到 58%，但这一比例，明显低于退伍高校青年的就业求职意向。在实际工作中，退伍社会青年的就业行业范围涉猎较多，从事行政管理工作的人数相对较多，占 36%。在企业管理、安全保卫、服务行业，退伍社会青年也均有涉猎。

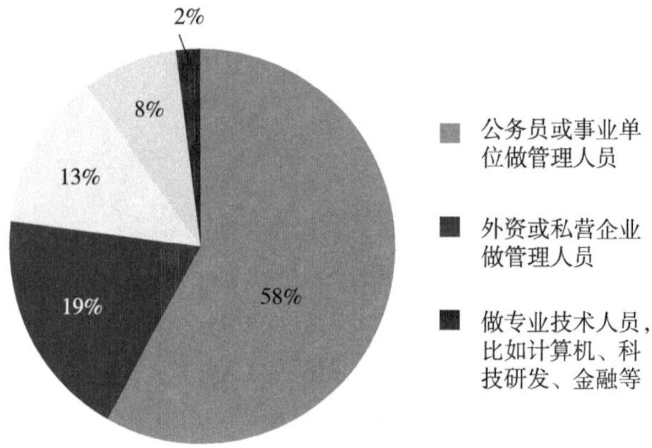

图 1-18 退伍社会青年就业职业分布

同时，还有6%的退伍社会青年从事互联网经济。退伍社会青年从事行业涉猎广的特点，符合社会分工越来越细的要求。

调查显示，自谋职业或他人推荐是退伍社会青年求职的主要途径，合计比例达到84%，仅有6%的退伍社会青年是通过人才招聘找到工作的（如图1-19）。人脉关系依然是退伍社会青年求职的主要渠道。而实际上，在就业竞争压力异常大的今天，公开竞聘、选拔是优质企业、单位选人用人的重要途径。转变求职择业的观念，提供行之有效的职业培训，是一项重要的工作。

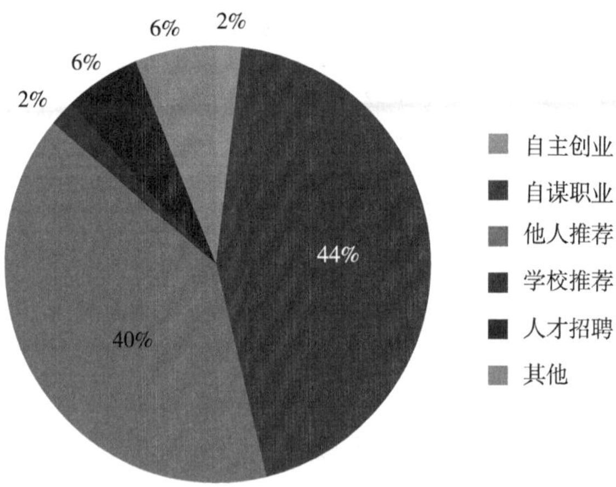

图 1-19 退伍社会青年求职渠道

调查显示，30 岁以下的退伍社会青年为一般工作人员，有 6%的社会退伍青年已经成了企业的高级管理人员（如图 1-20）。

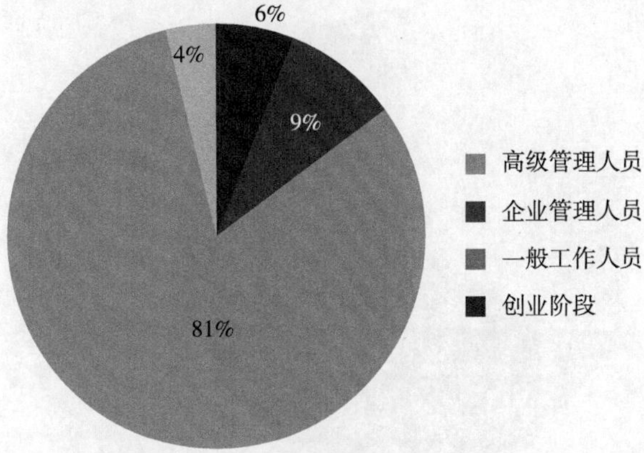

图 1-20 退伍社会青年职业职级分布

目前退伍社会青年工作薪资总体水平不高，94%的人每个月的薪资收入在 6000 元以下，甚至有 17%的人每个月的薪资在 3000 元以下；仅有 6%的人每个月的薪资在 6000 元以上（如图 1-21）。北京市 2016 年最低工资标准为每月 1890 元。约有 17%的退伍社会青年的月薪资收入仅比北京市最低月薪工资高 1000 元左右，关注这部分人的生活质量，帮助这部分人提高月收入，是相关部门的工作重点。

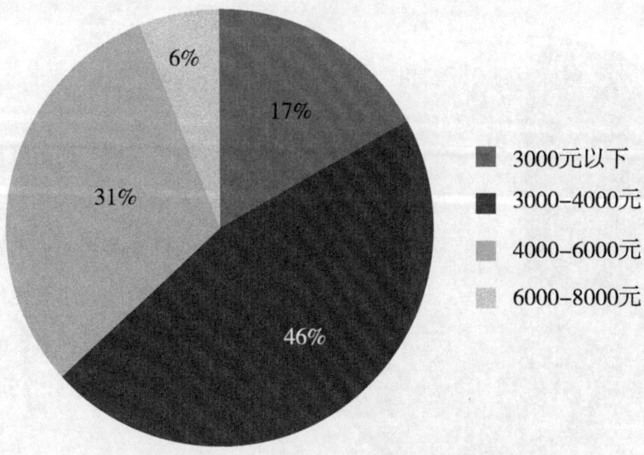

图 1-21 退伍社会青年薪资分布

调查显示，有63%的退伍社会青年非常满意目前的工作，但仍有33%的退伍社会青年不太满意当前的工作（如图1-22）。

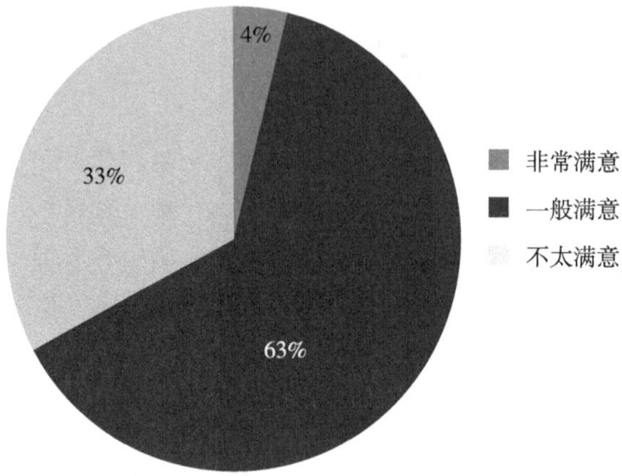

图1-22　退伍社会青年对工作的满意程度分布

造成对工作不满意的原因是多方面的，包括工作地点太远、不满意上级工作方式、薪资待遇不高，以及工作内容与个人性格匹配度过低等多个方面。其中，工作匹配度不高、工作未能发挥能力这两个原因占到了32%。“人职匹配”是能否就业和就业满意度的核心问题。仅有18%的退伍社会青年思考了自己的内在的问题，而绝大多数退伍社会青年把对工作的不满意归结于外部环境（如图1-23）。

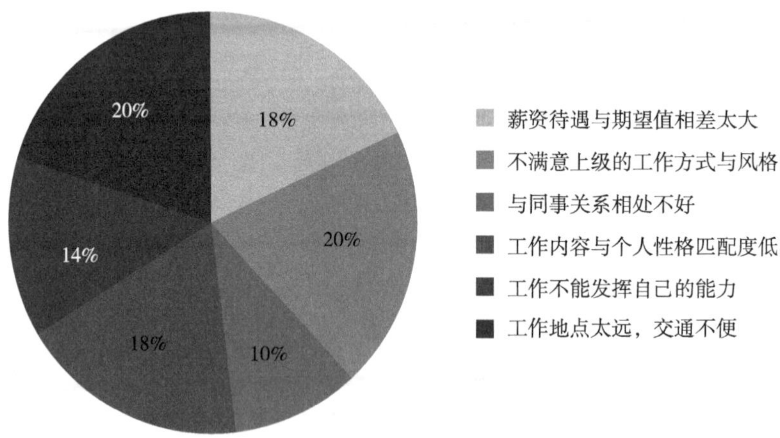

图1-23　退伍社会青年对工作不满意的原因分布

(2) 退伍社会青年的家庭状况

调查显示，有18%的退伍社会青年家庭年总收入低于3万元，核算后发现，这些退伍社会青年每个月家庭的总收入低于2500元，处于相对偏低的收入水平（如图1-24）。

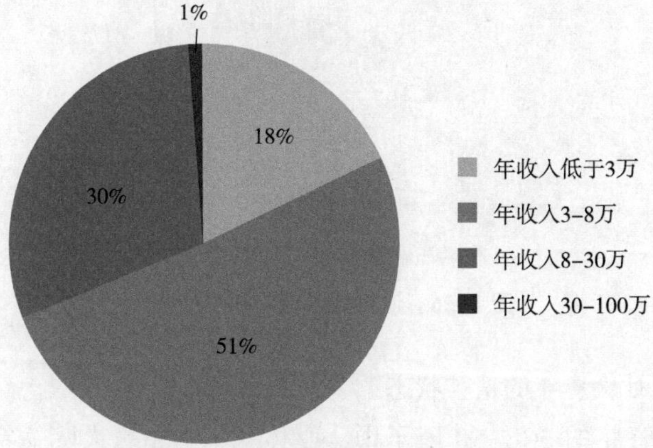

图1-24 退伍社会青年收入情况分布

在社会退伍青年日常生活当中，占主要消费支出前三位的分别是：饮食、服装和住房。需要特别注意的是，50%以上的退伍社会青年都在饮食和服装上有支出，而仅有24%的退伍社会青年会在学习方面有消费支出（如图1-25）。引导正确的消费观念、生活观念也是相关部门面临的重大问题。

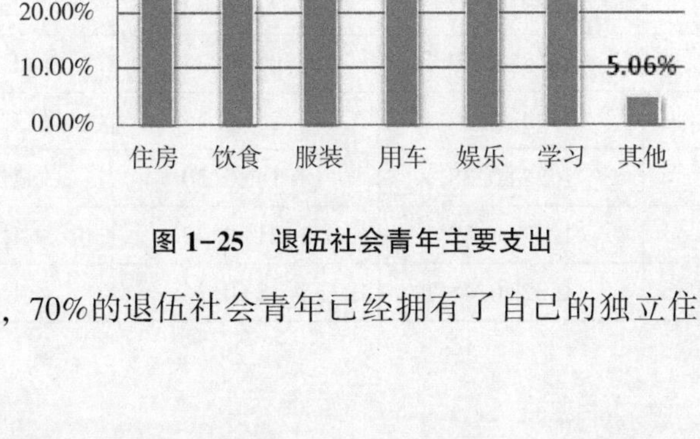

图1-25 退伍社会青年主要支出

调查显示，70%的退伍社会青年已经拥有了自己的独立住房，居住条件较好，但仍有4%的退伍社会青年居住在单位宿舍（如图1-26）。

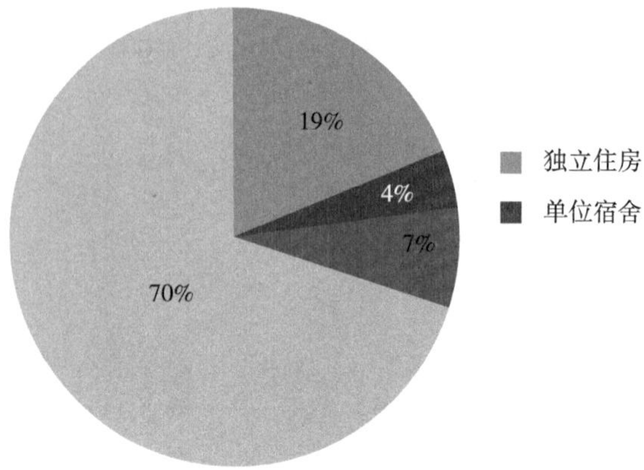

图1-26　退伍社会青年住房情况

（3）退伍社会青年的精神状态

退伍社会青年的SCL-90因子中，躯体化、强迫、人际关系、抑郁、焦虑、敌对性、恐怖、偏执和精神病性各项指标均高于一般适龄青年，但低于一般军人常模（如表1-4）。需要注意的是：退伍社会青年回到社会，成了社会一般青年，等于或者小于适龄青年标准为正常。然而，由于退伍社会青年有参军服役的特殊经历，其军人心理精神的某些特征依然保留。

表1-4　退伍社会青年心理健康情况

因子	适龄非在校青年 n=79	适龄青年 n=319	军人常模 n=19662
躯体化	1.33±0.47	1.14±0.37	1.55±0.57
强迫	1.67±0.76	1.39±0.55	1.77±0.60
人际关系	1.49±0.64	1.28±0.47	1.78±0.61
抑郁	1.39±0.53	1.23±0.42	1.64±0.60
焦虑	1.23±0.49	1.09±0.35	1.52±0.52
敌对性	1.44±0.59	1.26±0.45	1.62±0.62
恐怖	1.22±0.38	1.14±0.30	1.35±0.45
偏执	1.37±0.59	1.21±0.42	1.67±0.63
精神病性	1.32±0.45	1.18±0.34	1.51±0.50

3. 退伍青年共性状态描述

（1）退伍后适应时间

调查显示，社会青年退伍后适应环境的时间更长，其中，73%的退伍高校青年在三个月之内就可以适应新的环境，而三个月内能够适应新环境的退伍社会青年仅有55%，甚至有近三分之一的退伍社会青年需要用半年的时间才能适应新的环境（如图1-27）。不能适应新的环境，就难以从生活、就业等方面开始新的起点。

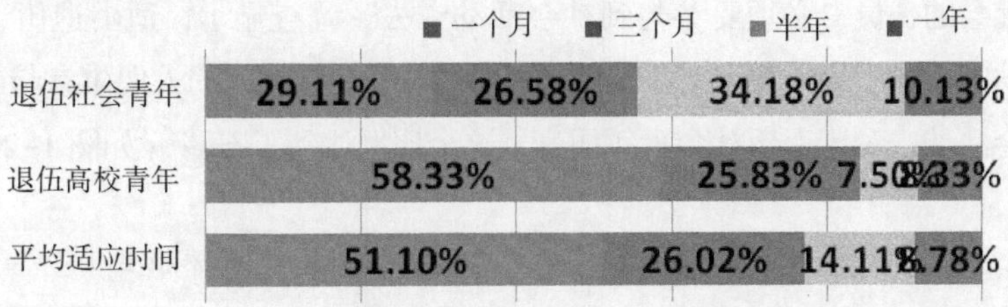

图1-27　退伍青年进入高校与社会适应时间

（2）对外部培训的评价

学业、职业培训是适龄退伍青年离开部队，到达新环境后需要接受的一项重要的外部学习方式，是帮助适龄退伍青年尽快适应社会，尽快进入学习状态、工作状态的重要举措。调查显示，适龄退伍青年对外部培训的认可度不高。退伍高校青年中，有46.25%的人认为外部培训及时到位，而认为外部培训及时到位的退伍社会青年仅有15.19%。46.25%的退伍高校青年认为外部培训的形式大于内容，效果一般，也有58.23%的社会退伍青年选择了这项评价。另有26.58%的退伍社会青年认为培训并没有覆盖到自己（如图1-28）。加强学业职业的培训覆盖面，增强相关培训的实效性是接下来的一项重要内容。

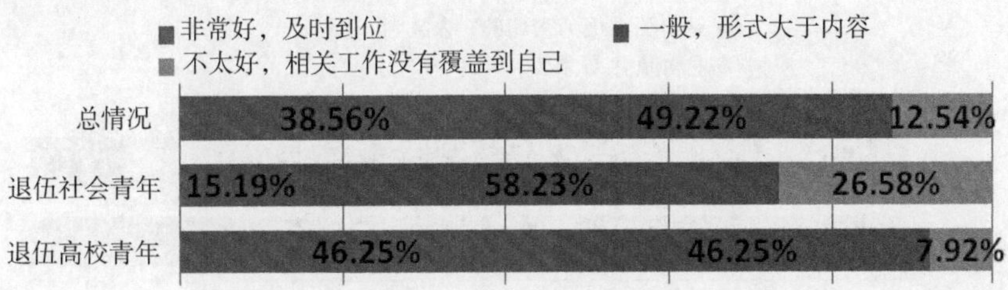

图1-28　退伍青年对外部培训的评价

（3）优待金的使用情况

调查显示，在优待金的使用方面，退伍高校青年和社会退伍青年的使用方式基本一致。超过50%的退伍青年将优待金交给了家里，这项内容，退伍高校青年中更高，达到了65%。在使用优待金添置以前没有经济实力购买的物品方面，退伍社会青年的比例达到了14%，而退伍高校青年的比例仅为3%。

（4）参与社会活动的情况

参与社会活动的情况，显示了退伍青年主动融入新环境，开始新生活的状态。人作为社会的一员，必须要参与到社会活动中去。调查显示，适龄退伍青年参与社会活动的情况不容乐观。对于退伍高校青年而言，50%多的人偶尔参与或者从不参加社会活动；对于退伍社会青年而言，这个比例达到了60%（如图1–29）。

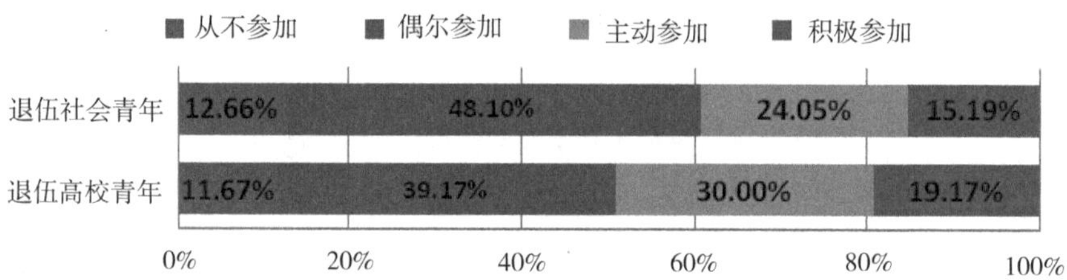

图1–29 退伍青年参与社会活动的情况

（5）倾诉方式

调查显示，当遭遇烦恼时，10%左右的退伍青年从不跟任何人倾诉，50%左右的退伍青年会跟自己关系极为密切的一至两人倾诉。对于退伍社会青年而言，仅有13.92%的人会主动倾诉，寻求支持与理解（如图1–30）。能否主动倾诉，反映了退伍青年寻求帮助的意识与能力。

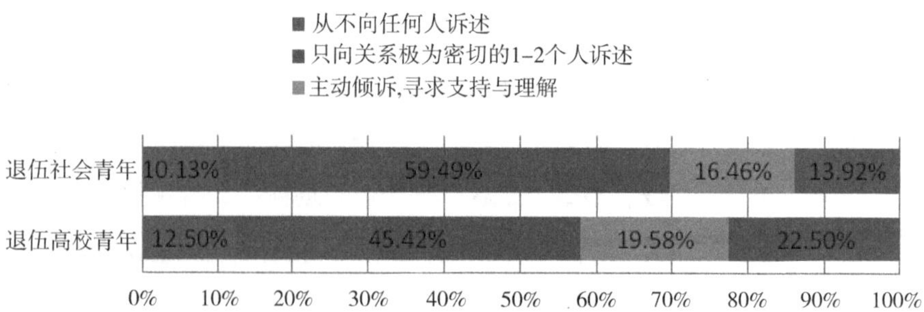

图1–30 退伍青年倾诉方式

4. 造成退伍青年发展突出问题的主要原因

(1) 对退伍青年实现个人发展的认识不足、定位不准

第一，国家、军队、社会组织是推动退伍青年发展的外部环境主体。当前，外部环境主体关注的重点依然是退伍青年从退出现役到进入社会这个阶段性环节，以及在这个环节中所实施的临时性的、阶段性的安置工作。目前，外部环境主体缺乏从退伍青年作为“人”的自然属性角度来审视、考察这个特殊群体的持续发展问题。退伍青年在进入社会之后，能否实现持续的、良好的发展，将对宣传动员的实效和入伍人员能否安心服役产生直接的影响。

第二，退伍青年自身在思想观念、理念认知方面受传统思想的影响比较深，等待政府指令性安排的较多，愿意自主创业的少；维持现有状态的多，愿意改善自身知识结构与职业素养水平的少。

(2) 经济社会发展对退伍青年发展产生了较大影响

党的“十八大”以来，改革进入“深水区”，经济结构调整的步伐加大，经济发展进入新常态。

第一，经济形式的多元化，催生了国防受益主体的多元化，外资经济、私有经济、股份制经济在国家经济生活中扮演着越来越重要的角色。但目前国有经济、集体经济依然是履行国防义务的主体，外资经济、私有经济、股份制经济等其他经济形式在推动退伍青年安置与发展方面发挥的作用还远远不够。

第二，伴随着经济改革的不断深入，国有经济、集体经济自身也在发生重大变化，企业在承担国家责任的同时，必须考虑到自身的人力成本、发展状况等实际问题，否则就会被淘汰。市场化的用人机制发挥着越来越重要的作用。相对于培养更具专业能力的人才、高校毕业生，这些企业在培养退伍青年成长发展中所消耗的人力资本、经济资本、时间资本更大。

第三，市场化的用人机制对退伍青年的知识结构、技能素质提出更高要求。竞争是市场化用人机制的特点。2012 年至 2016 年，退伍青年中的高校学生感受到就业压力的比例从 37%上升到 73%。尽管近年来具有高学历的大学生士兵的比例逐年增加，但职场竞争带给退伍青年群体的就业压力，并没有因为群体中高学历人群的增加而降低。

第四，经济社会发展推动社会保障体系的不断发展，退伍青年作为普通公民也在社会保障体系的保障范围之内。当前，社会保障体系，除了社会保险制度提供的医疗、失业、养老、工伤等保障之外，广义上还包含心理指导、学业指导、

就业指导等关于人的综合素质的保障内容，以及其他社会福利和社会救助措施。当前，传统的社会保障体系已经非常健全，但新的关于人的综合素养的社会保障体系建设尚不完善，而退伍青年更加期待得到这种“软实力”上的社会保障。

（3）关于退伍青年成长发展的法治体系建设尚不完善

《国防法》、《兵役法》以及《退伍士兵安置条例》从法律层面规定了解决退伍军人安置工作的总体原则与具体做法，形成了较为完善的安置工作法律法规体系。

第一，已有的法律法规更加关注退伍军人整个群体的安置情况，比如按照义务兵、士兵、转业干部进行划分，或者是按照来自城市或者农村进行划分。随着兵员结构的变化，考虑安置工作已经不能单纯按照兵员来源，而更应该考虑新生群体的特点和群体影响。然而，由于退伍青年数量众多、影响较大，对退伍青年的关注应该在法律法规中得到体现。

第二，已有法律法规主要关注临时性的、阶段性的安置工作本身，没有关注安置工作之后的退伍军人的发展问题。但是随着经济发展、社会进步，人们更加关注自身的发展问题，更加关注其最本质的利益。处理好退伍青年的安置工作，只是处理好相关问题的一个点，而处理好退伍青年的发展工作，则体现了国家、军队和社会组织对退伍青年的持续关注。

高校《军事理论》课教育教学情况调研报告

——以北京化工大学为例

万军[①] 曹雪[②] 周楠[③] 张恒禹[④]

一、调研背景

《军事理论》课程作为普通高等院校广泛开展的一门必修公共基础课程，已经贯穿于整个学生思想政治教育的始终，对普通高等院校学生树立爱国主义精神和强化国防意识起到了无可替代的推动作用。为了及时了解当前《军事课程》在普通高校的开设状况，以及广大同学对于《军事理论》课程的认知程度，以便于更好地加强和创新军事理论课程建设，课题组于 2015 年 10 月至 2016 年 11 月期间，以北京化工大学为例，对该校 1800 名学生以问卷的形式进行了抽样调查。

本次问卷总计发放 1800 份，共回收有效问卷 1753 份。被调研者均为北京化工大学在校学生，其中 2016 级学生 211 人，2015 级学生 1390 人，2014 级学生 90 人，2013 级学生 62 人。所有被调研者均在大一上学期参加过《军事理论》课程学习，且男女比例为 7∶3，与该校性别比例基本近似，总体看

---

① 万 军（1987—），男，北京化工大学信息科学与技术学院思想政治辅导员，军事课教师，硕士。研究方向：思想政治教育，国防教育。

② 曹 雪（1992—），女，北京化工大学信息科学与技术学院思想政治辅导员。研究方向：思想政治教育。

③ 周 楠（1994—），男，北京化工大学信息科学与技术学院思想政治辅导员。研究方向：思想政治教育。

④ 张恒禹，男（1993—），北京化工大学信息科学与技术学院思想政治辅导员，研究方向：思想政治教育。

本报告系北京化工大学—北京市东城区人民武装部合作项目“高等院校国防教育工作实效性研究”（项目编号：Z16-06）阶段性成果。

来，达到本次调研要求。

二、问卷调查相关内容指标分析

1. 学生对于开设《军事理论》课程的意义认同感强，对军事、国防知识的关注程度高

调查结果显示，88.93%的学生人认同开设《军事理论》课，其中有75.17%的学生认可课程在培养同学增强国防意识方面的作用（如图1-1）。

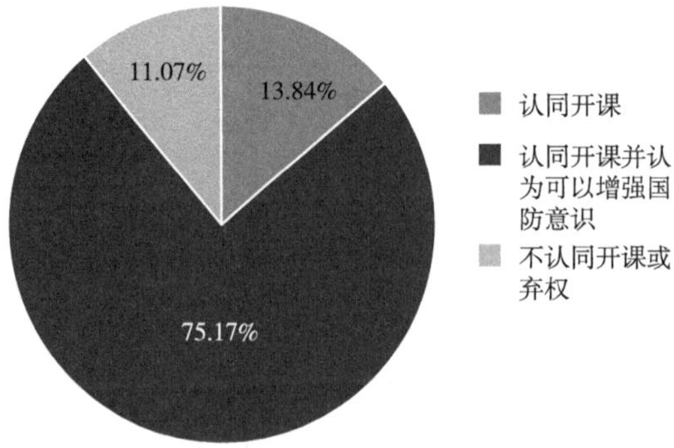

图1-1 学生对《军事理论》课的认可情况

此外，被调研者中有1200人表示，在平时会主动关心军事时事，占被调研者总数的68.45%。从被调研者关注军事时事的渠道来看，有1061人表示其了解军事时事方面的信息比较单一，了解途径较为集中在互联网、军事论坛，官方新闻，杂志、报纸，教材和《军事理论》课，所占比例分别为47.22%，33.99%，11.12%和7.6%（如图1-2）。

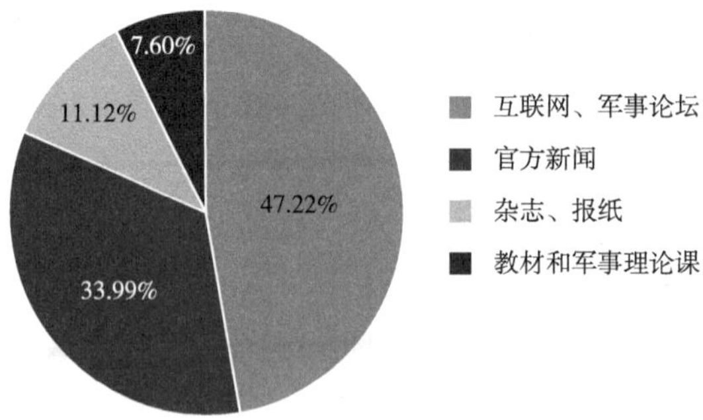

图1-2 学生了解军事知识的渠道分布

被调研者中另有 692 人表示其日常通过多种渠道了解军事时事，其中官方新闻，杂志、报纸，互联网、军事论坛，教材和《军事理论》课分别占比为 64. 96%，46. 97%，44. 70%和 32. 57%（如图 1-3）。由此可见，大部分同学认同《军事理论》课程的意义并会主动关注军事时事。从同学了解军事时事的渠道可知，新媒体和传统媒体仍然是同学了解军事时事的主要途径，新媒体逐渐成为主要渠道，而教材和军事理论课程对同学吸引力作用有限。

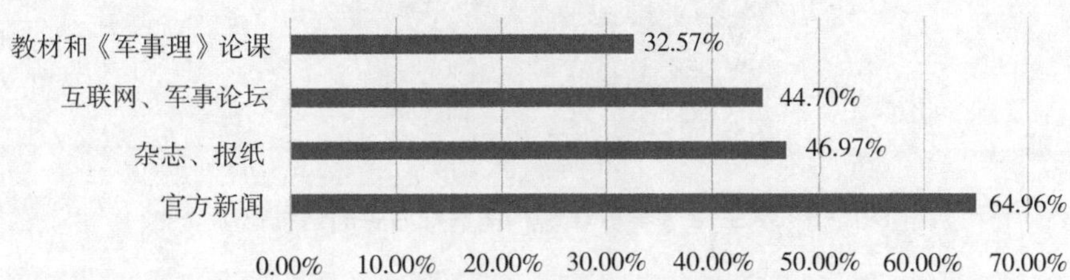

图 1-3 学生获取军事时事的渠道

2. 学生普遍认可当前《军事理论》课程的授课师资和授课内容，但对改善师资队伍及授课内容有较强诉求

调查结果显示，被调研者中有 1396 人对当前《军事理论》课程的授课师资表示满意，占被调研者总数的 79. 63%（如图 1-4），有 1685 人对当前《军事理论》课程的授课内容表示满意，占被调研者总数的 96. 12%（如图 1-5）。由此可见，同学对当前《军事理论》课程的授课师资和授课内容基本认可。

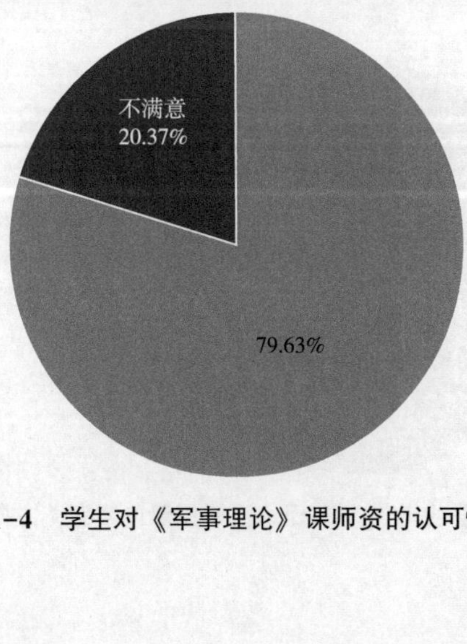

图 1-4 学生对《军事理论》课师资的认可情况

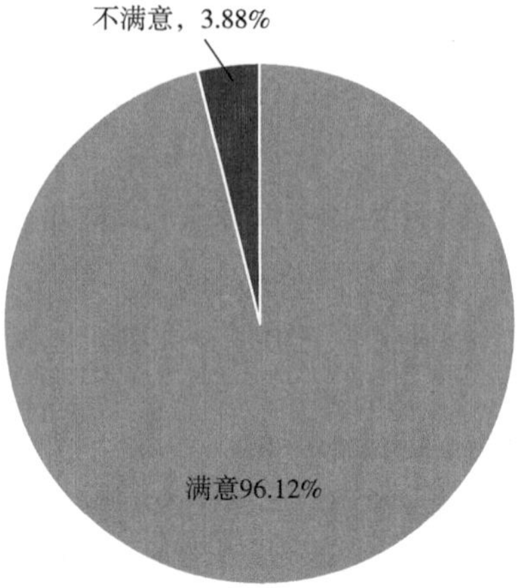

图 1-5　学生对《军事理论》课课程内容的认可情况

此外，有 1700 名的被调研者表示，如有可能，希望改善当前《军事理论》课程的授课师资和授课内容，占被调研者总数的 96. 98%。其中在改善授课师资方面，对“经历过战争的军人”的诉求最高，占总人数的 48. 84%，其后为“国防大学教授”和“军队的高级首长”，占比分别为 22. 61%和 17. 55%。由此可见，同学对授课师资的诉求主要关注授课教师的军旅经历及专业认识。

另一方面，同学对授课内容的改善诉求主要集中在“国际形势及时事政治”“经典战役解读”和“各国军事特点分析”三个方面，其中对“国际形势及时事政治”的诉求最高，占比为 38. 46%，其后两方面的占比分别为 26. 44%和 15. 38%（如图 1-6）。

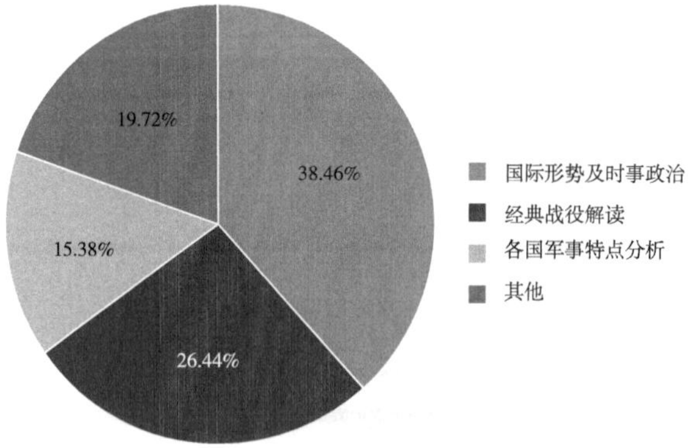

图 1-6　学生对《军事理论》课授课内容完善方向的期待

在对《军事理论》课程教材作用的调查中显示，仅有 312 人表示教材对于学习《军事理论》课程具有较大的作用，占被调研者总数的 17.8%。调查显示，反馈的问题主要集中在“教材里都是理论，无法和实际联系”“教材都是文字，枯燥无味”和“教材更新速度慢，参考价值低”三个方面，占比分别为 30.86%、25.58%和 21.91%（如图 1-7）。由此可见，教材内容的生动性和实效性，是大多数同学关心的重点。

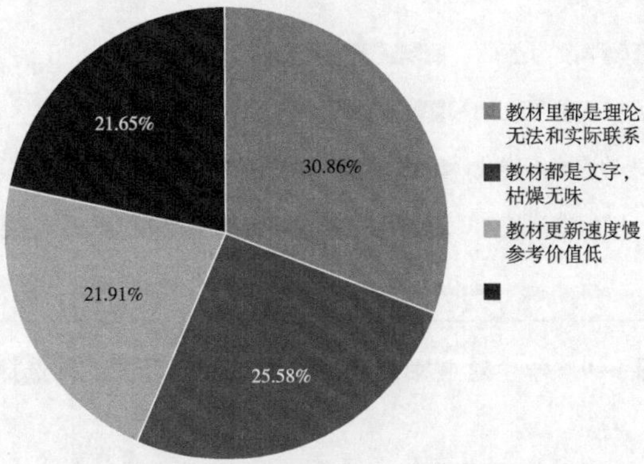

图 1-7　学生对《军事理论》课教材的认可情况

3. 学生希望通过创新《军事理论》课程教学方式来强化学习效果

调查结果表明，虽然同学对当前《军事理论》课程的授课师资和授课内容普遍认同，但是对《军事理论》课程教学方式方法体现出了强烈的创新诉求。在被调研者中，有 1665 人表示很有必要对当前的教学方式进行改革创新，占受访人数的 94.98%（如图 1-8）。

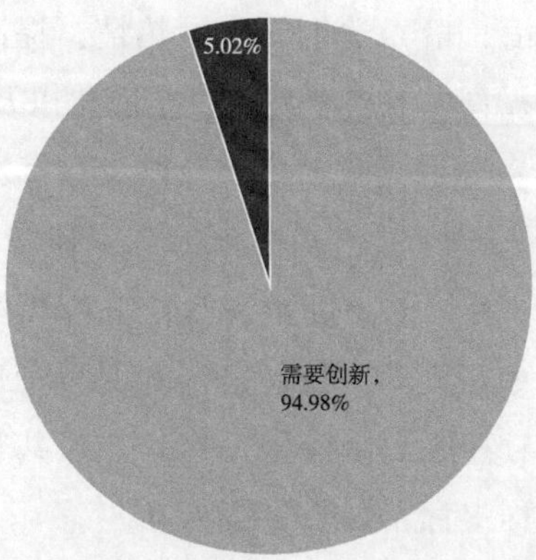

图 1-8　学生对《军事理论》课改革创新的诉求

另外，受访者对改革创新的要求主要集中在“理论结合实际，增加案例教学”“教学形式多样化”“增加师生互动”和“大班教学改为小班”四个方面，分别占比为67%，67%，40%和26%（如图1-9）。由此可见，传统的教学方式已经不能得到同学们的认可，对同学们《军事理论》课程学习的促进效果有限，应该通过创新教学方式改善提高《军事理论》课程的育人效果。

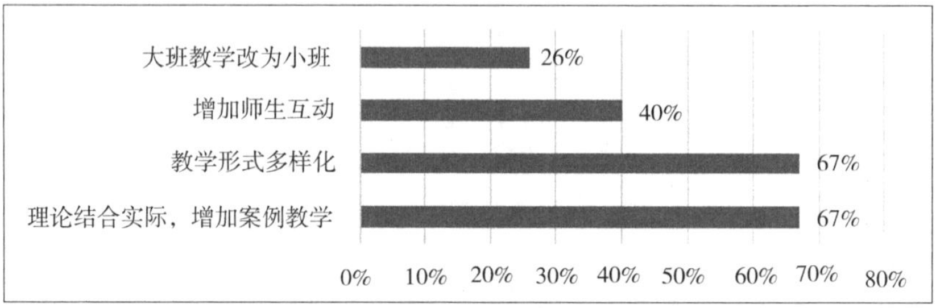

图1-9 学生对《军事理论》课改革创新方式的选择

三、高等院校《军事理论》课的建设方向

1. 加强《军事理论》课程设置的普及性以促进育人效果的全局化

对于普通高等院校学生来说，《军事理论》课程应当贯穿于高等教育的全过程，覆盖各专业、各年级的学生，通过必修类公共基础课程、校级选修课程、国防教育讲座等形式进一步加大教育的覆盖面和时间跨度，引导学生多关注军事新闻和时事政治，培养学生的爱国热情，提高学生的国防意识，从而实现《军事理论》课程育人效果全局化、全面化以及全程化。

2. 突出《军事理论》课程建设的重要性以提高育人效果的影响力

正如调研中学生普遍共识的，《军事理论》课程作为一门重要的必修公共基础课程，应当得到高等院校的高度重视，校方应当给予组织上的保障以及经费上的支持，需委派专人负责，制定完善的课程管理制度，配套优质教学资源，提供科研平台，与其他必修课程一样，齐抓共管，提高重视程度，从而提高《军事理论》课程中育人效果的影响力。

3. 结合《军事理论》课程内容的时政性以提高育人效果的针对性

国防军事类知识具有十分明显的时政性，所以《军事理论》课程教学内容不能生搬硬套课本上的理论知识及内容，要结合重大时政要闻，紧扣相关重大节日，将学生关心的军事热点问题和敏感话题作为学生学习的“引子”，通过深入浅出地剖析打动学生的心灵，引导学生客观、理性地看待问题，激发同学们爱国主义的精神和携笔从戎的满腔热情，从而加强《军事理论》课程的针对性。

4. 发挥《军事理论》课程教学的创新性以完善育人效果的实效性

通过调研发现，学生普遍不太认可课堂理论讲授的传统教学方法，而倾向于接受创新型的教学形式。结合军事技能训练，采用“理论实践”的教学模式开展实践性教学；举办各类国防教育活动，将教学贯穿于活动之中，开展娱乐性教学；紧扣军事热点问题进行启发和讨论，开展启发式和引导性教学，这一系列创新的教学方式方法均能激起学生的学习兴趣，从而不断提高《军事理论》课程的教学效果，进一步提高《军事理论》课程的实效性。

北京化工大学大学生国旗护卫队毕业生发展状况白皮书

一、前言

北京化工大学国旗护卫队高度重视队员的发展状况。国旗护卫队作为一支特殊而且重要的学生组织，其毕业生发展状况是我校人才培养实效性的重要反映。

报告对国旗护卫队 2007 至 2016 届共 10 届毕业生的发展数据进行了汇总和梳理，建立了国旗护卫队毕业生发展状况大数据库，分析了国旗护卫队毕业生发展的主要特点，为今后我校国旗护卫队的建设发展与人才培养提出了意见和建议，对队伍的建设发展具有重要意义。

1. 报告数据来源说明

报告采用的数据主要来源于以下几个方面：

（1）2007 届至 2016 届毕业生发展数据。自 2007 届至 2016 届，国旗护卫队已有 10 届毕业生，其中 2007 届 26 人，2008 届至 2012 届各 30 人，2013 届 38 人，2014 届 39 人，2015 届、2016 届各 38 人。本次调查的范围涉及到国旗护卫队全部 329 名队员中的 311 名，其余 18 人仍在联系中。

（2）2011 年至 2015 年学校党员统计数据。

（3）《2014 届北京化工大学毕业生就业状况白皮书》。

（4）《2015 届北京化工大学毕业生就业状况白皮书》。

报告的撰写得到了校长助理宋来新老师的亲切关怀，宋老师多次亲自过问国旗护卫队队员的发展情况和国旗护卫队队伍大数据的建设情况。学生工作办公室主任商云龙老师、武装部部长丛迪老师给予了具体指导。国旗护卫队指导老师齐放、岳燕飞、刘福格、王嵩林、付婷婷、贾雨川、白志玮、张建、杨忠民为报告的撰写提供了大量基础数据，做了大量前期工作。在此一并表示感谢。

二、国旗护卫队育人实效概述

成立于2004年9月的北京化工大学国旗护卫队，在学校党委的领导下，在学校武装部、团委和机电学院的大力支持下，秉承“责任、忠诚、荣誉”的核心精神，成功地执行了包括国庆60周年首都群众游行在内的重大任务100余次，日常升旗任务4000余次，向国家和社会输送了10届共329名优秀的毕业生。2014年5月，学校被推选为北京高校国防教育协会国旗教育分会理事长单位。

我校国旗护卫队已经成为弘扬校园军旅文化，推动全民国防教育，服务学校人才培养的一支重要力量。

队伍建设硕果累累。成立十余年来，我校国旗护卫队获得了包括“全国五四团支部”“全国校园文化建设成果一等奖”在内的国家级荣誉2项；包括“北京高校国旗仪仗队检阅式一等奖”“北京市先锋团支部”在内的省部级以上荣誉45项。成立十余年来，国旗护卫队执行了各类升旗任务4000余次，组织参加各类学习教育活动100余场，年参与人数达到15000人次；成立十余年来，国旗护卫队社会实践地域覆盖了山东、江苏、江西等10余省市，建立了校外爱国主义教育基地12个，社会实践总行程超过10000千米；国旗护卫队涌现出校级、院级学生会主席、副主席7名；国旗教育活动相关新闻微信转发总量达到12000次。

队员得到历练成长。目前，我校国旗护卫队队员的推免攻读研究生的比例超过25%，党员比例达到58%，队员中获得奖学金的比例达到100%。在国旗护卫队已经毕业的329名国旗护卫队队员中，有119人获得硕士、博士学位，有137人已成为了企业中流砥柱。

育人实效得到肯定。国旗护卫队的育人实效得到全校师生、社会公众的高度认可。时任中共中央政治局常委、中纪委书记贺国强同志，国务院副总理刘延东同志亲切接见了国旗护卫队队员；学校党委书记王芳教授亲自参加历届国旗护卫队毕业生座谈会；学校当选北京高校国防教育协会国旗教育分会理事长单位；同时，国旗护卫队的建设成果更是被新华网、人民网、凤凰网、《中国教育报》、北京电视台等媒体报道。

目前，我校国旗护卫队已经成为校园中一股发声有力、为师生所认可的，传播爱国主义精神的正能量；同时，培养了一批青年学生骨干，塑造了他们的人格品质，提升了他们的素养能力，推动了校园军旅成才文化建设。

三、毕业生发展状况总览

本章介绍了国旗护卫队自建队以来历届毕业生发展状况的总体情况，并按照深造、就业两大类，攻读硕士、攻读博士、国外深造、国内深造、国有企业就业、政府机关就业、事业单位就业、外资企业就业、民营企业就业、村干部创业、参军入伍国外就业等13个小类进行了统计，如表3-1所示。

表3-1 国旗护卫队毕业生发展状况总览

分类	人数（个）	比例（%）	详细去向	人数（个）	占深造比例（%）
深造	119	38.26	硕士	111	93.28%
			博士	8	6.72%
			国外深造	27	21.85%
			国内深造	92	78.15%
分类	人数（个）	比例（%）	详细去向	人数（个）	占就业比例（%）
就业	192	61.74	国有企业	82	42.71%
			政府机关	6	3.13%
			事业单位	34	17.71%
			外资企业	13	6.77%
			民营企业	48	25.00%
			村干部	1	0.52%
			创业	1	0.52%
			参军入伍	2	1.04%
			国外就业	5	2.60%

总的来看，国旗护卫队毕业生中61.74%的学生在毕业时选择了就业，38.26%的学生在毕业时选择了继续深造。

但2007届至2011届学生深造就业情况，与2012届至2016届学生深造、就业情况存在显著不同，详见报告后文。

四、深造情况

1. 国旗护卫队毕业生深造总体情况

在毕业后选择继续深造的 119 人中，67.22%的国旗护卫队毕业生选择留在北京高校继续深造，而 21.85%的国旗护卫队毕业生选择在国外高校继续深造。

选择在北京深造和去国外深造，成为国旗护卫队毕业生继续深造的两个主要选择。如表 4-1 所示，在北京地区深造，以本校（北京化工大学）占主要比例；在国外高校深造，以美国高校占主要比例。

表 4-1　国旗护卫队毕业生深造总体情况

深造地域	人数（个）	占深造比例（%）	所在学校	人数（个）	占深造比例（%）
京内	80	67.22	北京化工大学	70	58.82
			其他学校	10	8.40
京外	12	10.08	京外学校	12	10.08
国外	27	21.85	美国	16	13.44
			其他地区	11	9.32

2. 国旗护卫队毕业生深造在人数、地域、学历和选择学校方面的纵向变化

如图 4-1 所示，2007 年以来，国旗护卫队队员在毕业后选择继续深造的人数比例呈现逐年上升趋势。特别是 2012 届毕业生继续深造人数显著上升，较 2011 届毕业生增长近 50 个百分点，达到 66.67%。继续深造的人数比例超过就业的人数比例。而近三年来，继续深造的人数比例更是保持在 64%左右。

近三年来，选择在国内继续深造的人数比例有下降趋势，2015 届较 2014 届下降了 10 个百分点，2016 届较 2015 届下降了近 2 个百分点。在国外继续深造的比例略有上升，2015 届较 2014 届上升了 10 个百分点，2016 届与 2015 届基本持平。

继续深造人数比例的总体上升，与当前的学校育人工作的总体布局、就业形势均有一定关系。同时，学校、校外教育机构为学生提供了更多去往国外高校继续深造的机会，这也对国旗护卫队毕业生继续深造产生了影响，有更多的人选择去国外深造。

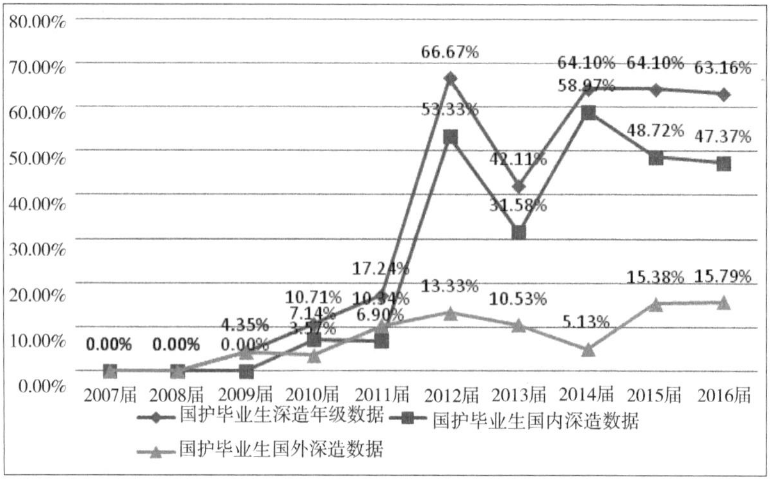

图 4-1　历届毕业生深造人数与地域变化趋势

本报告所指的深造层次，是指队员毕业后立即就读的学历层次。2007 年以来，国旗护卫队毕业生深造层次总体来说以硕士为主。2011 届以前，攻读博士学位的毕业生高于攻读硕士学生的毕业生。自 2012 届以后，国旗护卫队攻读硕士学位的毕业生多于攻读博士学位，且在 2014 年以后，攻读硕士学位的毕业生比例基本保持稳定，直接攻读博士比例下降明显，近三年无人在毕业后直接攻读博士，如图 4-2 所示。

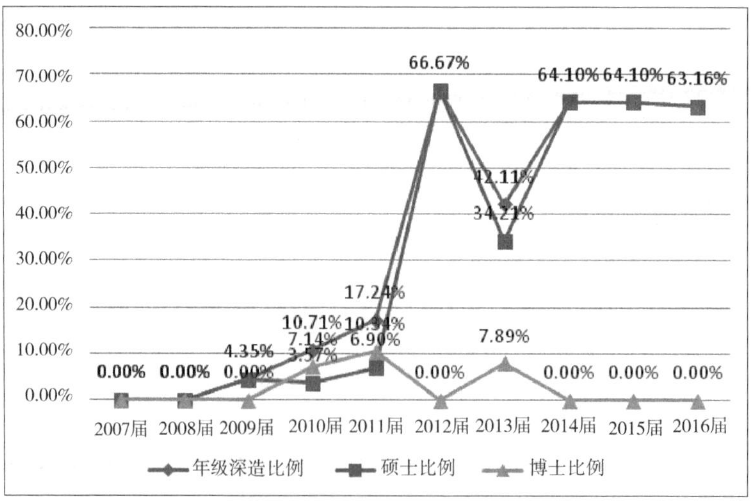

图 4-2　国旗护卫队毕业生深造层次变化趋势

如图 4–3 所示，2011 届以前，国旗护卫队毕业生继续深造选择院校以外校为主，2012 届以后，国旗护卫队毕业生继续深造选择院校以本校为主，但选择本校与外校的人数变化在五年间形成了犬牙型分布，起伏较大。2016 届国旗护卫队毕业生中，选择本校深造与选择外校深造的人数持平。

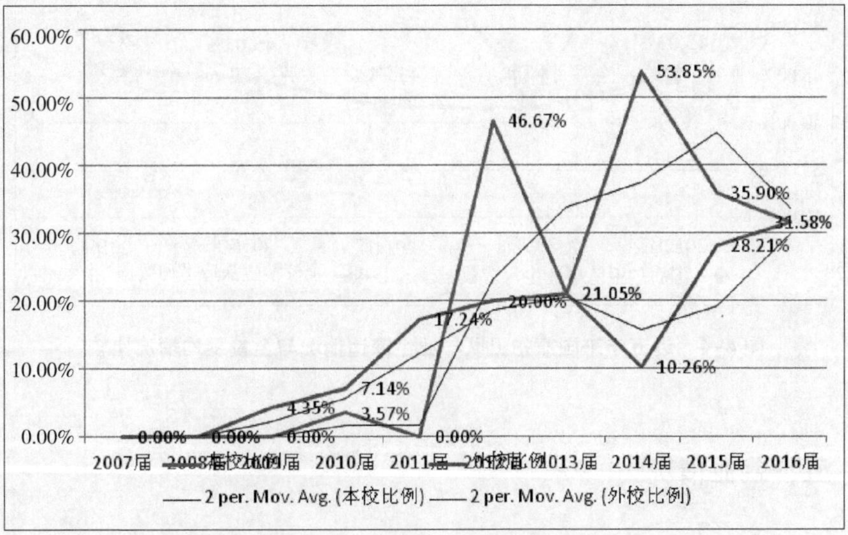

图 4–3　国旗护卫队毕业生深造选择学校变化趋势

3. 国旗护卫队毕业生深造人数比例与全校本科生平均深造情况的横向对比

如图 4–4 所示，近五年来，国旗护卫队毕业生深造比例约在 64%左右，全校本科生深造比例约在 43%左右。国旗护卫队学生在毕业后选择继续深造的比例显著高于学校平均水平。

按照学校建设“双一流”大学的总体布局，提高研究生就学比例是其中重要的一项内容。近年来，国旗护卫队毕业生继续深造人数比例的增加，符合学校人才培养的总体需求，也反映了学校在进行国旗护卫队人才培养过程中注重提高学生综合素养的相关工作的效果。

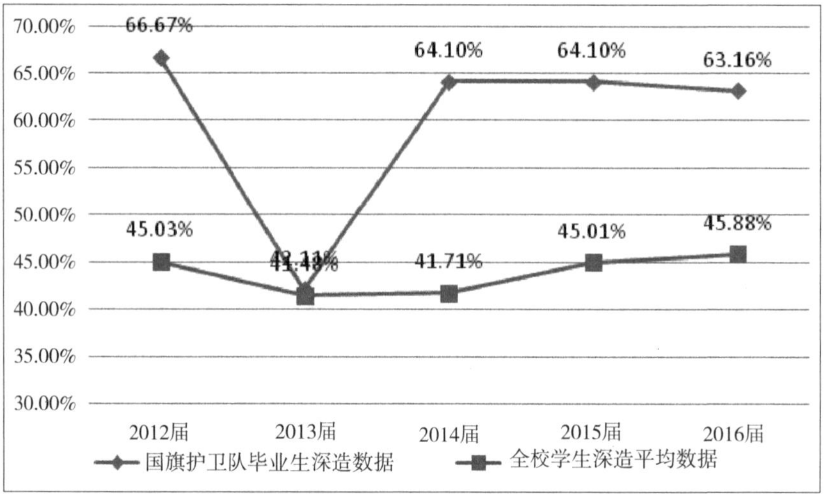

图 4-4 近五年来国旗护卫队毕业生深造情况与全校平均情况比较

五、就业情况

本章介绍了国旗护卫队毕业生就业流向，从就业地域流向和就业单位性质两个方面进行了分析。

1. 国旗护卫队毕业生就业总体情况

目前，国旗护卫队毕业生就业累计 192 人，占总人数的 61%。其中 2007 届至 2011 届毕业生中就业比例高于继续深造比例，而 2012 届至 2016 届毕业生中就业比例低于继续深造比例。

由于我校“大化工”行业背景和专业优势，大部分毕业生就业于能源化工、工程制造等行业；在单位性质上，国有企业、民营企业、事业单位成为毕业生的主要流向。

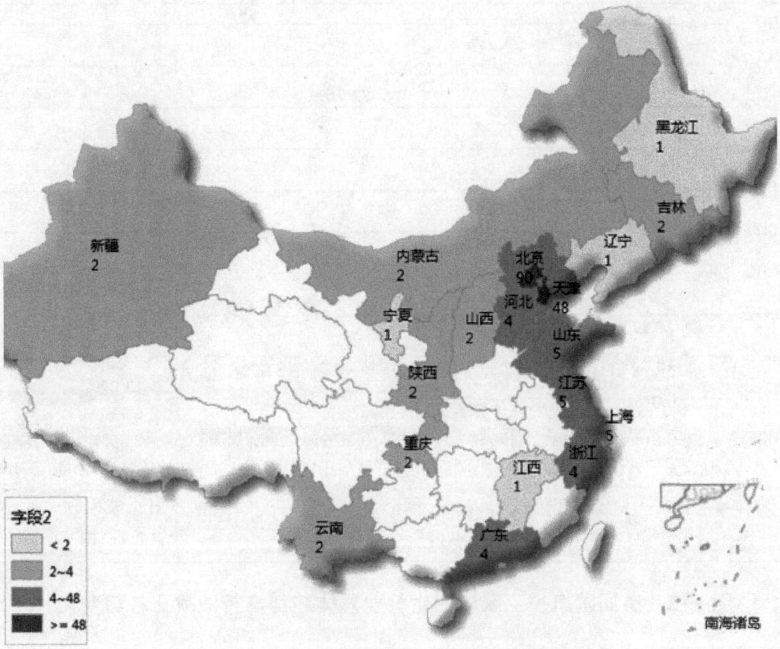

图 5-1 历届国旗护卫队毕业生就业地域分布

2. 国旗护卫队毕业生就业人数比例与行业选择变化纵向对比

如图 5-2 所示，2007 年以来，国旗护卫队毕业生就业人数呈现总体下降的趋势，特别是从 2011 届至 2012 届期间，就业人数比例出现了较大程度的滑落。在国有企业、政府机关、事业单位就业的学生人数比例呈现了下降趋势，而在民营企业、外资企业就业的学生人数比例则呈现上升趋势。这些与国家整体的经济环境、就业环境都具有较大的相关性，越来越多的学生选择更加多元的就业岗位、工作环境。

在 2016 届国旗护卫队毕业生中，出现首例创业案例（文法学院，郭广清，与他人合伙在南京创办体育发展文化公司）。

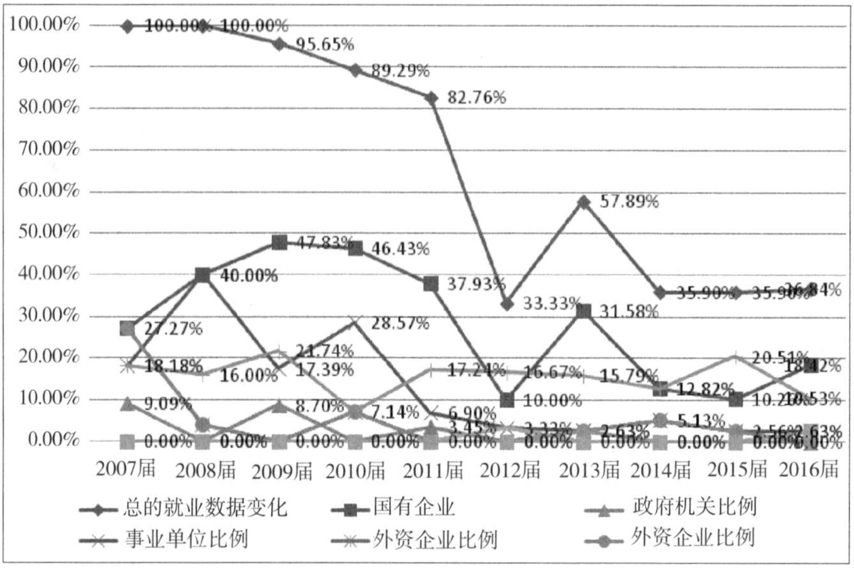

图 5-2 历届国旗护卫队毕业生就业总体趋势与行业就业趋势变化

3. 国旗护卫队毕业生就业地域变化纵向对比

如图 5-3 所示：(1) 在京津冀就业的队员构成了国旗护卫队毕业生就业的主体。(2) 国旗护卫队毕业生就业地域选择方面，在京津冀地区就业的比例显著高于在其他地域就业的比例。(3) 在京津冀地区就业的队员比例逐渐呈现下降趋势，从 2009 届的 82.61%，下降到 2016 届的 28.95%，总体下降近 54 个百分点。人数比例的下降说明有更多的队员走向了京津冀之外的地区。(4) 2008 届至 2012 届期间，在东部发达地区就业的队员比例显著高于在中西部和东北地区就业的队员比例。但在 2012 届之后，这些地区的就业人数比例逐渐趋同。这说明，国旗护卫队毕业生在京津冀之外的区域进行就业区域选择时，区别度正在降低。国旗护卫队毕业生就业地域的变化，与国家、学校呼吁大学生走向基层、走向西部的号召相一致，这些可能与就业政策和学校日常的就业价值观教育都存在一定的关系。

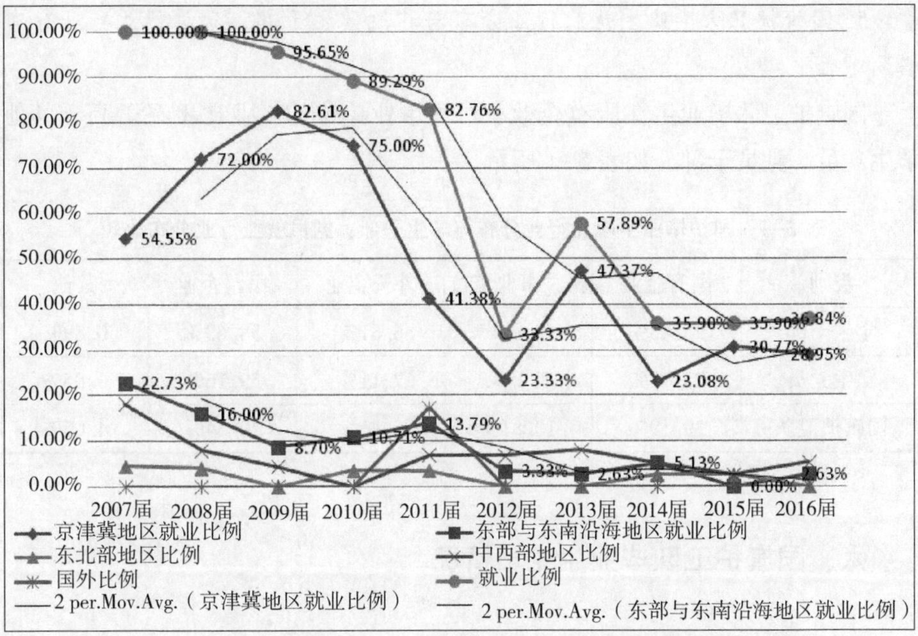

图 5-3　历届国旗护卫队毕业生就业地域变化趋势

4. 国旗护卫队毕业生就业情况与全校本科生平均就业情况的横向对比

如图 5-4 所示，自 2012 届以来，国旗护卫队毕业生就业人数比例总体低于全校本科生平均就业比例。除 2013 届以外，2012 届、2014 届至 2016 届国旗护卫队毕业生就业的比例基本低于全校平均水平的 17 个至 18 个百分点，学生选择继续深造的人数比例较高。

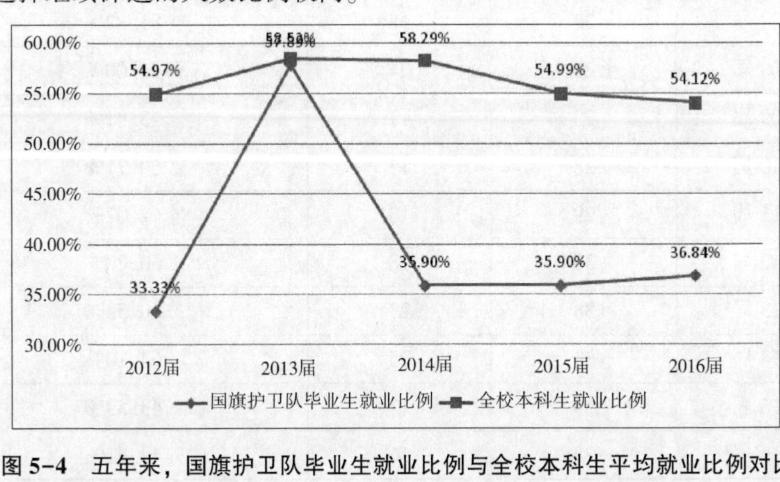

图 5-4　五年来，国旗护卫队毕业生就业比例与全校本科生平均就业比例对比

5. 国旗护卫队毕业生就业行业分布与其他学生干部、党员就业行业分布横向对比

国旗护卫队毕业生在国有企业、机关事业单位的就业比例显著高于其他学生党员、党员干部，如表 5-1 所示。

表 5-1　国护毕业生就业行业分布与学生干部、党员就业行业分布比较

类别	国有企业	机关事业单位	外资企业	民营企业	其他
学生干部	25. 45%	8. 67%	6. 81%	58. 63%	0. 89%
学生党员	25. 07%	8. 25%	7. 11%	59. 16%	0. 85%
国旗护卫队	39. 19%	10. 81%	5. 41%	40. 54%	4. 05%

六、国旗护卫队毕业生党员情况

1. 国旗护卫队毕业生党员比例总体情况

党员队伍是保证国旗护卫队建设方向、发展本色的重要力量。2014 年，学校党委下发文件批准成立北京化工大学国旗班党支部，为国旗护卫队的发展提供了重要的政治保证。

表 6-1　国旗护卫队毕业生党员比例总体情况

年级	年级总人数	党员数	国旗护卫队毕业生党员比例
2007 届	22	18	81. 82%
2008 届	25	24	96. 00%
2009 届	23	17	73. 91%
2010 届	28	17	60. 71%
2011 届	29	18	62. 07%
2012 届	30	18	60. 00%
2013 届	38	23	60. 53%
2014 届	39	25	64. 10%
2015 届	39	17	43. 59%
2016 届	38	16	42. 11%

2. 国护毕业生党员人数比例与全校本科生党员平均人数比例横向对比

如图 6-1 所示，国旗护卫队 2007 届至 2009 届毕业生党员比例较高，达到 70%以上。2010 届至 2014 届，毕业生党员比例保持在约 60%。2015 届、2016 届党员比例约为 42%。国旗护卫队党员比例始终显著高于全校本科生党员平均人数比例。自 2013 年以来，国旗护卫队党员人数比例与全校本科生党员平均人数比例均呈现下降趋势。这是因为 2013 年党的十八大以来，中央对大学生入党工作提出更高要求，确保质量，学生党员比例出现下降。

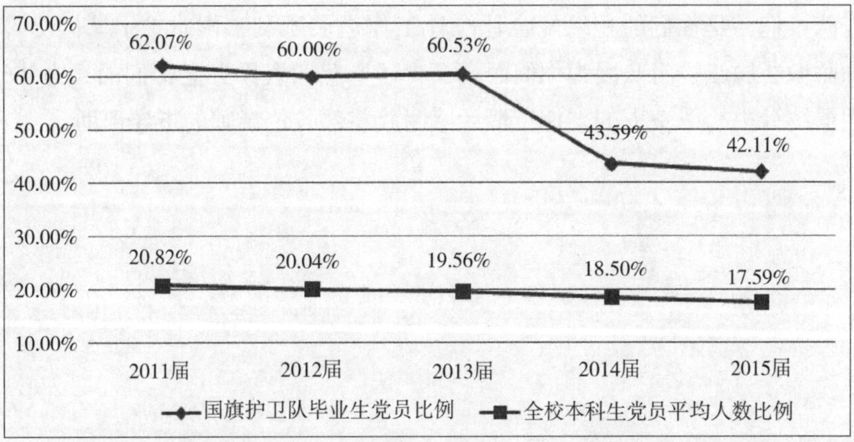

图 6-1　国旗护卫队毕业生党员比例与全校本科生党员平均人数比例对比

七、结束语

国旗护卫队毕业生既是国家和社会的栋梁之材，也是学校的宝贵财富，更是我校国旗护卫队实现再发展的重要依靠。

武装部将构建“国护大数据发展平台”，汇总、分析、统筹国护发展过程中的队员招募信息、训练信息、赛事信息、拓展信息、政策信息、文化建设信息、毕业生发展信息等，挖掘整合队伍建设资源，总结完善科学训练方法，不断增强队伍建设内涵，更好地服务队员成长成才，推动我校国旗护卫队实现新发展。

致　谢

《北京化工大学国旗护卫队毕业生发展状况白皮书》具有非常重要的指导意义，可以清晰总结过去，更能展望未来。《北京化工大学国旗护卫队毕业生发展状况白皮书》中数据的统计工作要感谢历届国旗护卫队指导老师的大力协助，是他们建立起学校和队员们之间的桥梁；同时感谢历届国旗护卫队的所有队员们，是你们的积极配合让统计工作进展顺利，国旗护卫队因为你们感到骄傲，国旗护卫队因为你们而自豪；还要感谢资助办老师们的大力协助，在数据统计中给予莫大的支持；最后感谢武装部各位老师的指导帮助。

实施“爱国主义+”行动服务国民教育
切实增强爱国主义教育的实效性

——北京化工大学大学生国旗护卫队爱国主义教育基地建设成果

一、基地设计理念

习近平同志在中共中央政治局第二十九次集体学习时指出：“爱国主义是中华民族的精神核心，是中华民族的精神基因，维系着华夏大地上各个民族的团结统一，激励着一代又一代中华儿女为祖国发展繁荣而不懈奋斗。”爱国主义是思想政治教育历久弥新的永恒主题，同时也是社会主义核心价值观的首要原则与重要基础，是培养和践行社会主义核心价值观的动力之源。

当前，改革进入深水区，而在我们的意识形态领域和国民教育当中，也出现了更多、更新和更复杂的情况与问题，爱国主义正面临着巨大的挑战。探索更具时代特征、更具育人成效的爱国主义教育方式方法，既是高等教育面临的一项重大课题，更是国家发展中的一项重大战略选择，具有鲜明的时代特征和重要的时代意义。作为社会主义核心价值观重要的培育者和践行者，高校在其中具有责无旁贷的政治责任与历史使命。

依托大学生国旗护卫队建立爱国主义教育基地，既是爱国主义教育在新形势下创新教育载体，增强教育实效的具体探索，也是大学生国旗护卫队履行使命、承担责任，主动探索自身建设发展道路的生动体现。

国旗护卫队德育创新基地（以下简称“国旗护卫队”）的使命是：全面推动以国旗教育为引领，以历史观、民族观、国家观、文化观为主要内容的，面向全体师生和社会公众的爱国主义教育，不断增强全体师生、社会公众的民族归属感、认同感、尊严感和荣誉感，提高国民教育的质量和水平。并且在这个过程中，积极开展爱国主义教育在新形势下的理论探索与实践探索。

融合观念、融合资源、融合方法，是打破传统格局，生动传播爱国主义精神，实现爱国主义以理服人、以文化人、以情感人的重要探索。一期建设以来，国旗护卫队实施了“爱国主义+”行动，即全面加强队伍建设发展与校园文化、人民军队、社会资源、党团建设、互联网技术的深度融合，从制度、训练、教学、文化、技术等各方面实现校园内外、课堂内外、军营内外、线上线下的连接配合，创新工作载体、拓展工作网络、强化工作情感，使爱国主义更加鲜活、更加真实地贯穿于国民教育全过程，增强了爱国主义教育实效。

一期建设以来，国旗护卫队的文化建设成果和育人成效均非常显著。国旗护卫队在北京高校国旗教育乃至国防教育工作中产生了较强的影响力，成为北京高校中弘扬红色信仰、唱响时代主题、彰显青年志向的一面旗帜，形成了爱国主义教育的良好生态，在培养学生爱党爱国意识、责任奉献意识、追求卓越意识、感恩知报意识，以及学习实践能力、环境适应能力、表达沟通能力、团队合作能力和领导力中做出了自己应有的贡献。

二、基地模式概述

国旗护卫队由学校人民武装部进行指导管理。《北京化工大学国旗护卫队章程》是队伍进行人员管理、队列训练、项目运行、结果评估的根本依据。

国旗护卫队指导教师，是面向全校辅导员公开选拔，择优聘任的。由国旗护卫队指导教师负责队伍的日常管理工作。一期建设以来，国旗护卫队已选聘 10 名优秀辅导员担任指导教师。

国旗护卫队队员实行入队宣誓和毕业退队制度。一期建设以来，国旗护卫队已培养四届，共 152 名青年学生骨干。队内设立队长、团支部书记，以及训练、纪检、宣传、办公等四个相关职能部门，负责队伍日常工作。

目前，国旗护卫队已经建立了从学校主管部门，到指导教师，再到主要学生干部共同参与的三级管理体系。建立了包括队训、队歌、入队誓词、VI 视觉识别系统、军事服饰装备，以及《章程》在内的具有鲜明符号标记特征的队伍文化体系。建立了常态化的队员联系机制和大数据搜集整理和汇报机制。

国旗护卫队通过执行包括学校开学典礼、毕业典礼、军训开训结训，学院“院周”升旗仪式等校内外重大升旗任务，举办国旗、国防相关知识讲座与论坛，开展社会实践，进行结对共建和校内外训练展示，参与北京高校国旗教育活动，普及国旗文化，开展以历史教育、民族教育、文化教育、国防教育、公民教育为主要内容的爱国主义教育，引领校园正气、塑造学生人格、提高学生能力、服务学校育人，形成了包括“我是旗手”“旗手讲堂”“铿锵旗手行”在内的等多个具有影响力的品牌活动。

2015 年，为了进一步加强队伍发展与党团基层组织建设、校园文化、社会资源的深度融合，探索队伍建设发展的新思路、新途径，学校在国旗护卫队的基础上建立了国旗班，实施了旨在提升学生综合素养，增强爱国主义教育实效的“国旗班卓越人才培养计划”。该计划从党团组织建设、第二课堂教学、品牌活动建设、科技创新平台建设和教师学生激励体系建设等五个方面进行了总体布局，提出了更多具体措施，将国旗护卫队建设提高到了一个新的水平，为爱国主义教育在新形势下的实践探索提供了更多参考依据。

自建立以来，国旗护卫队便受到了各级领导的重视与关怀：国旗护卫队曾在 2012 年受到时任中共中央政治局常委、纪委书记贺国强同志，以及国务院副总理刘延东同志的亲切接见；学校党委书记王芳教授历年来亲自参加国旗护卫队队员的毕业生座谈会；学校党委副书记兼副校长任新钢教授、校长助理宋来新教授受聘担任基地名誉顾问；学生工作办公室、武装部、团委相关负责领导受聘担任基地顾问。

国旗护卫队是学校德育创新基地的依托载体，同时还是北京高校国防教育协会国旗教育分会的指导共建单位，是北京高校大学生国旗护卫队联盟核心成员。自建立以来，国旗护卫队便成为校内外部门、学院、企业开展爱国主义教育的长期合作单位，成为国旗文化、优秀青年文化和军旅成才文化的重要输出组织，成为学校开展爱国主义教育的一张名片。

三、基地分析评估

实施“爱国主义+”行动，不断加强与校园文化、人民军队、社会资源、党团建设、互联网技术的深度融合，为爱国主义教育提供更多的资源和平台，使爱国主义教育更具时代特征、更有丰富内容、更有生动载体，使爱国主义精神在广大师生、社会公众的心中牢牢扎根，特别是培养广大青年学生爱国之情、砥砺爱国之志、实践报国之行，已成为国旗护卫队组织开展各项活动的根本宗旨与核心内容。

1. 与校园文化建设深度融合，凝练国旗护卫队的文化内核，丰富爱国主义的文化观教育内容，提升国旗护卫队的文化软实力。

增强自身的文化软实力，以文化人，是国旗护卫队的重要使命。队伍要参与校园文化建设，以文化人，首先要有自己的文化。国旗护卫队的队伍文化集中体现为队员的共同价值观，即“责任、忠诚、荣誉”的“国护精神”，具体体现为：弘扬军旅文化、引领校园正气、敢于挑战自我、崇尚集体荣誉。

“国护精神”由历届国旗护卫队形成和传承而来。在“形成”环节，队员具有“同学、同训、同胜、同败”的共同经历。共同的学习、训练、竞赛、惜败经历，使队员更加团结，使他们在细节中体会对队伍的责任、对集体的荣誉和对国家的忠诚。在“传承”环节，队伍每年都要举行隆重的毕业生退队和新队员入队仪式。在仪式上，老队员汇报工作，谈及感受，以摘掉臂章代表队员正式退队。老队员对新队员的影响润物无声，使他们感受老队员对国旗护卫队的真挚情感，使他们了解国旗护卫队队员应有的责任与精神。队伍能够汇聚优秀人才、实现持续发展的根本原因，就在于不断沉淀、不断发展，并且铭记于每名队员心中的“国护精神”，而这种精神正是国旗护卫队队伍文化的内核所在。

队伍文化既体现在历届队员形成与传承的“国护精神”当中，也体现在包括队歌、入队誓词、VI视觉识别系统、军事服饰装备以及《章程》在内的具有鲜明特征的文化符号当中。这些共同构成了国旗护卫队的队伍文化体系，共同形成了国旗护卫队的文化软实力。

队伍文化是国旗护卫队的软实力，更是爱国主义文化观教育在国旗护卫队队员身上的具体体现，是队员对于爱国主义的深刻理解与生动诠释。

带着这样的理解与诠释，国旗护卫队队员积极参与到学校、学院各项活动当中，普及国旗知识、宣传国旗文化、开展爱国主义教育。基地组织国旗护卫队执行校内外200余次升旗任务，多次进行训练展示，在校园中形成了一道亮丽的“国护风景”；“国旗班卓越人才培养计划”第二课堂教学计划，邀请校内外名师专家进行专题授课，课程不仅面向国旗护卫队队员，更面向全校师生开放；队伍邀请校内外师生参加国旗护卫队毕业生退伍和新队员入队仪式，感受“国护精神”、队伍文化。

2. 与人民军队深度融合，提高队伍技术水平，塑造队伍的精气神，丰富爱国主义的国家观教育内容，增强国旗护卫队的核心竞争力。

“半军事化”是国旗护卫队的突出特色与核心优势。国旗护卫队历来高度重视与天安门国旗护卫队和解放军三军仪仗队这两支“国家队”在队列技术训练上的共建合作。

一是利用课余、假期组织开展实训，邀请天安门国旗护卫队队员、解放军三军仪仗队队员到校内和训练基地，与队员同吃同住，对队员进行现场技术指导。这种方式不但显著提高了队员的队列技术水平，而且能够让队员近距离、长时间感受国内最高队列水平队员的精气神，学习他们对于自己的严苛要求，感受这些人民子弟兵身上的国家观念。

二是积极参与到天安门国旗护卫队和解放军三军仪仗队的队伍建设当中，发挥国旗护卫队队员的知识优势、视野优势，为天安门国旗护卫队队员、解放军三军仪仗队队员进行计算机、英语、写作辅导，为他们带去高校新风。同时，根据天安门国旗护卫队和解放军三军仪仗队需要，由基地协调邀请校内专家老师为他们进行专题讲座。基地定期组织国旗护卫队之外的青年学生前往天安门国旗护卫队和解放军三军仪仗队所在地进行参观、学习，体验军人生活训练情况，感受真实军营文化，传播当代军人正能量。

三是广泛吸纳优秀退伍大学生士兵加入国旗护卫队，为国旗护卫队注入新鲜正能量。一方面，优秀退伍大学生士兵具有良好的队列基础，他们的加入显著提高了队伍整体的队列技术水平；另一方面，优秀退伍大学生士兵兼具士兵和大学生的身份，他们成为基地与普通学生之间的纽带，成为爱国主义最有利、最可靠的传播者。近年来，已有包括在解放军三军仪仗队服役、参加过“9·3”大阅兵的曹洋，在武警部队服役、多次立功并在部队入党的赵金明等优秀退伍大学生加入国旗护卫队，成为队员兼技术教官。

四是组织国旗护卫队队员前往我校大学生入伍服役基层部队，代表学校看望慰问入伍学生，并与基层部队建立长期联系，同时使他们感受一线基层部队生活，更深刻地认识军营，认识军人，接受最接地气的国防教育和爱国主义教育。邀请现役部队首长、教官担任基地校外辅导员，拓展国旗护卫队的爱国主义教育资源。

自2012年以来，国旗护卫队连续获得北京高校第三届、第四届和第六届国旗护卫队仪仗队检阅式一等奖，队长韩长坤更是获得北京高校首个“最佳队长”荣誉称号。

3. 与社会资源深度融合，拓展教育平台，丰富爱国主义的历史观与民族观教育内容，拓展队员视野，不断增强队伍在教育学习活动中的影响力。

了解社会、认识社会，是国旗护卫队队员学生服务社会、服务国家的重要基础，也是队员作为爱国主义教育的火种影响和带动身边师生、社会公众的前提条件。

一期建设以来，国旗护卫队实施了“铿锵旗手行”社会实践项目，鼓励和支持队员走向社会、认识社会。同时，国旗护卫队也开展了多种形式的爱国主义教育活动。

近年来，国旗护卫队组织队员分赴辽宁、山东、山西、浙江、江苏、湖南、上海等地的爱国主义教育基地开展社会实践，倾听历史的伟大声音，感受民族的发展之路，接受正确的历史观与民族观教育。队伍与包括南京大屠杀纪念馆、宋庆龄故居、刘少奇故居等多个爱国主义教育基地签署共建协议，弘扬了国旗文化，宣传了“国护精神”，拓展了国旗护卫队开展爱国主义教育的平台。回校之后，社会实践团队将自己所接受的历史观与民族观教育的内容通过图片、视频、微信的方式再传播给广大师生，扩大教育的影响力。

近年来，国旗护卫队还举办“红色信仰”专题宣讲会、“国旗下讲话”主题教育活动100余场，受到共建单位好评。国旗护卫队组织的社会实践项目，多次获得北京市和学校嘉奖，多次获评“首都高校社会实践优秀项目”。

国旗护卫队是北京高校国防教育协会国旗教育分会的指导共建单位，并且是在北京高校建立的第一个以爱国主义为主题的德育创新基地，这些都为国旗护卫队的建设、队员的发展提供了更多资源、更大平台。

目前，国旗护卫队承办了包括北京高校国旗教育协会国旗教育分会成立大会、北京高校第五届国旗仪仗队风采展示活动等多个市级活动，在锤炼队伍的同时，扩大了队伍的影响力。国旗护卫队积极参与北京高校，乃至全国高校国旗教育相关活动。国旗护卫队队伍文化建设工作曾获评“全国校园文化建设成果一等奖”。学校亦在2014年当选为北京高校国防教育协会国旗教育分会理事长单位，为国旗护卫队的发展提供了更好的发展机遇。

4. 与党团建设深度融合，提高队伍组织建设的水平，将国旗护卫队建设成为一支具有坚定政治信仰的传播爱国主义精神的可靠队伍。

2015 年，学校建立了首批五个基层学生组织党支部，“国旗班党支部”便是其中之一，这也是“国旗班卓越人才培养计划”实施“五个一工程”的首要内容。

国旗班党支部的建立，切实提高了国旗护卫队的组织建设水平。国旗班党支部按照《中国共产党党章》规定，成立了支部委员会，设立书记、组织委员和宣传委员，并且根据上级党组织要求，由指导教师兼任支部委员。由党支部委员会负责国旗护卫队党支部的党建工作，向武装部汇报日常工作。

国旗班党支部的建立，确保了党对国旗护卫队工作的绝对领导，确保了国旗护卫队的正确发展方向，确保了将国旗护卫队建设成为一支具有坚定政治信仰的传播爱国主义精神的可靠队伍。国旗班党支部的建立，对国旗护卫队建设的思路和水平、日常工作的程序和标准、指导老师的个人素养、国旗护卫队队员的选拔培养都提出了更高更严格的要求，也促使国旗护卫队对爱国主义教育的认识上升到党的建设、国家发展的高度。

国旗班党支部建立后，国旗护卫队开设了“旗手讲堂”。“旗手讲堂”包括“两课”，一课是邀请名师大家为队员讲时事、讲素养、讲价值观、讲方法论；另一课是指由队员自己讲国旗、讲时事、讲学业。一期建设中，“旗手讲堂”已开讲 100 余次。“旗手讲堂”的设立，要求国旗护卫队队员，特别是其中的党员骨干必须紧跟党的方针政策，要关注时事热点，要有更强的辨别大是大非的能力，要有更好的理解表达的能力。

在国旗班党支部之下，建立了国旗护卫队团支部，组织领导各年级队伍中团员的日常工作。国旗护卫队团支部曾被团中央授予“五四团支部”称号，并连续多年获得学校优秀团支部称号，多次获得“首都高校先锋团支部”称号，多名队员获得“北京市优秀团员”“北京市优秀学生干部”称号。

5. 与互联网技术深度融合，推动爱国主义精神的线上线下互动传播，助力国旗护卫队爱国主义教育旗帜品牌建设。

品牌建设是提升队伍影响力的重要途径，能够有效扩大爱国主义精神辐射群体，增强爱国主义教育的实效性。抓住互联网特点，与互联网技术实现深度融合，对于塑造国旗护卫队队伍品牌，推动爱国主义精神的线上线下互动具有重要意义。

一期建设以来，国旗护卫队实施了“多媒体线上宣传计划”。按照计划，队伍目前已开设网站，建立了新浪微博和“北化国护”微信平台，同时拓展了“北化国防”“北化榜样”和“北京化工大学”官微，使之成为自己的联合宣传平台，使基地活动报道更及时、更灵活，更接地气。

一期建设以来，“北化国护”微信平台关注人数达到3000人，推送新闻83期，整体转发量9200次；“北化国防”转载基地建设内容20期，整体转发量12000次。微信平台成为爱国主义文化观、历史观、国家观和民族观的重要传播途径。

四、学生反馈评价

国旗护卫队队伍文化建设成果和育人成效显著，成为在青年学生当中弘扬红色信仰、唱响时代主题、彰显青年志向的一面旗帜，亦成为国旗护卫队队员引以为傲的成长家园，成为在校园内外开展爱国主义教育、传播爱国主义精神的代言人。

国旗护卫队获得了包括“全国五四团支部”“全国校园文化建设成果一等奖”在内的国家级荣誉2项；包括“北京高校国旗仪仗队检阅式一等奖”“北京市先锋团支部”在内的省部级以上荣誉45项。

国旗护卫队开展的关于弘扬爱国主义精神的学习教育活动覆盖全校师生、共建企业单位，执行各类升旗任务1000余次，组织各类学习教育活动100余场，年参与人数达到15000人次；四年来，队伍社会实践覆盖山东、江苏、江西等10余省市，建立校外爱国主义教育基地12个，社会实践总行程超过10000公里；基地涌现出校级、院级学生会主席、副主席7名；国旗教育活动相关新闻微信转发总量达到12000次。

国旗护卫队队员的保研比例超过25%，党员比例达到70%，队员中获得奖学金的比例达到100%。在国旗护卫队已经毕业的260名国旗护卫队队员中，有78人获得硕士博士学位，有103人已成为了企业中流砥柱。2014年，在国旗护卫队成立十周年之际，已经毕业的队员更是悉数返校、欢聚一堂。

国旗护卫队切实为学生成长成才搭建了平台，提供了保障，在服务学校“三位一体”的拔尖创新人才培养，帮助学生塑造健全人格，培养学生卓越能力等方面发挥了重要作用；队伍切实成为学校培育和践行社会主义核心价值观，开展爱国主义教育，弘扬青春正能量的重要阵地；队伍切实地成为构建“大德育、大教育”体系的重要抓手。

国旗护卫队的育人成果得到全校师生、社会公众的高度认可。时任中共中央政治局常委、中纪委书记贺国强同志，国务院副总理刘延东同志亲切接见了国旗护卫队队员；学校党委书记王芳教授亲自参加历届国旗护卫队毕业生座谈会；北京高校国防教育协会提名我校为国旗教育分会理事长单位，并最终成功当选；同时，基地及国旗护卫队的建设成果更是被新华网、人民网、凤凰网、《中国教育报》、北京电视台等媒体所报道。

一期建设以来，国旗护卫队基本达到了建设目标，即在校内外全面推动以国旗教育为引领，以历史观、民族观、国家观、文化观为主要内容，以全体师生、社会公众为主要受众的爱国主义教育，成为校园中一股发声有力、为师生所认可的正能量；同时，培养了一批青年学生骨干，塑造了他们的人格品质，提升了他们的素养能力，推动了校园军旅成才文化建设。

五、基地未来计划

当前，国旗护卫队建设正面临着新的挑战与新的机遇。进一步发挥好国旗护卫队在开展爱国主义教育、传播爱国主义精神方面的积极作用，仍需要做好以下几个方面的工作：

一是把握时代特点，拓展更宽广的认知视野，建立更宏观的工作格局。从提出“两个一百年”奋斗目标，到布局“四个全面”战略；从“一带一路”经济发展战略，再到深化国防和军队改革。“深层次改革”成为当前国家发展的“新常态”。把握国家发展的总体战略布局，准确解读当前国内外政治经济军事的现象问题，才能够将爱国主义教育放在国家发展、国民教育的格局中去审视，使爱国主义紧跟时代步伐，才能科学布局爱国主义教育工作的宏观格局，才能使爱国主义教育具有生机活力，才能面对青年学生做到以理服人、以文化人、以情感人。学习、实践、再学习、再实践将成为国旗护卫队下一步工作的重要的常态化内容。

二是建立“大融合”教育理念。“爱国主义+”的核心理念便是“融合”。“融合”既包括工作思路的融合，也包括教育资源的融合，同时还包括教育方式方法、载体的融合。“融合”是在对思路、资源、载体进行科学整合后，所形成的方向统一的一股力量、一种作为。在二期建设中，一方面，我们将审视已有工作的科学性，提高融合的效率；另一方面，我们将在“大德育、大教育”的体系之下，探索建立“大融合”的教育理念，充分挖掘一切有利于开展爱国主义教育工作、传播爱国主义理念的资源、推动爱国主义精神进入我们生活学习的方方面面，推动爱国主义教育深入、持久、生动地开展。

三是要落实到具体工作，提高工作的精细化水平，推动爱国主义教育在广大师生、社会公众的心里扎根、开花、结果。爱国主义不是空中楼阁，5000多年来它始终推动着我们这个民族经历各种风险和考验。爱国主义教育不是空头支票，它需要全体国民高度重视，以行动来践行爱国主义，需要教育工作者以历史的使命感来扎实地做好每一项教育的具体工作。结合国旗护卫队的建设实际来讲，就是要俯下身来仔细观察、认真学习、科学设计、踏实工作。具体来讲，包括五个方面的内容：

1. 进一步健全基地管理运行制度，完善《北京化工大学国旗护卫队（爱国主义教育基地）章程》（以下简称《章程》）。《章程》是保证国旗护卫队能够科学有效运行的基础。目前运行的《章程》于2015年，经由国旗护卫队全体队员大会讨论通过。根据基地建设发展需要，《章程》还要在人员管理、组织建设、文化建设、队列技术训练等方面进行调整修订，使《章程》结构更加合理，内容更加科学，更加符合基地建设发展需要。

2. 进一步严格要求，保持严格的队列纪律和优秀的队列技术水平。严格的队列纪律和优秀的队列技术水平是国旗护卫队具有“半军事化”特色的主要原因，是帮助学生塑造健全人格，培养学生卓越能力的有效途径。要与天安门国旗护卫队和解放军三军仪仗队密切联系、紧密融合，学习他们一流的队列技术水平，学习他们优秀的队伍建设思想和严格的队伍建设标准。

3. 进一步完善“国旗班卓越人才培养计划”，从党团组织建设、第二课堂教学、实践学习等方面为学生成长成才搭建平台。自2015年以来，国旗护卫队实施“国旗班卓越人才培养计划”。基地在二期建设中，将进一步落实“国旗班卓越人才培养计划”的各项措施，加强国旗班党组织建设，充分发挥党组织的先锋模范作用；丰富第二课堂教学内容，邀请更多名师大家授课，拓展学生视野；继续打造“我是旗手”品牌活动，办好“旗手讲堂”，促使学生骨干形成有思想、能表达的能力；做好“铿锵旗手行”，为学生看世界、走天下提供平台；引导学生积极参与科研训练项目，不断提高他们的科学素养；落实“国旗班激励基金”，健全完善国旗班奖评体系。

4. 传承和发扬“国护精神”，继续丰富和发展国护文化成果。经过多年建设，“责任、忠诚、荣誉”的“国护精神”深入队员心中，也给广大师生留下了深刻的印象。伴随着队伍建设的不断深入，以国旗教育为引领的爱国主义教育内容更加丰富，体系更加健全，在队训、队徽、队歌、服装设备的基础之上，又诞生了VI视觉识别系统，国护文化成果得到了丰富和发展。在二期建设中，仍需要进一步做好国护文化成果的巩固、宣传、丰富和发展工作，使国护文化成果更加与时俱进，更加适应爱国主义教育需求，更加适应“三位一体”拔尖创新人才培养的需求。

5. 要建立互联网思维，善于运用互联网技术，增强“国旗教育+”行动的线上线下互动。与互联网的深度融合，体现为爱国主义教育的线上线下互动。一方面，队伍开展的以国旗教育为主的爱国主义教育以线下为主，线上主要是对活动的报道。线上对爱国主义教育的深层次挖掘，与阅读对象的教育对话还不够。另一方面，互联网技术更新日新月异，基地对于互联网技术的应用还不能完全跟上形势发展。在二期建设中，队伍将更加注重对爱国主义事例的深层次挖掘，增强线上线下互动的能力，紧抓青年大学生兴趣趋势，因势利导，做到技术跟踪不落伍、热点分析不落伍。

六、结语

新形势下，我国正处于全方位推进改革和现代化建设的关键时期，“四个全面”战略已经展开，高校育人呈现出一系列新的阶段性特征，青年学生的思想观念发生深刻变化，价值取向多种多样，思想活动的独立性、多变性和差异性特点进一步增强，这些都对我们传统的爱国主义教育提出了更加严峻的挑战。国旗护卫队爱国主义教育基地的建立，“爱国主义+”行动的实施，为我们做好新时期高校面向青年学生的爱国主义教育工作，提供了理论与实践方面的重要依据，同时也为国旗护卫队建设与发展提供了更大的机遇与平台。国旗护卫队将按照学校第二次教育教学工作会议精神，在“大德育、大教育”的体系下，凝心聚力、开拓创新，为学校育人工作做出新的更大的贡献。

责任　忠诚　荣誉
北京化工大学大学生国旗护卫队建设成果

一、历史绵延，擎旗前行12年

北京化工大学国旗护卫队成立于2004年，是在共青团北京化工大学委员会注册，由北京化工大学人民武装部指导、管理的一支半军事化学生组织。

成立12年来，北京化工大学国旗护卫队秉承“责任、忠诚、荣誉”的“国护精神”，取得了包括“全国五四团支部”“教育部校园文化建设成果一等奖”在内的国家级、省部级荣誉50多项，得到了中共中央政治局原常委、中纪委原书记贺国强同志，现任国务院副总理刘延东同志的亲切接见，在服务校园文化建设和人才培养的工作中取得了突出成绩、做出了突出贡献。

表1-1　北京化工大学国旗护卫队大事记

时间	事　件
2004	北京化工大学国旗护卫队成立
2005	与天安门国旗护卫队共建联谊
2006	赴浙江嘉兴开展“新起点、新长征，新农村、新奥运”社会实践
2007	赴井冈山开展“红色溯源，播种希望”社会实践
2007	参加“首届高校国旗护卫队升旗仪式检阅式”活动
2008	参加“全国高校校园文化建设评比”，荣获一等奖
2009	参加首都国庆六十周年阅兵游行活动，并担任标兵
2010	赴山西太原开展“国旗在我心中”社会实践
2010	与上海宋庆龄故居签订精神文明共建协议

续表

时间	事　件
2010	赴江苏南京开展“勿忘国耻，肩负重任”社会实践
2010	荣获北京高校第二届国旗仪仗队检阅式比赛二等奖
2011	赴山西长治开展暑期实践活动，被评为“北京市高校暑期实践优秀团队”
2011	得到时任中共中央政治局、常委、中纪委书记贺国强同志的接见
2012	赴湖南、内蒙古开展暑期社会实践活动，与长沙刘少奇纪念馆签订共建协议
2012	参加北京高校第三届国旗仪仗队检阅式比赛，荣获第一名
2012	获评北京市“我的班级我的家示范班集体”称号。
2013	获评北京化工大学“十佳团支部”称号
2013	参加北京高校第四届国旗仪仗队检阅式比赛，荣获一等奖
2013	获评北京化工大学 2013 年“暑期社会实践优秀奖”
2014	参加纪念北京化工大学国旗护卫队成立十周年活动，成立国旗班
2014	北京高校国防教育协会国旗教育分会在我校成立，我校担任理事长单位
2014	举办第五届北京高校国旗仪仗队检阅式展示活动
2015	荣获北京高校第六届国旗仪仗队检阅式一等奖
2015	“国旗班卓越人才培养计划”启动
2016	《北京化工大学国旗护卫队毕业生发展状况白皮书》发布
2016	荣获北京高校国旗仪仗队联盟在我校成立，我校担任常驻主席
2016	国防动员部部长盛斌中将来访并高度肯定
2016	北京高校第七届国旗仪仗队检阅式特等奖、首届北京高校国旗仪仗队暑期社会实践一等奖

二、制度为宗，根深叶茂似青松

悬衡而知平，设规而知圆；国有国法，家有家规。在国旗护卫队成立之初，懂规矩立准则的意识就被永远镌刻。

《北京化工大学国旗护卫队章程》（内容全文见附件）是我们的天平，当我们轻视他的存在而不思进取时，他沉甸甸地伫立在那里，令我们仰视的同时，告诫我们要不忘初心；当我们略有得意而忽略前进方向手足无措时，他依然等候在十字路口，让我们放下过去的荣耀，做好当下、立足远方。

1. 完善《北京化工大学国旗护卫队章程》，筑牢队伍建设发展的根本基石

《北京化工大学国旗护卫队章程》于2004年9月12日国旗护卫队成立之日起正式实施。章程由总则、队伍编制、九大制度及附则组成。

总则详细阐述了我们“责任、忠诚、荣誉”的队训，半军事化的组织性质，“创建一流团队，培养一流人才，开展一流活动”的宗旨，“听从指挥，服务全校，勤学善思，护卫国旗，忠于祖国，扬我国威”的工作原则。

《北京化工大学国旗护卫队章程》还包括九大制度，分别是：编制制度、勤务制度、训练制度、队会制度、积分制度、奖惩制度、财务制度、纳新制度和服装管理制度。这九大制度涵盖了组织运作及发展中的方方面面，对我们日常活动做出了严格的要求，提出了详尽的规范。

在我们114人的大家庭中，我们将男生刚毅眼神和十足力量与女生婀娜体态和生动韵律完美结合，你会看到，这里既有帅哥的潇洒也有靓妹的可爱；而指导老师的耐心指导，不仅仅让我们这艘巨轮保持前进的持久动力，更重要的是，指导老师是我们在经历风雨巨浪时的掌舵人；此时，队长就像是那个最强壮的水手，站在桅杆上撕心裂肺地呐喊，他的声音纵使在风暴怒吼中也依然清晰；这时，如果我们有思想松懈，团支书就像那远处的灯塔带领我们走向下一个目标。正是因为有团结一致、分工明确的骨干力量，我们不仅令分享荣耀成为进步的基石和超越的目标，还可以将共渡难关看作难得的考验和突破的良机。

2. 创新构建“一纵一横”的十字形管理体系

我们建立“一纵一横”的队伍建设与管理模式。“一纵”，指纵向管理体系。目前，我们建立了从学校主管部门到指导教师，再到主要学生干部的三级管理体系。我们的指导教师面向全校教师公开选拔，择优聘任。指导教师负责队伍的日常管理工作。队伍还建立了常态化的队员联络机制，建立了大数据搜集整理和汇报机制。“一横”，指横向文化符号体系。目前，我们将国旗元素与队伍精神融合在队训、队歌、入队誓词、入队退队仪式、VI视觉识别系统、十周年纪念臂章、优秀队员奖章中，更是在“旗手讲堂”“铿锵旗手行”等品牌活动中刻下了深深的烙印。

图 1–1　十周年纪念臂章

图 1–2　国旗护卫队优秀队员

3. “章程卫士”，监督考核奖惩多管齐下

我们习惯把纪检组称为“章程卫士”，她承载着太多的爱恨情仇，我们欣赏她的严格细致和公平公正，理解她的铁面无私和不讲情面。我们将秘书组称为“管家”，顾名思义，他们负责队里的琐碎日常，工作涉及衣食住行。从队内服装发放、维护到补充、回收的一系列流程，从武装部及指导老师到负责的各级秘书组成员，再到普通队员，他们依据章程对每个环节，每个人的责任都做出了明确的规定。责任到人，严格规范。这样既保证了队内的物资充分利用、有序管理；又让队员养成了爱护装备的习惯，培养了队员重视装备的观念。

当你驻足远方抬头仰望国旗徐徐上升到顶端的时候，请你走进他们，你就会闻到洁白手套散发出的丝丝清香，看到军姿一般坚挺的裤缝线，听到锃亮马靴在朝阳下哐哐作响，甚至嗅到在阳光下军装里淡淡汗水味道。此时，你就会理解纪检组宁可独自承受委屈也要如此铁面无私，你就会知道训练组给我们每个人准备 4 公斤沙袋让我们身背十字铁架的意义，你就会清楚秘书组的工作是多么扎实细致，你就会相信传媒组说我们要“创建一流团队，培养一流人才，开展一流活动”不是骗人的。更重要的是，你会感悟到什么是对祖国母亲的热爱！

图 1-3　暑期实践期间拜访革命老兵

三、建设队伍，国护精神传薪火

如果你问，是什么让我们对这支队伍爱得如此热烈？是什么让我们在军训结业仪式国歌奏响的那一刻饱含热泪？是什么让我们的军装留下一层又一层的汗碱？那只有一个答案，就是我们的“国护精神”——“责任 忠诚 荣誉”！如果你说，这六个大字含义简单，但往往越是简单的却越容易被人遗忘，所以请珍惜“国护精神”在历届队员中来之不易的传承，也正因如此，这六字经过千锤百炼之后才能成为我们所有人的原则，锻造成我们队伍建设的精神内核。

1. 探寻的脚印，在时间的道路上留下了深深的印记。

北京化工大学“国旗班卓越人才培养计划”，我们有如此的担当才能让如此响亮的名字传播到尽可能远的世界；“我是旗手”铭记“一知、一行”，我们只有牢记神圣的使命方可以在服务校园文化建设中“一点带一面”。

（1）“旗手讲堂”，视野、思辨、纵论

“一知”，就是指我们的“旗手讲堂”。

“旗手讲堂”分为“两课”，一课是邀请名师大家为队员讲时事、讲素养、讲价值观、讲方法论。近年来，邀请了我校王芳书记给我们讲《信仰》，让队员认识中国现状；邀请了人民日报社、人民论坛杂志社副总编辑陶建群老师给我们做专题授课——《社会观察与写作》，教会我们观察与写作的技能；邀请了中央党史研究室第三研究部外交国防组原组长、部主任助理、副研究员，曾任总参防化学院政工党史研究室副主任的叶晖南老师给我们讲《用第三只之眼看国共抗战》，让我们认清历史、铭记历史，为我们除“噪音”、正视听；邀请了中国青年政治学院教授、被誉为“社会工作之母”的陆士桢教授给我们做了以“我是谁，我到底要什么”为主题的讲座，帮我们认清自己，明确方向。我们举办了很多次诸如此类的讲堂，在开拓眼界的同时，认识到自己还需要更加深入地了解这个世界。

所以，作为重要的补充部分，我们还有另一课：由队员自己讲国旗、讲时事、讲学业。队员从学习生活中寻找自己真正感兴趣的话题，而后搜集和整理资料，与队友一同分享。第一次分享时，我们的表达透露着紧张和忐忑，第二次分享时，我们的语言还有些语无伦次，第三次分享时，我们依然很多瑕疵需要改进。但是，当看到台下队友们细心地聆听和认真地记录，听到热烈的掌声和肯定的话语时，我们明白了这就是成长，也明白了唯有不断进步才可以到达远方。

（2）“铿锵旗手行”，在实践中成为敢为、有为、能为的新青年

最好的学习就是实践，所以，“一行”是指“铿锵旗手行”的实践项目。

80 年前，红军完成了两万五千里征程的伟大壮举，那是多么的气壮山河；80 年后的今天，我们也完成超过 20000 千米的征程。南京大屠杀遇难同胞纪念馆中 12 秒的水滴让我们思绪万千。此外，我们还想行走在祖国疆界的缉毒边防线上感受新时代发展对国防战线的冲击；我们还想穿行在井冈山革命博物馆翻山越岭的羊肠小道上，幸福对于我们来说来得过于轻松。倾听历史伟大声音，感受民族发展之路，我们一直在路上……

我们还清晰地记得曾拜访过的抗战老兵曾宪高爷爷。老人有着丰富的实战经验，有着不少传奇经历。作为连长的他曾参加过淞沪战役，在上海某海岸边埋伏时，击毙过日本官兵、击落过飞机、拦截过日军物资。我们从老兵激动到颤抖的声音里，从他脸上似乎还藏着战争硝烟的皱纹里，还有那饱经风霜却依旧闪光的双眼里，找到了体现在老一辈革命先驱们身上的“责任、忠诚、荣誉”。

身上带着先烈的印记，时刻准备征服雪山草地；血管光亮依旧，曾经流淌的鲜血至今依然澎湃！这样的参观让队员们有很多感触，一位队员在参观回来的路上写下了这样的话：“站在玻璃展柜后，静静地看着，看着曾经的光荣不能忘记，看着今天的我们勇敢前行。历史能让我们看清自己，历史能让

我们直面现实。努力学习，承担责任，做好新时代交给我们的任务，就是长征精神最好的表现。”

（3）“同升一面旗”，注重对外交流，探索精英培养新模式

我们的文化很大一部分根植于军旅。贴近军队是我们保持前进势头的重要动力，也是增强我们核心竞争力的重要举措。

图 1-4 走进解放军三军仪仗队

具体举措有：一是利用课余、假期组织开展实训。每年夏天，我们都会邀请天安门国旗护卫队队员、解放军三军仪仗队队员到校内和训练基地，与队员同吃同住，进行现场技术指导。例如，今年暑假我们邀请了三军仪仗队的退伍士兵给队员进行集训。我们听老班长讲队列训练晒脱皮的故事，感受“9·3”阅兵时走过天安门时狂喜内心和淡定表情的强烈反差，体会到他们第一次接受任务时的兴奋和紧张。二是广泛吸纳优秀退伍大学生士兵加入国旗护卫队，为国旗护卫队注入新鲜正能量。三是组织国旗护卫队队员前往我校大学生入伍服役基层部队，代表学校看望慰问入伍学生，让他们感受一线基层部队生活，更深刻地认识军营、认识军人，接受最接地气的国防教育和爱国主义教育。

图 1-5　与中国农业大学、井冈山大学进行交流

近两年以来，我们和北京近 30 所高校及浙江工商大学、井冈山大学进行交流，内容涉及规章制度、队列训练、团队建设等多个方面。2016 年 7 月 6 日，北京高校国旗仪仗队联盟的成立，更是给我们队伍与外校交流提供了很好的机会。虽然我们身穿不同的军装，但是我们对国旗有着同样的热爱；虽然我们的特点各有差别，但是我们对组织的发展同样有着更高的追求。所以，我想这就是我们为什么能“百年修得同船渡”的原因。

4. 传承的画笔，每一次的历练都是对热爱之情的再一次描绘

每年，国旗护卫队执行各类升旗任务 400 余次（每周共 12 次，每学期 200 余次），出勤 784 人次，历时共 2000 小时，行程达 400 公里。如果你在那里就会发现，我们是如此认真，日复一日年复一年。也许你会说那只是冲动，但这些数字背后是我们十余年默默的守候，这就是传承最生动的体现。庄严的升旗仪式无不令人感动。庄严，来自对国旗的仰视。感动，大抵是因为在某个寒冬的早上，国歌响起的刹那，视线所及的一个女同学停下脚步，伸出兜里的双手，目视国旗升起吧。这是每一个国护人的荣耀。也因为这份荣耀，我们不负“引领校园正气”的使命，不负“责任、忠诚、荣誉”的队训，不负前辈们代代守卫的国旗。

（1）“点兵行动”，沙场扬旗、刻苦训练，看的是“责任”

严格的训练，是我们不变的要求。成为国护一员要经历 7 个月选拔、14 天集训、500 余次任务、1092 天服役期的漫长岁月；要经受 2 小时军姿、3 大步法、4 公斤沙袋、10 种队列动作，脚点台阶、背负十字架、头顶小凳的考验。只有不断地突破心理的懈怠和身体的疲惫才能达到国护队员的要求。在

图 1-6　我们护卫国旗迎风飘扬

图 1-7　日常训练，烈日下，是我们坚挺的身姿

手脚各绑 2 公斤沙袋定腿定臂时，身边的学长正大喊加油；在身背十字架在烈日下坚挺时，远处的学姐靠近我轻声地告诉我坚持住。在那一刻，我听到了学长的声嘶力竭，看到了学姐湿润的眼眶，更体会到了学长学姐们对我们的期待！他们肯定知道豆大的汗珠、腰上的汗渍和手上的勒痕的滋味，因为

他们也有如此的经历。那时，我们体会到了传承。国护，是让所有的我们一起变得更好。

（2）“火种计划”，将“忠诚”植根于每一个队员心中

最近一次的宣讲是在井冈山小学，他们扬着稚嫩的面庞，被我们靓丽的着装所吸引，我们传达的敬重国旗、热爱国旗的态度，一定在他们小小的心里种下了一颗种子。有朝一日，必将发芽，成长为参天大树。到那时，爱国精神就融入这些孩子们的骨血里了。而我们今日所作，便意义非凡。

图 1-8　“火种计划”——走进井冈山小学

（3）“荣耀时刻”，卸衔授衔绽放“荣誉”光辉

每年 6 月份，我们都会举办隆重的授卸衔仪式。我们看到即将毕业的学长学姐摘下臂章的那一刻，泪水滑落在他们的脸庞。那一刻我们理解了他们所说的在集训的时候虽然累但非常开心；我们知道了这份荣耀对于他们的分量实在太重了。当他们把自己卸下来的队衔戴在我们身上的时候，我们感受到了肩上的力量。记得学姐对我说“好好干，加油！”那时候，学姐的话语里充满了希望，我们知道要将国护的一切传承下去，因为总有那么多优秀的记录值得我们努力超越。我们可以做得更好！

总之，在国护的发展运作中，我们始终贯穿着“责任、忠诚、荣誉”的国护精神。这一精神，让我们的团队更有凝聚力，更像一个家；这一精神，让国旗在每个队员的心里留下永不磨灭的痕迹；这一精神，让我们在校园里成为传播正能量的标杆。但这一精神又不仅仅是这样的。我们是旗手，但我们本身又是一面旗帜。我们不只是穿上礼服，走在校园里；当脱掉礼服，走向不同的岗位时，我们依旧是一面旗帜，带着守卫国旗的骄傲与正气，让更多的人感受国旗的力量。如此，我们的队伍建设才是真正有用的、有力的。

四、国旗护卫队成绩及荣誉

北京化工大学国旗护卫队获得了包括“全国五四团支部”“全国校园文化建设成果一等奖”在内的国家级荣誉2项；包括“北京高校国旗仪仗队检阅式特等奖”“北京市先锋团支部”“北京高校国旗仪仗队暑期社会实践一等奖”在内的省部级以上荣誉46项。涌现出校级、院级学生会主席、副主席8名，获得国家奖学金者30余人，获得励志奖学金者20余人，获得各种校级奖励者180余人，获“化大之星”者6人；国旗教育活动相关新闻微信转发总量达到12000次。国旗护卫队所获得的主要荣誉如下表。

表1–2　国旗护卫队主要荣誉

时间	奖项	主办单位
2007年12月	2007年高校校园文化建设优秀成果一等奖	教育部
2010年5月	全国五四团支部	共青团中央
2010年11月	北京市五四优秀团支部	共青团北京市委员会
2010年12月	2010年度首都大学生暑期社会实践优秀团队	共青团北京市委员会
2012年9月	北京高校国旗仪仗队评比一等奖	北京高校国防教育协会
2013年6月	北京市优秀团支部	共青团北京市委员会
2013年9月	北京高校国旗仪仗队评比一等奖	北京高校国防教育协会
2014年6月	北京市优秀团支部	共青团北京市委员会

续表

时间	奖项	主办单位
2015年6月	北京市优秀团支部	共青团北京市委员会
2015年9月	北京高校国旗仪仗队评比一等奖	北京高校国防教育协会
2016年6月	北京市优秀团支部	共青团北京市委员会
2016年9月	北京高校国旗仪仗队评比特等奖	北京高校国防教育协会
2016年9月	北京高校国旗仪仗队检阅式暑期社会实践一等奖	北京高校国防教育协会

我们高度重视队员的发展状况。《北京化工大学国旗护卫队毕业生发展状况白皮书》对2007届至2016届共10届毕业生的发展数据进行了汇总和梳理，建立了国旗护卫队毕业生发展状况大数据库，分析了国旗护卫队毕业生发展的主要特点，为今后我校国旗护卫队的建设发展与人才培养提出了意见和建议，对队伍的建设发展具有重要意义。

国旗护卫队的育人成果得到全校师生、社会公众的高度认可。时任中共中央政治局常委、中纪委书记贺国强同志，国务院副总理刘延东同志亲切接见了国旗护卫队队员；学校党委书记王芳教授亲自参加历届国旗护卫队毕业生座谈会；北京高校国防教育协会提名我校为国旗教育分会理事长单位，最终我校成功当选；同时，国旗护卫队的建设成果更是被新华网、人民网、凤凰网、《中国教育报》、北京电视台等媒体所报道。

目前，国旗护卫队已经成为校园中一股发声有力、为师生所认可的，传播爱国主义精神的正能量；同时，培养了一批青年学生骨干，塑造了他们的人格品质，提升了他们的素养能力，推动了校园军旅成才文化建设。

五、结束语

爱国主义不是空中楼阁，5000 多年来它始终推动着我们这个民族经历各种风险和考验。爱国主义教育不是空头支票，它需要全体国民高度重视，以行动来践行爱国主义。北京化工大学国旗护卫队需要进一步健全管理运行制度，完善《北京化工大学国旗护卫队章程》，以制度来保证队伍的建设与发展；需要进一步严格要求，保持严格的队列纪律和优秀的队列技术水平，增强队伍的核心竞争力；需要进一步创新包括“国旗班卓越人才培养计划”在内的育人模式，从党团组织建设、第二课堂教学、实践学习等方面为学生成长成才搭建平台；要传承和发扬“国护精神”，继续巩固、宣传、丰富和发展国旗护卫队文化成果，使国旗护卫队队伍文化更加适应爱国主义教育需求；需要进一步建立互联网思维，善于运用互联网技术，对爱国主义教育的内容进行深层次挖掘，加强爱国主义对话互动，增强爱国主义教育的线上线下互动。

退伍不褪色　做新长征路上的排头兵

——北京化工大学退伍大学生士兵旌旗中队建设成果

一、北京化工大学退伍大学生士兵旌旗中队基本情况介绍

北京化工大学退伍大学生士兵旌旗中队（以下简称“旌旗中队”），是由北京市东城区人民武装部与北京化工大学人民武装部共建共管的学生组织。北京市东城区人民武装部政委徐文敖大校、北京化工大学校长助理宋来新受聘为旌旗中队名誉顾问。

旌旗中队现有队员 90 人。在服役期间，荣立个人三等功的有 14 人，入党的有 20 人，获得“优秀士兵”荣誉的有 160 人。

旌旗中队日常管理工作实行指导员指导下的队长负责制。旌旗中队指导员由学校武装部任命。

旌旗中队的建设目标是：建设一支具备优良军人作风，视野开阔、务实求真、敢于创新，能够体现当代军人风采，引领校园军旅成才文化发展的高素质人才队伍。通过这支队伍的建设，来推动退伍大学生士兵群体实现自我管理、自我教育和自我成长。通过队伍建设，能够进一步增强退伍大学生士兵的凝聚力，塑造一批具有代表性的校园军旅人物。同时，通过举办多项具有影响力的校园军旅成才文化活动，更好地服务于学校人才培养和全民国防教育。

二、旌旗中队主要活动与成效

1. “国旗在我心中”，旗帜指引我方向

每周一要求所有队员在规定时间、规定地点集合，按照部队模式要求进

行点名，统一组织退伍大学生士兵参加校内升旗仪式，观看升旗。

图 1-1　旌旗中队队员观看升旗仪式

活动着力培养学生的爱党爱国意识，牢固树立祖国的利益高于一切的思想，牢记退伍不褪色的精神，继续发扬责任奉献意识、追求卓越意识和形成的优良作风。

2. “新时代讲堂”，思考、探索、讲出我人生

由队员担任讲师，针对时事政治、国计民生、国际形势等与生活息息相关的课题，根据个人特长，选取讲解话题，并在队内进行讨论。在过程中培养学生与他人合作探究的意识和探索未知事物的能力。同时，帮助学生逐步掌握科学讨论的方法，学会有条理地思考问题、清晰地阐述观点、有序地呈现结果、客观地评价或反思自己与他人的见解，掌握与人讨论、沟通、合作的技巧。新时代讲堂有助于促进学生学习能力的不断提高，为学生的今后发展奠定基础。

图 1-2　旌旗中队新时代讲堂

通过这一过程，队员的批判性思维得到发展，能够从深层次认识到学习的重要意义。新时代讲堂为充分发挥学生的积极性、主动性和创造性提供了条件，为表现各种才能提供了锻炼机会。这样的课堂模式可以极大地调动学生的学习兴趣，积极参与到教学活动中来，促使学生在讨论中深化对道德的认识，形成正确的人生观、价值观。针对高年级队员，我们开展了专业课程的辅导，以及关于就业能力、考研、考公务员的面试技巧等方面的指导。针对全体队员，我们开展了关于提高沟通表达能力、文字组织能力和协调管理能力等方面的培训。

3. “兵有兵样”，退伍不褪色，排头兵依然看我

(1) 担任学校新生军训教官

在退伍大学生士兵中选取部分队员参加每年学校新生军训，并担任教官指导学生参加军事训练。

图 1–3　退伍学生担任我校学生军训教官

退伍大学生士兵的培养是一个需要长期真抓实干的工程，不仅能够对征兵宣传起到无形的品牌效应，更能将校园人才培养的主题全面化。因此，我们让学生带动学生，退伍大学生士兵担任新生军训教官（其中包括首批三军仪仗队女兵曹洋），建设了退伍大学生旌旗中队。评借退伍大学生士兵特有的专业知识来着力培养学生的爱党爱国意识、责任奉献意识、追求卓越意识和感恩知报意识，以提升学生的学习实践能力、环境适应能力、表达沟通能力和领导能力。

(2) 参加北京高校学生特训营

在第一、第二届北京高校学生军事特训营野营拉练比赛中，以旌旗中队

的退伍大学生士兵为主要选拔对象，选拔要求军事素质好、军政素质高、责任意识强。随后，与校内有军事兴趣爱好的普通大学生一起参赛。所涉及的比赛项目包括徒步行军、宿营与警戒、野外生存等实用科目。

通过参加军训特训，既发挥了退伍大学生士兵的军事优势，又带动了校园国防文化的实践，使得更多的学生能够贴近国防工作，献身国防事业。

图 1-4　旌旗中队队员参加北京高校学生军事特训营

(3)“最美军被”评比

由退伍大学生士兵组成的集体宿舍，在内务卫生方面可以在同学当中起到良好的表率作用。通过对军被的整理，既能展现部队特色，又能吸引更多的同学走进部队生活，了解部队文化。

图 1-5　旌旗中队队员宿舍内务

(4) 体能有我

通过 5 千米训练以保持在部队训练时的优秀身体素质，也通过跑步来磨炼个人意志品质。

图 1-6　旌旗中队队员每日晨跑，成为操场上一抹靓丽风景

图 1-7　组织旌旗中队队员参加学校和北京市长跑活动

4.“暖心行动”，战友情、同学谊

旌旗中队每学期都会安排退伍大学生士兵随同指导老师到部队去慰问我校入伍的大学生士兵，以自身成长经历做好入伍战友的思想工作，发挥“传帮带”作用。这一举动也充分调动了旌旗中队队员们参与到校园国防建设第一线的热情，加强了主观能动性，加深了对国防工作的认识。

图 1-8　组织旌旗中队队员赴基层部队看望他们的战友、同学

四、旌旗中队所获荣誉

通过培养，以学院为单位的旌旗中队队员获得优秀学生干部、优秀三好生的比例达到 30%，人民奖学金实现全覆盖；20 多名优秀退伍学生作为教官参与到大学生军事技能训练当中，其中，4 人免试攻读研究生并且专门服务于征兵和国防教育工作、1 人在北京高校国防教育论文报告会中获得一等奖、1 人入围第十一届全国大学生年度人物评选、1 人保送清华大学就读研究生。

爱定向　越人生

——北京化工大学“绿野仙踪”军事定向越野协会建设成果

一、社团自然情况介绍

北京化工大学“绿野仙踪”军事定向越野协会（以下简称“协会”）是下属于北京化工大学人民武装部，由化学工程学院管理的国防体育类社团。协会从北京化工大学军事定向越野队中形成雏形，经历2014年至2015年的试运行，于2015年10月正式成立。协会为普及定向运动做出极大贡献，为提高大学生的生存能力和整体素质服务，也为热爱定向运动的人提供了一个平台。

协会下设运营部、人事部、传媒部、外联部4个部门。协会囊括大一、大二学生共85人。协会活动有组织日常训练，举办校内比赛以及带队参加北京各高校举办的定向越野赛。此外，协会也会不定期举办定向越野知识普及会和培训会，来提高学生的定向知识。

二、近年以来的主要活动与成效体现

1. 雏鹰计划

正所谓“少年强则国强”。我们大学生应该自觉培养国防教育意识，增强体质锻炼。定向越野活动在培养我校学生自觉接受国防教育、加强锻炼身体意识方面起重要作用。协会作为我校人民武装部直属社团，自成立以来，在人民武装部的指导带领下，一直注重国防教育与定向的结合，在普及定向文化的同时，也积极学习和宣传国防教育。

图 1-1　运动会短距赛培训及比赛现场宣传国防教育

协会多次邀请退伍军人讲解军营中的定向越野，并分享他们的宝贵经验。在讲授经验的同时，还向大学生展示了一系列在军营中的照片，开展国防教育讲座。在浓厚的国防教育氛围下，协会中多名成员也积极投身到国防教育的宣传活动中去。历年来，协会已经向军营输送了十名优秀人才。他们在军队中接受更严格的训练，用实际行动诉说对国防的热爱，同时也起到了良好的国防教育宣传作用。

图 1-2　军训期间定向越野赛准备现场

雏鹰想要长大，光凭借主观意识是不行的，还需要坚实的基础，因此每年在军训期间协会为我校大一新生举办军事定向越野赛，以国防体育为载体加强学生的国防教育，目的在于让师生对定向有一个初步了解，给师生提供一个接触定向、参与定向的机会。参赛规模由以往的 500 余人次上升到今年的 1000 余人次，随着定向运动在我校的普及，越来越多的同学表达对其的喜爱之情并积极参与到定向越野比赛当中来。在鼓励学生参与体育锻炼的同时，更多的是让学生们感受到国防的热情和魅力，使大家意识到加强身体素质也是接受国防教育的重要环节。

单方面成长是不够的，“定向人”还需要有更高的思想觉悟，所以协会结合当今时下热点，不断创新比赛形式。恰逢红军长征胜利 80 周年，协会以此为契机举办了一次关于长征主题的定向越野活动。长征途中共产主义战士所表现出的不怕牺牲、前赴后继、勇往直前、坚忍不拔、团结互助、百折不挠、克服困难的长征精神是那个时代的结晶，不应该被我们遗忘。培养大学生的长征精神显得尤为重要。在活动过程中，我们设置了许多关于长征的答问题，意在普及长征知识。此外，活动中还设置了一些类似长征过程中经历艰难险阻的游戏，比如信任挑战、同舟共济、搭桥过河等，意在让大学生在游戏中体会长征精神的精髓。为了扩大活动的影响规模以更好地宣传长征精神以及宣传定向文化，我们将此次活动影响规模扩大到校外，不仅动员了我校的同学们，中国政法大学的同学们也踊跃报名，参加了此次比赛。

图 1-3　纪念红军长征胜利 80 周年主题定向越野活动

为了加强国防教育，增强全民国防，协会从思想上和身体上两个方面对“定向人”进行素质提升，并举办一系列的校内定向活动。我们以自己独有的形式增强全民国防教育，寓教于乐，思体结合。同时，为了响应、落实党和国家的号召，贯彻落实思想教育体制改革的方针，全民体育，全民国防，当代大学生更应当是领头人。推广大学校园定向文化，是全民国防的基础部分，也是具有特色、不可忽略的一部分。

只有将知识与能力结合于一体时，我们才能成长为一只成熟的雄鹰飞翔于广阔的蓝天。

2. 聚力工程

协会积极倡导广大师生树立热爱生活、热爱运动的生活态度，以阳光的体育运动形式带动师生运动、提高身体素质。协会曾先后为我校职能部门，如保卫处、学院党支部、学生组织、校内各社团举办校园定向越野比赛，积极普及定向运动，推广定向文化。

图 1-4　为保卫处举办定向越野赛

相较于单纯的跑步，定向越野更具有战略性和可观赏性。协会积极配合学校开展阳光体育的政策，2015 年起，定向越野项目被正式纳入到学校运动会的项目中。从去年的百米定向赛到今年的校园定向赛，学校先后共有 1000 余人次参与到了运动会的定向越野项目中。这足以见得定向越野运动在我校已经被更多的人认知和了解，从开始的陌生到后来的了解，最终发展到现在的接受和喜爱。这其中不仅仅是对一项运动看法的改观，更是在协会的努力下全体学生对参与体育运动看法的一种改观。

此外，本年度协会先后为北京化工大学保卫处举办了两次军事定向越野赛，锻炼了保卫处安保人员的体能、强健了他们的体魄，振奋了他们的精神面貌。在之前的校园定向赛事中，保卫处的安保人员为我们承担比赛的安保工作，协会与保卫处将会加强交流，共同为全民国防教育铺好基石，同时有助于保障校园体育的安全，让师生安心去学习、放心去锻炼。

2015 年 9 月，大一新生入学，各校级组织和社团纳新伊始，为增进交流、强健大学生体魄，定向越野协会为其举办素质拓展、定向越野等活动。校学生会、各院会均参与其中。同年 10 月，协会为我校雷锋精神研究协会、邓小平理论研究协会等多个社团举办素质拓展活动，以定向越野的形式，将雷锋精神、邓小平理论等思想与体育结合，提高大学生身体素质，加强大学生思想教育。次年 1 月，协会与北京化工大学材料学院低年级党支部合作，为阳坊镇西贯市村小学开展百米定向体验赛。深入贯彻落实十八届三中全会提出的“全面贯彻党的教育方针，坚持立德树人，加强社会主义核心价值体系教育”的宗旨。

图 1–5　校园“荧光夜跑”及白浮泉公园长跑颁奖现场

除去定向越野类运动，协会也积极开展其他各类型跑步运动，旨在让更多的人加入到体育的行列中来。2016 年 3 月，协会与北化极力跑协联合举办白浮泉公园 10 千米春季长跑赛，广邀校内外大学生，旨在提高大学生身体素质，丰富校园文化。同年 9 月，举办“荧光夜跑”活动，反响热烈，新生参与度较高。

我们举办这些比赛意在呼吁大学生加强体育锻炼，营造一种全民锻炼的气氛，让莘莘学子能够在学习之余有一个娱乐项目，并以更积极的态度去对待大学生活，同时也起到宣传定向越野活动的作用，对我们壮大自己的队伍起到了至关重要的作用。

3. 育林计划

协会成立之初，还是一个人员较少、没有活动经验的小社团。为了扩大协会的规模，增大协会在学校以及在北京市的影响力，协会致力于拓宽校际联络渠道，积极与各兄弟院校加强沟通交流。今年 3 月，协会举办了昌平三校定向邀请赛，并在 5 月主动联系北京市各高校并举办了北京市高校联赛。

这其中，昌平三校定向邀请赛是协会今年创新开展的，并致力于常态化的一项体育赛事。这次活动是协会第一次真正意义上举办的标准比赛，不仅本校师生积极参与，中国石油大学、中国政法大学的师生也积极参与其中。这项赛事的举办为我们在校内宣传了定向越野运动，也让大一的学弟学妹第一次作为主办方获得了举办比赛的经验，为之后举办比赛打下了坚实的基础。同时，这次比赛旨在加强我校与其他昌平高校定向越野社团的相互交流、相互帮扶支持，进而扩大定向越野活动在各所学校的规模。协会将在明年的比赛中进一步扩大范围，将华北电力大学、中央财经大学、北京农学院等其他昌平高校列入邀请行列。

图 1-6　昌平三校联赛及北京化工大学第一届高校邀请赛

在我校传统的定向比赛中，以 10 月中旬协会开展的“新生杯”定向越野赛最为经典。比赛以“唤醒新生军训魂，普及国防教育”为主题，历年来受到各个学院的积极响应。今年参赛人数达 500 人。在校园中举办定向越野赛，具有提高大学生识图能力、增强大学生体质、磨炼大学生心志、培养他们永不言弃的精神、增强团队协作意识等作用。同时，对于开展国防教育有着深远的意义。

在这一系列的比赛中，新一代成员不仅对定向文化有了更深的了解，也确实地锻炼了他们的组织能力和判断能力，更与其他院校建立起了深厚的友谊，开阔了眼界。

我校传统定向活动与市级、区级比赛相结合，一起为学生提供更多的参赛机会，从而提高队员水平，为我校定向队输送定向优秀人才搭建了良好的平台。同时，活动的成功举办，尤其是大型活动的举办对于增强内部成员凝聚力、向心力、荣誉感、自豪感也有着积极的作用。通过举办比赛，也可以提高协会成员的策划协调能力等综合素质。

三、成绩荣誉

协会自 2015 年成立以来，在国家级比赛上也有所收获。以下是近两年来协会定向队团体以及协会成员所取得的荣誉。

表 1-1　2015-2016 协会团体所得奖项

级别	赛事	所得奖项
国家级	2014 年全国学生定向锦标赛	混合接力赛三等奖
国家级	2015 年全国学生定向锦标赛	本科乙组总团体第二名
国家级	2015 年全国学生定向锦标赛	本科乙组女子团体第二名
国家级	2015 年全国学生定向锦标赛	本科乙组男子团体第三名
国家级	2015 年全国学生定向锦标赛	本科乙组混合接力第三名
国家级	2016 年全国学生定向锦标赛	本科甲组混合接力赛三等奖
国家级	2016 年全国学生定向锦标赛	本科甲组团体赛三等奖

表 1-2　2015-2016 协会成员所得个人奖项

级别	赛事	获奖单位	所得奖项
国家级	2014 年全国学生定向锦标赛	姜维	百米定向一等奖
国家级	2014 年全国学生定向锦标赛	姜维	短距离三等奖
国家级	2014 年全国学生定向锦标赛	王赟祥	短距离三等奖
国家级	2014 年全国学生定向锦标赛	王赟祥	积分赛三等奖
国家级	2014 年全国学生定向锦标赛	钟家霖	积分赛二等奖
国家级	2014 年全国学生定向锦标赛	梁晓萍	积分赛二等奖
国家级	2015 年全国学生定向锦标赛	钟家霖	本科乙组中距离第二名

续表

级别	赛事	获奖单位	所得奖项
国家级	2015 年全国学生定向锦标赛	周景春	本科乙组中距离第六名
国家级	2015 年全国学生定向锦标赛	王赟祥	本科乙组短距离第一名
国家级	2015 年全国学生定向锦标赛	王赟祥	本科乙组中距离第三名
国家级	2015 年全国学生定向锦标赛	梁晓萍	本科乙组短距离第五名
国家级	2015 年全国学生定向锦标赛	谭陈	本科乙组百米定向第三名
国家级	2015 年全国学生定向锦标赛	谭陈	本科乙组中距离第二名
国家级	2015 年全国学生定向锦标赛	刘馨蔚	本科乙组积分赛第三名
国家级	2015 年全国学生定向锦标赛	刘馨蔚	本科乙组短距离第七名
国家级	2015 年全国学生定向锦标赛	颜毅	本科乙组百米定向第一名
国家级	2015 年全国学生定向锦标赛	颜毅	本科乙组积分赛第三名
国家级	2015 年全国学生定向锦标赛	张宇征	本科乙组百米定向第六名
国家级	2015 年全国学生定向锦标赛	张宇征	本科乙组积分赛三等奖
国家级	2015 年全国学生定向锦标赛	张宇征	本科乙组短距离三等奖
国家级	2015 中国定向公开赛—天津分站	钟家霖	百米 M21 第三名
国家级	2015 中国定向公开赛—天津分站	周景春	百米 M21 第五名
国家级	2015 中国定向公开赛—天津分站	周景春	短距 M21 第八名
国家级	2015 中国定向公开赛—天津分站	夏季	百米 M18 第五名
国家级	2015 中国定向公开赛—天津分站	夏季	短距 M18 第二名
国家级	2015 中国定向公开赛—天津分站	李尚育	短距 M18 第七名
国家级	2015 中国定向公开赛—天津分站	陈小劼	百米 M21 第九名
国家级	2015 中国定向公开赛—天津分站	陈小劼	短距 M21 第九名
国家级	2016 年全国学生定向锦标赛	夏季	本科甲组中距离三等奖
国家级	2016 年全国学生定向锦标赛	李尚育	本科甲组积分赛第五名